Dr. Oetker

Backen
So geht das!

Die wichtigsten Grundrezepte in einem Buch

Kirsch-Mandel-Torte Titelrezept

Für den All-in-Teig:
80 g Butter oder Margarine
120 g Weizenmehl
50 g abgezogene, gemahlene Mandeln
2 gestr. TL Dr. Oetker Backin
80 g Zucker
1 Pck. Dr. Oetker Vanillin-Zucker
2 Eier (Größe M)
100 ml Buttermilch

Für den Belag:
5 Blatt weiße Gelatine
400 ml Milch
70 g Zucker
1 Pck. Dr. Oetker Pudding-Pulver Sahne-Geschmack
400 g saure Sahne (10 % Fett)
1 Glas Sauerkirschen (350 g Abtropfgewicht)
1 Glas Sauerkirschen (175 g Abtropfgewicht)

Zum Bestreuen und für den Guss:
30 g gebobelte Mandeln
2 Pck. Tortenguss, klar
500 ml (1/2 l) Kirschsaft (aus den Gläsern)
2 TL Zucker

Kirsch-Mandel-Torte

1 Springform (Ø 26 cm), weiche Butter oder Margarine zum Einfetten

Zubereitungszeit: etwa 40 Minuten, ohne Kühlzeit

1. Springformboden einfetten. Für den Teig Butter oder Margarine in einem kleinen Topf zerlassen. Abkühlen lassen.

2. Den Backofen auf 180 °C (Heißluft 160 °C) vorheizen.

3. Mehl, Mandeln und Backpulver in eine Rührschüssel geben und mit einem Schneebesen verrühren. Zucker, Vanillin-Zucker, Eier, Butter oder Margarine und Buttermilch hinzufügen. Das Ganze mit einem Schneebesen verrühren (insgesamt etwa ½ Minute), bis ein glatter Teig entstanden ist.

4. Den Teig in die Springform füllen. Die Form auf dem Rost in den Backofen schieben.

Ober-/ Unterhitze: etwa 180 °C (vorgeheizt)
Heißluft: etwa 160 °C (nicht vorgeheizt)
Backzeit: etwa 25 Minuten.

5. Die Form 10 Minuten auf einem Kuchenrost abkühlen lassen. Den Kuchen mit einem Messer aus der Form lösen und auf einen mit Backpapier belegten Kuchenrost legen. Den Kuchen etwa 1 Stunde erkalten lassen. Den Springformrand lösen und säubern.

6. Gelatine nach Packungsanleitung einweichen. Aus Milch, Zucker und Pudding-Pulver (mit den hier angegebenen Mengen) nach Packungsanleitung einen Pudding zubereiten. Gelatine leicht ausdrücken und unter den heißen Pudding rühren, bis sie aufgelöst ist. Pudding unter Rühren etwa 5 Minuten abkühlen lassen.

7. Den Gebäckboden auf eine Tortenplatte legen. Den Springformrand um den Gebäckboden stellen. Saure Sahne unter den Pudding rühren. Die Puddingcreme auf den Tortenboden geben und glatt streichen. Die Torte mindestens 2 Stunden kalt stellen.

8. Sauerkirschen zum Abtropfen in ein Sieb geben, 500 ml (½ l) Saft abmessen. Mandeln in einer Pfanne ohne Fett hellbraun rösten, auf einem Teller erkalten lassen.

9. Kirschen auf der Puddingcreme verteilen. Aus Tortenguss, Saft und Zucker nach Packungsanleitung einen Guss zubereiten und mit einem Esslöffel von der Mitte aus zügig über die Kirschen geben. Den Kuchen mindestens 1 Stunde kalt stellen.

10. Mandelblättchen auf den Rand streuen. Den Springformrand mit einem kalt abgespülten Messer von der Torte lösen und entfernen.

Dr. Oetker

Backen

So geht das!

Die wichtigsten Grundrezepte in einem Buch

Dr. Oetker Verlag

Vorwort

„Backen – so geht das" ist das neue Grundbackbuch von Dr. Oetker. Damit legen Sie auf jeden Fall einen guten Start in den Küchenalltag hin. Schließlich soll Ihnen das Backen Spaß machen. Damit dem so ist, haben wir Ihnen genau die richtigen „Zutaten" dafür zusammengestellt.

Die Gestaltung ist übersichtlich und Sie finden schnell, was Sie suchen. Jedes Rezept wird Schritt für Schritt erklärt und gelingt Ihnen sicher. Wenn Sie Fragen haben, finden Sie in den Ratgeberteilen zügig Antworten darauf. Anhand vieler Fotos geben wir Ihnen nicht nur optische Anreize für fertige Gebäcke, sondern auch praktische Hilfen.

Die vielseitigen Rezepte von klassisch bis modern und raffiniert bis exotisch bringen Abwechslung auf den Tisch. Sie werden Gebäcke entdecken, die Sie schon als Kind geliebt haben. Aber auch ganz neue Düfte werden Ihre Küche erfüllen. Denn Ihrer Experimentierfreude sind durch die Variationsmöglichkeiten der Rezepte keine Grenzen gesetzt. So wird das Backen vielleicht schon bald zu Ihrer neuen Leidenschaft.

So einfach geht das – mit Dr. Oetker und Rezepten, die garantiert gelingen.

Hinweise zu den Rezepten

Lesen Sie bitte vor der Zubereitung – besser noch vor dem Einkaufen – das Rezept einmal vollständig durch. Oft werden Arbeitsabläufe oder -zusammenhänge dann klarer.

Die in den Rezepten angegebenen Backtemperaturen und -zeiten sind Richtwerte, die je nach individueller Hitzeleistung des Backofens über- oder unterschritten werden können. Bitte beachten Sie deshalb bei der Einstellung des Backofens die Gebrauchsanweisung des Herstellers.

Zubereitungszeiten

Die Zubereitungszeit beinhaltet nur die Zeit für die eigentliche Zubereitung, die Backzeiten sind im Rezept ausgewiesen. Längere Wartezeiten wie z. B. Kühlzeiten sind ebenfalls nicht mit einbezogen.

Abkürzungen

EL	= Esslöffel	**gestr.**	= gestrichen
TL	= Teelöffel	**TK**	= Tiefkühlprodukt
Msp.	= Messerspitze	**°C**	= Grad Celsius
Pck.	= Packung/Päckchen	**Ø**	= Durchmesser
g	= Gramm	**E**	= Eiweiß
kg	= Kilogramm	**F**	= Fett
ml	= Milliliter	**Kh**	= Kohlenhydrate
l	= Liter	**kcal**	= Kilokalorien
evtl.	= eventuell	**kJ**	= Kilojoule
geh.	= gehäuft		

Wir wünschen Ihnen viel Spaß beim Ausprobieren, Entdecken und Genießen.

Ratgeber
Backzutaten

Mehl – garantiert den Backerfolg
Ob Waffeln, Kuchen, Plätzchen oder Quiche – nichts geht ohne Mehl. Bei der Vielfalt an Mehlsorten stellt sich die Frage: Welches Mehl für welches Backwerk? Seien Sie unbesorgt. Mit dem klassischen 405er liegen Sie beim Backen immer richtig. Diese Mehlart nimmt viel Flüssigkeit, Ei und Fett auf und verbindet die Zutaten zu einem glatten, geschmeidigen und formbaren Teig. Aber auch die anderen Mehltypen haben ihre Vorteile und spezielle Verwendung. Machen Sie ruhig mal einen Abstecher in die Vollkornbäckerei oder zum Brotbacken.

Backstarke Mehltypen
Die Typenbezeichnung eines Mehls ist abhängig vom Ausmahlungsgrad. Je höher die Typenzahl desto höher die Anteile an Randschichten des Korns und desto dunkler ist das Mehl. Vollkornmehle bestehen aus dem ganzen vermahlenen Korn. Sie enthalten sowohl die Randschichten des Korns wie auch den Keimling. Vollkornmehle sind daher dunkler als Auszugsmehle und tragen genau wie Vollkornschrote keine Typenbezeichnungen.

Weizenauszugsmehl Type 405
Die Type 405 ist das beliebteste Haushalts- und Kuchenmehl. Es ist sehr fein und wird wegen seiner guten Backeigenschaften mit großem Abstand am häufigsten verwendet.

Weizenmehl Type 550
Auch diese Mehlsorte eignet sich gut für lockere, gut aufgehende Teige, wie Hefeteige.
Neben Kuchen und Gebäck gelingen auch helle Brotsorten und Brötchen mit diesem Mehl besonders gut.

Weizenmehl Type 1050
Diese Mehlsorte liegt etwa in der Mitte zum Vollkornmehl und ist merklich dunkler. Da es von intensiverem Geschmack ist, eignet es sich gut für herzhaftes Backen und Brote.

Vollkorn-Weizenmehl
Es enthält alle hochwertigen Bestandteile des ganzen Korns, wird aber mehlfein vermahlen. Vollkorngebäck wird daher besonders locker. Weizenvollkornmehl lässt sich auch gut mit hellen Mehlen mischen.

Roggenmehl Type 1150
Roggenmehl findet hauptsächlich beim Brotbacken Verwendung. Aber auch als Mischung von Weizen- und Roggenmehl lassen sich geschmacklich interessante Ergebnisse erzielen.

Dinkelmehl/Vollkorn-Dinkelmehl
Dinkel gehört zu der Weizenfamilie und wird wie Weizenmehl verarbeitet. Daher hat Dinkelmehl auch fast die gleichen Backeigenschaften. Zum Backen eignet sich die Type 630 am besten.

Das Weißmehl im Rezept können Sie nicht einfach durch die gleiche Menge Vollkornmehl ersetzen. Vollkornmehl braucht mehr Flüssigkeit und die Backfähigkeit ist geringer. Ihr Backwerk könnte dadurch schnell zu trocken und fest werden.

Auch Schädlinge mögen Backzutaten

Backzutaten, die nur selten gebraucht werden und meist hinten im Schrank stehen, bieten ideale Lebensbedingungen für Motten, Milben und Käfer. Wenn Sie keine krabbelnde Überraschung erleben und Gesundheitsgefahren meiden möchten, sollten Sie Ihre Backzutaten regelmäßig überprüfen. Halten Sie Ihre Schränke sauber und lagern Sie Ihre Backzutaten kühl und trocken, am besten in fest verschließbaren Gefäßen. Im Verdachtsfall werfen Sie Produkte lieber weg. Besser noch: Die befallenen Lebensmittel für eine Stunde bei 80 °C in den Backofen legen und erst dann entsorgen.

Fettige Talente – Butter & Co.
Ohne Fett gelingt fast nichts. Mit Ausnahme von Biskuitteig gibt es keinen Teig, der ohne Fett auskommt. Und das aus guten Backgründen. Fett erfüllt viele Aufgaben: der Teig wird geschmeidig, das Gebäck saftig und alles bleibt länger frisch. Fett kann aber noch mehr. Es wirkt als Gleit- und Trennmittel im Teig und ermöglicht den Einschluss von Luft und Wasserdampf. Am gefetteten Blech oder der Form bleibt so schnell nichts hängen. Und überhaupt schmeckt mit Fett alles besser, denn die Aromastoffe kommen erst dann richtig zur Geltung. Ob Sie Butter, Margarine oder beides vermischt verwenden – beides geht.

Margarine
Margarine ist ein Streichfett und wird vorwiegend aus pflanzlichen Ölen hergestellt. Zum Backen sollten Sie nur Margarine verwenden, die laut Beschreibung auch dafür geeignet ist. Diätmargarine und Halbfettmargarine eignen sich nur in Ausnahme für Kuchen und Gebäck. Margarine bleibt auch im Kühlschrank streichfähig und geschmeidig, so dass sie bei Bedarf sofort für die Teigzubereitung verarbeitet werden kann. Backmargarine verbindet sich gut mit den übrigen Backzutaten und lässt sich leicht unterrühren. Die Teige werden nach dem Backen feinporig und erhalten eine gleichmäßige Konsistenz. Margarine ist bei sachgemäßer Lagerung (am besten kühl bei 5–15 °C) mindestens 10 Wochen haltbar. Zimmertemperatur sollte nicht überschritten werden. Angebrochene Packungen innerhalb weniger Wochen verbrauchen. Bitte beachten Sie das Mindesthaltbarkeitsdatum.

Speiseöl

Bei der Zubereitung von Quark-Öl-Teig oder teilweise auch bei Hefeteig, Schüttelteig oder All-in-Teig wird Speiseöl verwendet. Das Öl wird z. B. aus Sojabohnen, Sonnenblumenkernen, Raps oder Oliven gewonnen. Um den Geschmack der einzelnen Gebäcksorten nicht einseitig zu beeinflussen, ist es empfehlenswert, geschmacksneutrale Öle (z.B. Sonnenblumenöl, Maiskeimöl) zu verwenden.

Butter

Butter verleiht Kuchen und Gebäck ein feines Aroma und sorgt für den unvergleichlichen Geschmack. Bei der Herstellung lockerer Teige und Cremes ermöglicht Butter den Einschluss von Luft in den Teig, der dadurch sein Volumen entwickelt. Im Teig bildet Butter einen Fettfilm zwischen den Mehlteilchen, so dass der Teig geschmeidiger wird. Entscheidend ist dabei eine möglichst gleichmäßige Fettverteilung, die wiederum von der Konsistenz der Butter abhängt. Da sie bei der Aufbewahrung im Kühlschrank eine sehr feste Konsistenz hat, sollten Sie die Butter rechtzeitig herausnehmen. Wenn die Butter Zimmertemperatur angenommen hat, lässt sie sich leicht geschmeidig rühren und verteilen. Butter hat eine begrenztere Haltbarkeit als Margarine und sollte immer kühl aufbewahrt werden.

Alkohol als Backzutat

Etwas Alkohol verleiht Backwerk ein feines Aroma und eine besonders lockere Krume. Bei einigen Kuchen wie dem Eierlikörkuchen dient er auch als Triebmittel.
Früchte in Alkohol, wie Rumrosinen oder Weine finden in Teigen und Füllungen Verwendung. Fertige Tortenböden können z.B. mit Himbeergeist getränkt werden. Ebenso verfeinert Alkohol das Aroma von Creme- und Sahnefüllungen.

Backaromen

Zu den in kleinen Glas-Ampullen angeboten Backaromen auf Ölbasis zählen u.a. Butter-Vanille-Aroma, Bittermandel-Aroma, Rum-Aroma und Zitronen-Aroma. Wenige Tropfen reichen zum Aromatisieren eines ganzen Teiges.

Backpulver

Teiglockerungsmittel aus Natriumbicarbonat, einem Säureträger und einem Trennmittel. Im Teig entwickelt sich beim Backvorgang Kohlensäure, die entweicht und den Teig gleichzeitig aufgehen lässt sowie lockert.

Bourbon-Vanille-Zucker

Echter Vanille-Zucker ist Zucker mit mindestens 5% Mark der Vanilleschote.

Cranberries

Cranberries sind etwas größer als die verwandten Preiselbeeren. Sie werden zum Backen meist getrocknet verwendet.

Eier

Hühnereier übernehmen drei wichtige Aufgaben für den Backerfolg.

1. Gemeinsam mit dem Mehl festigen sie die Krume des Backwerks.
2. Da das Eigelb sowohl wasser- als auch fettlöslich ist, werden alle Zutaten zu einem glatten Teig verbunden.
3. Das zu Eischnee geschlagene Eiweiß lockert bei der Zubereitung den Teig auf.

Soweit nicht anders angegeben, verwenden Sie für alle Rezepte Eier der Größe M.

Erdnüsse

Die geschälten Kerne der Erdnusspflanze werden roh oder geröstet angeboten und lassen sich ungesalzen wie Nusskerne und Mandeln verwenden.

Finesse Geriebene Zitronenschale

Eine Mischung von Fruchtbestandteilen der Zitrone mit Rohzucker zum Aromatisieren. Verwendung wie unbehandelte Zitronenschale.

Finesse Orangenfrucht

Eine Mischung von Fruchtbestandteilen der Orange mit Rohzucker zum Aromatisieren. Verwendung wie unbehandelte Orangenschale.

Gelatine

Gelatine ist tierisches Protein, mit dessen Hilfe sich hervorragend Flüssigkeiten gelieren oder schnittfähig verfestigen lassen. Ideal also für Creme-, Sahne- oder Geleefüllungen. Gelatine wird als Blatt- oder Pulvergelatine angeboten. Wie Sie schnell den Dreh mit der Gelatine rauskriegen, erfahren Sie auf Seite 63.

Haselnüsse

Haselnusskerne sind sehr proteinreich, enthalten viele Mineralstoffe und mehrfach ungesättigte Fettsäuren. Die Nüsse sind mit und ohne Schale erhältlich. Als Backzutat sind die Kerne ganz, gehackt, gehobelt oder gemahlen erhältlich. Haselnusskerne lassen sich leicht schälen, wenn man sie im Backofen trocken röstet. Die Nüsse dann in ein Tuch geben und abreiben. Haselnüsse sind wie alle Nüsse stark fetthaltig und können daher schnell ranzig werrden.

Hefe

Hefen sind lebende, einzellige Mikroorganismen. Durch das große Gärvermögen ist Hefe ein beliebtes Backtriebmittel, das dem Teig seine typische Note verleiht. Trockenbackhefe hält sich im Gegensatz zu frischer Hefe mehrere Monate. 1 Päckchen Trockenbackhefe oder $^1/_2$ Päckchen frische Hefe reicht für 500 g Weizenmehl.

Honig
Honig gibt es in verschiedenen Geschmacksrichtungen in flüssiger und cremiger Konsistenz. Besonders beliebt ist Honig bei der Vollwert- und Weihnachtsbäckerei. Seine Süßkraft ist geringer als die von Zucker (100 g Honig = 80 g Zucker). Da Zucker zusätzlich auch lockert, sollten Sie ihn nicht ohne weiteres durch Honig ersetzen.

Kakao
Die gemahlenen Kakaobohnen werden als Pulver für die Herstellung dunkler Teige, z. B. Marmorkuchen oder von Gebäck benötigt. Es gibt ihn gesüßt und ungesüßt. Verwenden Sie schwach entölten Kakao.

Kokosraspel
Das aromatische, fein geraspelte Fruchtfleisch der Kokosnuss gibt Backwerk eine unverwechselbare, exotische Note. Die weißen Raspel sind sehr fetthaltig, können daher schnell ranzig werden und sind nur begrenzt lagerfähig.

Korinthen
Grundsätzlich ungeschwefelte, getrocknete und kernlose griechische Weinbeeren. Ihr Fruchtgeschmack und Aroma sind intensiver als bei Rosinen.

Krokant
Knusprige Stücke aus geschmolzenem, karamellisiertem Zucker mit mindestens 20 % Anteil an Nusskernen und/oder Mandeln.

Kuchenglasur
Dunkle, braune und weiße Kuchenglasur gibt es in Kunststoffbeuteln, die im heißen Wasserbad geschmolzen werden. Kuchenglasuren sind preiswerter und einfacher anzuwenden als Kuvertüre.

Kürbiskerne
Die ölhaltigen Kerne aus dem Speisekürbis eignen sich gut für die Brot- und Brötchenzubereitung.

Kuvertüre
Da diese Schokoladenüberzugsmasse einen höheren Kakaobutteranteil als Schokolade besitzt, wird sie beim Erwärmen dünnflüssiger, sie muss jedoch temperiert werden. Kuvertüre wird in Blöcken oder Tafeln angeboten und kann im Wasserbad geschmolzen werden.

Limettensaft
Der Saft der grüngelben Zitrusfrucht ist weniger sauer als Zitronensaft und als Geschmackgeber beim Backen wichtig.

Macadamianüsse
Als Backzutaten werden die kugeligen, hellen, haselnussgroßen Samen der Queenslandsnuss erst in jüngerer Zeit verwendet. Sie sind relativ teuer.

Mandeln
Als Backzutat wird die Schalenfrucht des Mandelbaumes vielfältig angeboten: geschält, ungeschält, ganz, gehackt, gehobelt, gestiftelt oder gemahlen. Mandeln sind die Basis für Marzipan.

Marzipan-Rohmasse
Marzipan wird aus süßen Mandeln, Zucker und Rosenwasser hergestellt. Zum Verfeinern von Teigen oder Füllungen sowie für Konfekt. Aus Marzipan lassen sich Garnierungen, wie Blätter oder Figuren formen.

Mohn
Die schwarzen Samen der Mohnpflanze lassen sich für Füllungen oder als Teigzusatz verwenden. Mohn ist ganz oder als backfertige Mohnfüllung erhältlich.

Nougat
Cremig feste Rohmasse aus geschälten Nuss- oder Mandelkernen, Zucker und Kakaoerzeugnissen. Nuss-Nougat ist dunkel, Mandel-Nougat hell. Als Teigzusatz für Kuchen- oder Tortenfüllungen kann er geschmolzen oder geschmeidig gerührt werden. Beliebt auch für Verzierungen und bei der Pralinenherstellung.

Orangeat
Kandierte Fruchtschale der Bitterorange, gewürfelt oder in halben Schalen erhältlich. Wird als Teigzusatz, z. B. für Christstollen und zum Garnieren verwendet.

Pistazien
Hellgrüne Schalenfrucht des Pistazienbaums. Pistazien werden beim Backen für Füllungen, Teige und Garnierungen ganz, gehackt oder gemahlen verwendet.

Quark
Speise- oder Sahnequark wird für Füllungen von Kuchen und Torten aber auch als Teigzutat, z. B. für Quark-Öl-Teig verwendet.

Rosinen (Sultaninen)
Getrocknete, kernlose Trauben verschiedener Weinreben. Geschwefelt oder ungeschwefelt erhältlich. Geeignet für Teige, Füllungen und Garnierungen.

Sahnesteif
Pulver aus pflanzlichen Stärkeprodukten, dass während des Schlagens der Sahne beigegeben wird. Es hält die Sahne länger steif und verhindert vor allem das Absetzen von Flüssigkeit.

Schokolade
Edelbitter-Schokolade wird als Zutat im Gebäck oder für Überzüge verwendet.

Sesamsamen, hell geschält
Die hellen, geschälten Sesamkörner eignen sich hauptsächlich für die Brot- und Brötchenbäckerei.

Sonnenblumenkerne
Die Samen der Sonnenblume sind sehr ölhaltig und werden gern zum Backen von Brot und Brötchen verwendet. Sonnenblumenkerne sind mit und ohne Schale, pur, geröstet oder gesalzen erhältlich.

Speisestärke
Mais- oder Kartoffelstärke ist ein Bindemittel. Es wird nicht durch Mahlen der Grundstoffe, sondern durch Ausschlämmen und Trocknen hergestellt. Dabei bleiben Eiweiß, Mineralstoffe und Fett in der Grundsubstanz zurück. Als geschmacks- und geruchsneutrale Backzutat gibt es lockerem Teig Festigkeit, macht Gebäck schön mürbe und sorgt für eine feine Krume.

Tortenguss
In Päckchen abgepacktes pflanzliches Verdickungsmittel, das mit Wasser, Fruchtsaft oder Wein angerührt wird. Tortenguss wird direkt nach dem Aufkochen in flüssigem Zustand über den Obstbelag von Kuchen und Torten gegeben, wo er durch Erkalten andickt. Er ist transparent klar oder rot, gezuckert und ungezuckert erhältlich.

Vanillin-Zucker
Vanillin-Zucker ist eine Mischung aus Zucker und 1% des künstlich hergestellten Aromastoffes Vanillin. Im Handel in Päckchen erhältlich. Günstige Alternative zu echtem Vanille-Zucker.

Walnüsse
Die Früchte des Walnussbaumes enthalten viele Vitamine, Mineralstoffe und haben einen hohen Fettgehalt. Deshalb sind Walnüsse nur beschränkt lagerfähig. Sie sind mit und ohne Schale, als ganze Kerne, gehackt oder gemahlen erhältlich.

Zitronat (Sukkade)
Kandierte Fruchtschale der Zitronat-Zitrone, auch als Sukkade bezeichnet. Zitronat wird gewürfelt oder als halbe Schalen angeboten und als Teigzusatz oder zum Garnieren verwendet.

Zitronensaft
Durch Auspressen ausgereifter Zitronen gewonnener Saft mit hohem Vitamin C-Gehalt. Wichtige Backzutat in vielen Rezepten.

Zuckersorten
Raffinade: Der übliche Haushaltszucker ist als weißer Streuzucker in verschiedenen Körnungen erhältlich.
Hagelzucker: grober, weißer Zucker, der sich gut zum Bestreuen von Gebäck eignet.
Puderzucker: staubfein gemahlene Raffinade für Glasuren und zur Dekoration von Torten und Gebäck.
Grümmel: grob gestoßener, brauner Kandis, sehr aromatisch im Geschmack. Er wird bevorzugt zum Backen von Honigkuchen, Lebkuchen und Printen verwendet.
Brauner Zucker (Rohrzucker): brauner, feinkörniger Zucker, der aus Zuckerrohr gewonnen wird.

Zuckerstreusel
Bunt gemischte, kleinste Zuckerstäbchen zum Dekorieren von Kuchen und Gebäck.

Die Grundteige

Für welches Rezept Sie sich in diesem Buch auch entscheiden: Auf den Teig kommt es an. Daher ist es für die Teigzubereitung, wie beim Backen generell, besonders wichtig, dass alle Backzutaten frisch und einwandfrei sind. Zu lange gelagerte und minderwertige Zutaten können Ihnen das ganze Gebäck und damit auch Ihre Freude verderben. Das wäre zu schade, denn gewusst wie, haben Sie die Teige schon bald fest im Griff.

Rührteig – einfach gut
Geht fix und gelingt: Für einen Rührteig verrühren Sie nacheinander Fett, Zucker, Eier, Mehl und Backpulver. Und schon geht's ab in die Form. Natürlich können Sie Rührteig mit einer Vielzahl von Zutaten aufpeppen. Probieren Sie unsere Rezepte oder machen Sie Ihre eigenen Erfahrungen, z. B. mit Aromen, Kakaopulver, Speisestärke, Schokostücken und Rosinen.

Das Backen in der Form: Rührteig müssen Sie sofort nach der Zubereitung backen, da das Backpulver sofort zu wirken beginnt.
Füllen Sie den Teig in die gefettete Kuchenform und schieben die Form auf dem Rost in den Backofen. Die Backzeit kann variieren, daher sollten Sie die Angaben im Rezept beachten. Nach Beendigung der angegebenen Backzeit machen Sie am besten zunächst eine Garprobe. Dafür stechen Sie mit einem Holzstäbchen in die dickste Stelle des Kuchens. Ist das Stäbchen trocken und haftet kein Teig daran, ist Ihr Kuchen gar. Andernfalls verlängern Sie die Backzeit etwas und wiederholen die Garprobe. Lassen Sie die Form nach dem Backen erst 10 Minuten auf einem Kuchenrost stehen. Anschließend können Sie den Kuchen auf einen Kuchenrost stürzen oder legen und erkalten lassen.

All-in-Teig – für Eilige

Selbst backen trotz vollem Terminplan? Das klappt ganz hervorragend mit diesem Teig. In nur wenigen Minuten haben Sie Ihren All-in-Teig fertig. Verwendet werden die gleichen Zutaten wie für Rührteig. Der einzige Unterschied besteht darin, dass alle Zutaten auf einmal miteinander verrührt werden und nicht nacheinander. Der All-in-Teig hat daher eine weniger lockere Porung als der Rührteig, ist aber für Teige ohne schwere Zutaten sehr gut geeignet.

Biskuitteig – luftig leicht

Ein Teig, der sich sogar rollen lässt. Biskuitteig entsteht aus einer locker aufgeschlagenen Eier-Zucker-Masse und Mehl. Der Eischnee macht den Teig beim Backen besonders luftig. Gebäck aus Biskuitteig hat eine lockere Krume und eignet sich daher sehr gut für Tortenböden und Rollen.

Das Backen von Biskuitteig: Biskuitteig sollten Sie sofort nach der Zubereitung backen, sonst könnte die luftige Masse zusammenfallen. Bevor Sie das Biskuitgebäck aus dem Backofen nehmen, prüfen Sie, ob es gar ist. Dazu legen Sie eine Hand flach auf den Teig. Garer Biskuit darf sich nicht feucht anfühlen, ist weich und watteähnlich. Unter leichtem Druck kommt die elastische Oberfläche wieder hoch. Wird Biskuit zu stark ausgebacken, wird er trocken und fest. Legen Sie Backform oder Backblech zunächst mit Backpapier aus, dann den Teig einfüllen bzw. gleichmäßig verstreichen. Lösen Sie den gebackenen Biskuitboden mit einem Messer vom Springformrand und nehmen Sie den Rand ab. Legen Sie Backpapier auf den Kuchenrost und stürzen Sie das Gebäck darauf. Den Springformboden entfernen und das Gebäck mit dem mitgebackenen Papier erkalten lassen. So gleicht sich auch eine mögliche Wölbung an der Oberfläche des Biskuitgebäcks wieder aus. Die Biskuitplatten vom Blech können Sie je nach Rezept direkt auf eine Arbeitsfläche stürzen und darauf erkalten lassen.

Hefeteig – ganz flexibel

Kein Teig ist so schön weich und elastisch wie Hefeteig. Er ist darum auch so vielseitig einsetzbar. Ob daraus süßes und herzhaftes Gebäck entsteht, es schmeckt frisch am besten. Spezielle Hefekulturen machen den Teig so locker und geben ihm seinen unverwechselbaren Geschmack. Erst durch Wärme entwickelt Hefe ihre hohe Triebkraft. Das lange Kneten des Hefeteiges bewirkt eine besonders gute Verbindung aller Zutaten untereinander. Die Hefe kann dadurch Kohlenhydrate wie Zucker und Mehl in Kohlensäure und Alkohol umwandeln und bewirkt so eine Lockerung des Teiges. Hefeteig besteht grundsätzlich aus Mehl, Hefe, Fett, Zucker, evtl. Ei und warmer Flüssigkeit. Er eignet sich sehr gut für Blechkuchen, Kleingebäck und Gebäckstücke wie Striezel oder Zöpfe sowie für Brot und Brötchen.

Trockenbackhefe: Die Päckchen mit Trockenbackhefe finden Sie im Regal bei den Backzutaten. Trockenbackhefe ist durch Wasserentzug haltbar gemacht und sollte möglichst trocken und bei Zimmertemperatur gelagert werden. Das Backen mit Trockenbackhefe ist deshalb so praktisch, weil es keine besonderen Vorarbeiten erfordert.

Das Backen von Hefeteig: Nachdem der Hefeteig zweimal aufgegangen ist, kann er sofort in den Backofen. Blechkuchen stellen Sie zum Erkalten auf einen Kuchenrost. Kleingebäck, Striezel usw. nehmen Sie vom Backblech und lassen diese auf einem Kuchenrost erkalten.

Knetteig – schön mürbe

Ein Knetteig besteht grundsätzlich aus Mehl, Zucker, Fett und evtl. Ei. Der Teig lässt sich gut ausrollen und eignet sich daher sehr gut für Gebäckplatten oder zum Auslegen von Formen. Aber auch dünne Gebäcke wie Plätzchen gelingen hervorragend mit Knetteig. Da er keine Krume bildet, also relativ fest bleibt, wird er nach dem Backen mürbe. Knetteig weicht gegenüber lockeren Teigen nicht so schnell durch. Daher eignet er sich als Boden von Obstkuchen und Torten besonders gut.

Ausrollen des Teiges: Bevor Sie den Teig ausrollen, sollten Sie die Arbeitsfläche gründlich von Teigresten reinigen und sie gleichmäßig leicht bemehlen. Den kalt gestellten Teig vorher kurz mit den Händen noch einmal durchkneten. Zum Ausrollen mit der Teigrolle leicht über den Teig gehen, nicht zu stark drücken. Richtig ist es, wenn sich die Teigrolle dabei dreht. Ab und zu sollten Sie mit einem großen Messer unter dem Teig herstreichen und ihn lösen, falls er irgendwo kleben sollte. Alternativ zu der bemehlten Arbeitsfläche kann der Teig zwischen zwei Lagen Frischhaltefolie oder einem aufgeschnittenen Gefrierbeutel ausgerollt werden. Sollte der Teig während des Ausrollens wieder klebrig werden, stellen Sie ihn erneut in Frischhaltefolie gewickelt kalt. Dadurch verfestigt sich das im Teig enthaltene Fett und der Teig klebt nicht mehr. Für Plätzchen reicht es, den Teig portionsweise auszurollen.

Das Backen von Knetteig: Backen Sie den Knetteig nach den Angaben im Rezept. Dann lösen Sie das Gebäck sofort aus der Form oder nehmen bzw. ziehen es mit dem Backpapier vom Backblech. Knetteigböden in Springformen sofort nach dem Backen vom Springformboden lösen, aber darauf erkalten lassen, damit sie nicht zerbrechen und sich nicht verformen. Beim Auskühlen sollte das Gebäck glatt und nicht übereinander liegen, damit es sich nicht verformt. Frisch gebackener, warmer Knetteig ist weich. Er wird erst knusprig und mürbe, wenn er ausgekühlt ist.

Quark-Öl-Teig – geschmeidig

Die Kombination von Quark und Öl gibt diesem Teig seine besondere Konsistenz, die dem Hefeteig sehr ähnlich ist. Ohne dass der Teig gehen muss, wird daraus lockeres Gebäck, das frisch herrlich schmeckt. Der Teig besteht aus Mehl, Backpulver, Speisequark, Öl, Zucker, Milch und/oder Ei. Er eignet sich ebenso gut wie Hefeteig für Blechkuchen, aber auch für Kleingebäck.

Das Backen von Quark-Öl-Teig: Backen Sie Quark-Öl-Teig nach den Angaben im Rezept. Danach nehmen Sie das Gebäck sofort aus der Form oder vom Backblech und legen es zum Auskühlen auf einen Kuchenrost. Gebäck aus Quark-Öl-Teig sollte möglichst frisch gegessen werden, da es am nächsten Tag schon leicht trocken ist.

Küchengeräte, Backformen & Backofen

Pinsel, Form und Waage – Geräte zum Backen

Auf Schätzungen „Pi mal Auge" sollten Sie beim Backen besser verzichten. Ganz wichtig für Ihren Backerfolg ist die genaue Einhaltung der im Rezept vorgegebenen Proportionen. Dabei helfen Ihnen die richtigen Maßgefäße und Schüsseln. Viele empfohlene Geräte werden Sie schon bald als unentbehrliche Küchenhelfer schätzen. Backformen werden häufig im Set für unterschiedlichen Kuchen angeboten. Mit folgender Küchenausstattung können Sie backen, backen, backen:

Hoch hinaus oder flach weg – die Backformen

Für die Rezepte in diesem Buch benötigen Sie die klassischen Formen:
1 Backblech (30 x 40 cm), 1 Springform (Ø 26 cm), 1 Muffinform für 12 Muffins, 1 Gugelhupfform (Ø 24 cm), 1 Tarteform (Ø 26–28 cm), beschichtet oder aus Porzellan und 1 Kastenform zum Brotbacken (30 x 11 cm). Darüber hinaus gibt es eine Vielzahl weiterer Backformen für Feiertage, Feste, spezielles Gebäck und Kleingebäck. Für kleine Haushalte eignen sich Formen in Miniausführung. Für das Backen der verschiedenen Teige und für das optimale Gelingen der Gebäcke ist das Material der verwendeten Backform mitentscheidend. Aber auch das vorhandene Herdsystem sollten Sie beim Kauf von Backformen berücksichtigen.

Schwarzlackierte Formen
Die dunklen Formen nehmen viel Hitze auf und geben sie auch sofort an den Teig weiter. Sie sind deshalb ideal für Elektro- und Heißluftherde, für Gasherde dagegen nicht geeignet.
Formen mit Antihaft-Beschichtung
Die zeitgemäße Antihaft-Beschichtung der Weiß- und Stahlblechformen hat sich bei den Herdsystemen mit Ober- und Unterhitze sowie Heißluft bestens bewährt. Der Kuchen lässt sich leichter aus der Form lösen.
Emaillierte Backformen
Diese „schwere Backformen" verfügen über eine Quarz-Email-Beschichtung. Sie sind schnitt- und kratzfest, absolut fruchtsäurebeständig und zeigen sehr gute Antihaftwirkung. Gebäck bräunt darin gleichmäßig und intensiv. Emaillierte Formen sind ideal für Elektro- und Heißluftherde geeignet, sind sehr lange haltbar und haben eine hervorragende Antihaftwirkung.
Keramikformen
Sie speichern die Hitze zunächst und geben sie erst dann an das Backgut weiter. Keramikformen sind in allen Herdarten einsetzbar. Die Formen gut fetten und mit Semmelbröseln ausstreuen.
Silikonformen
Die flexiblen Backformen lassen sich platzsparend verstauen und sind spülmaschinenfest.

Die unentbehrlichen Backhelfer

Ausstechförmchen: für Plätzchen oder zum Dekorieren.
Backpapier: Spart das Einfetten und nichts bleibt kleben. Bleche und Formen werden damit ausgelegt. Besonders gut zum Backen von Plätzchen und Biskuitteig.
Backpinsel: zum Fetten von Backformen und -blechen, Bestreichen von Gebäck und Auftragen von Glasuren. Silikonpinsel sind für viele Aufgaben nicht fein genug.
Backrahmen: Er lässt sich individuell einstellen und eignet sich für die Herstellung von hohen Teigen auf dem Backblech und zum Zusammensetzen von Torten.
Edelstahlschüssel: Das Material ist wärmeleitend. Ein Exemplar, z. B. für Kuvertüre, die im Wasserbad geschmolzen oder bearbeitet werden muss, ist nützlich.
Feines Sieb: Zum Bestäuben mit Kakaopulver, Puderzucker oder für Konfitüre und Saft.
Handrührgerät: Es mixt, rührt oder knetet. Mit den Rührbesen oder Knethaken können Sie jeden Teig zubereiten. Zur Grundausstattung eines Handrührgerätes gehören zwei Rührbesen, zwei Knethaken und je nach Gerät ein Pürierstab oder ein Schneidstab.
Kochtopf: Benötigen sie zum Herstellen von Füllungen die gekocht bzw. erhitzt werden müssen.
Kuchenrost: Nach dem Backen wird das Backwerk auf das Metall- oder Kunststoffgitter zum Auskühlen gesetzt.
Küchenschere: Zum Einschneiden von Teigen und zum Zurechtschneiden von Backpapier.
Küchentimer (Küchenwecker): Zum Einhalten der Rühr- und Backzeiten.
Litermaß: Das benötigen Sie zum Abmessen von Flüssigkeiten.
Reibe: z. B. für Zitronenschale oder Schokolade.

Rührlöffel: Gut verrührt gelingt alles besser.
Rührschüssel: Zwei Größen reichen. Eine 4-Liter-Schüssel für den Teig und einen schmalen, hohen Becher zum Schlagen von Sahne oder Eischnee. Achten Sie auf gute Qualität und auf den Gummiring an der Unterseite, damit nichts wegrutschen kann.
Schneebesen: Ideal zum Vermischen von Mehl, Speisestärke und Backpulver, Schlagen von Eiern und Cremes oder zum Unterheben von Eischnee und geschlagener Sahne.
Schneidbrett: Zum Schneiden und Bearbeiten der Zutaten.
Sparschäler: Für das Schälen von Äpfeln und das Schaben von Schokospänen.
Spritzbeutel mit Sterntülle: Zum Verzieren mit Sahne oder für Spritzgebäck.
Teigrädchen: Zum Ausschneiden ausgerollter Teige. Ergibt attraktiv gezackte oder gewellte Ränder.
Teigrolle: Damit lassen sich Teige gleichmäßig ausrollen und feste Zutaten zerkleinern.
Teigschaber: Zum Einarbeiten lockerer Massen und zum Umfüllen und Verstreichen von Teigen.
Tortenunterlagen: Torten lassen sich leicht umsetzen oder geschnittene bzw. halbierte Tortenböden abheben. Gibt es beschichtet und unbeschichtet im Supermarkt.
Tortenring: Der Ring lässt sich individuell einstellen und eignet sich ideal zum Füllen bzw. Zubereiten von hohen Torten.
Waage: ist ganz wichtig. Wählen Sie am besten ein Modell mit Grammangabe und Zuwiegemöglichkeit.
Zitronenpresse: Häufig benötigen Sie den Saft einer Zitrone.

Endspurt im Backofen

Fast fertig! Köstlicher Duft erfüllt Ihre Küche. Die richtige Temperatur Ihres Backofens spielt dabei die wichtigste Rolle. Daher finden Sie in den Rezepten immer die Temperaturangaben für Ober-/Unterhitze, Elektroherd und Heißluft sowie Hinweise zum Vorheizen. Jedoch können die Zeiten von Gerät zu Gerät davon abweichen. Beachten sie daher auch Ihre Backofenanleitung. Am besten Sie beobachten das Gebäck gegen Ende der Backzeit oder machen eine Garprobe. Alle Teige, die in Formen gebacken werden, sollen Sie stets auf den Kuchenrost stellen, nicht auf ein Backblech oder auf den Boden des Backofens. In unserer Übersicht finden Sie außerdem schnell die richtige Temperatur für Ihren Ofen:

Die Einschubhöhe

Hohe und halbhohe Formen werden im allgemeinen auf dem Rost auf die untere Einschubleiste geschoben. Flache Formen auf die mittlere Einschubleiste. Blechkuchen, Kleingebäck, Stollen, Windbeutel und Eiweißgebäck gelingen am besten in der Mitte des Backofens. Abweichungen sind möglich und von der Ausführung Ihres Backofens abhängig.

Das Vorheizen

Wenn die Backzeit 30 Minuten und weniger beträgt, sollten Sie Ihren Backofen, unabhängig vom Gerät, immer vorheizen.

Gebäckart	Ober-/Unterhitze/°C	Heißluft/°C	Gas/°C	Backzeit Min.
Hohes Gebäck				
Käsekuchen	etwa 160	etwa 140	1–2	60–80
Kastenkuchen	etwa 180	etwa 160	2–3	50–70
Napfkuchen	180–200	160–180	2–3	45–60
Mittleres Gebäck				
Biskuit	etwa 180	etwa 160	2–3	25–40
Knetteigkuchen	etwa 200	etwa 180	2–3	30–50
Rührteigkuchen	etwa 180	etwa 160	2–3	25–40
Strudel	180–200	160–180	3–4	30–50
Flaches Gebäck				
Biskuit	etwa 200	etwa 180	3–4	10–30
Blätterteig	etwa 200	etwa 180	3–4	10–20
Blechkuchen	180–200	160–180	3–4	15–45
Brandteig	etwa 200	etwa 180	3–4	20–30
Kleingebäck	180–200	160–180	2–3	10–20
Knetteigboden	etwa 180	etwa 160	2–3	15–20
Rührteigboden	etwa 180	etwa 160	2–3	15–20

Stäbchentest

Alt und bewährt ist die Garprobe per Holzstäbchen. Einfach zum Ende der Garzeit mit einem Holz-Schaschlikspieß, vorsichtig, aber tief in den Teig stecken und wieder herausziehen. Bleiben am Spieß Teigreste mit flüssiger Konsistenz haften, ist der Kuchen noch nicht fertig.

Ungetrübtes Backvergnügen – praktische Tipps

Eier trennen

Zum Trennen von Eigelb und Eiweiß schlagen Sie die Eier auf einer Kante auf und brechen die Schalen auseinander. Lassen Sie das Eigelb dann vorsichtig von einer Schalenhälfte in die andere gleiten. Dabei das Eiweiß in einem darunter stehenden Gefäß auffangen.

Löffelbiskuits, Zwieback oder Krokant zerkleinern

Füllen Sie Löffelbiskuits, Zwieback oder Krokant in einen Gefrierbeutel. Verschließen diesen gut und rollen mit einer Teigrolle darüber.

Nusskerne, Mandeln und Kokosraspel rösten

Durch das Rösten entsteht intensiveres Aroma. Dafür geben Sie ganze, gehackte oder gemahlene Nusskerne, Mandeln oder Kokosraspel ohne Fettzugabe in eine Pfanne und bräunen die Zutaten unter ständigem Rühren. Erst auf einem Teller abkühlen lassen, dann weiterverwenden. Auch Sonnenblumenkerne, Kürbiskerne und Sesamsamen können Sie auf diese Art rösten.

Zitronenschale abreiben

Spülen Sie eine unbehandelte Zitrone heiß ab und tupfen Sie sie trocken. Verwenden Sie nur das Gelbe der Schale, das Weiße ist bitter.

Schön verziert und schick dekoriert

Bunte Ideen mit Zuckerguss

Gesiebten Puderzucker nach und nach mit so viel Wasser, Tee, Likör oder Saft glattrühren, dass ein dickflüssiger Guss entsteht. Der Puderzucker kann vor dem Verrühren auch mit etwas Kakaopulver oder verriebenem Instant-Kaffeepulver vermischt werden. Nach Belieben kann der Guss, z. B. mit einigen Tropfen Speisefarbe eingefärbt werden. Den Zuckerguss möglichst sofort nach dem Anrühren auftragen, da er schnell fest wird. Wird Zuckerguss mit heißer Flüssigkeit angerührt, so haftet und glänzt er nach dem Trocknen besonders gut. Flüssiger Zuckerguss lässt sich flächig gut mit einem Pinsel auftragen. Für feine Verzierungen den Guss in kleine Tüten aus Pergamentpapier oder einen Gefrierbeutel geben, eine Ecke abschneiden und auf das Gebäck geben.

Tolle Tupfen aus Schlagsahne-Resten

Reste von steif geschlagener Sahne als Tupfen mit dem Spritzbeutel auf Alufolie spritzen. Im Gefriergerät fest werden lassen, dann im Gefrierbeutel einfrieren – ein idealer Vorrat an Verzierungen für Torten.

Auch Backprobleme lassen sich lösen

Wenn alle Rosinen unten im Kuchen sitzen ...

... war Ihr Teig zu weich. Achten Sie beim nächsten Mal darauf, dass der Teig bei der Zubereitung schwer reißend vom Löffel fällt. Bestäuben Sie Rosinen vor dem Unterheben mit Mehl, dann verrutschen sie nicht so schnell.

Wenn der Knetteige zu weich ist ...

... legen Sie ihn in Frischhaltefolie gewickelt etwa 30 Minuten in den Kühlschrank. Haben Sie zu viel Flüssigkeit durch Eier, Milch oder Wasser im Teig, arbeiten Sie noch etwas Mehl unter den Teig.

Wenn der Kuchen oben zu dunkel wird ...

... aber innen noch nicht gar ist, ist entweder die Temperatur zu hoch eingestellt oder der Kuchen muss etwas tiefer eingeschoben werden. Decken Sie den Kuchen einfach mit Back- oder Butterbrotpapier ab und lassen ihn weiterbacken.

Wenn die Rührschüssel rutscht ...

... hat Ihre Rührschüssel keinen Gummiring an der Unterseite. Legen Sie beim Rühren des Teiges ein feuchtes Tuch unter die Schüssel, um ein Rutschen zu vermeiden. Auch beim Ausrollen von Teigen auf dem Backblech vermeidet ein untergelegtes feuchtes Tuch das Verrutschen.

Wenn Kuchen beim Schneiden bröckelt ...

... sollten Sie das Messer beim Schneiden nicht herunterdrücken, sondern „sägend" bewegen, dann wird die Schnittfläche glatt. Empfehlenswert ist ein Elektromesser.

Wenn das Backpapier am Biskuit haften bleibt ...

...verstreichen Sie etwas kaltes Wasser auf dem Backpapier und ziehen es dann vorsichtig ab.

Wenn Kastenkuchen zu trocken geworden ist ...

... stechen Sie mit einem feinen Stäbchen mehrmals in den Teig und beträufeln ihn mit Fruchtsaft oder Likör. So wird er schön saftig.

Wenn der Kuchenrand verbrannt ist ...

... schneiden Sie ihn ab. Bei einem Kuchen aus der Springform stellen Sie einen Tortenring aus Metall etwas kleiner als den Kuchen ein, setzen ihn mittig auf und trennen durch das Herunterdrücken den verbrannten Rand ab.

Aufbacken

Erneutes Backen von Kuchen und Gebäck, das eingefroren war oder durch Lagern an Frische verloren hat, z. B. Hefeteiggebäck, Brot. Gebäck mit Glasur eignet sich nicht zum Aufbacken.

Deutsche/österreichische Bezeichnungen

Aprikose	–	Marille
Auberginen	–	Melanzani
Baiser	–	Meringe
Eigelb	–	Eidotter
Eiweiß	–	Eiklar
Erdnüsse	–	Aschanti
Hefe	–	Germ
Hefevorteig	–	Dampfl
Hörnchen	–	Kipferl
Johannisbeere	–	Ribisel
Kompott/gedünstetes Obst	–	Röster
Löffelbiskuit	–	Biskotten
Mais	–	Kukuruz
Paniermehl	–	Semmelbrösel
Pflaumenmus	–	Powidl
Quark	–	Topfen
Puderzucker	–	Staubzucker
Saure Sahne	–	Sauerrahm
Sahne/Schlagsahne	–	Obers/Schlagobers
Sauerkirsche/Schattenmorelle	–	Weichsel
Schmand	–	Sauerrahm mit 24 % Fett, selten in Österreich erhältlich, kann durch Crème fraîche ersetzt werden
Walnüsse	–	Baumnüsse

Besieben/Bestäuben

Bestreuen von Kuchen oder Gebäck mit Puderzucker oder Kakao mithilfe eines Siebes oder Streuers.

Kneten

Vermischen von Zutaten zu einem glatten Teig. Man kann mit den Knethaken des Handrührgerätes oder mit den Händen kneten. Beim Kneten mit den Händen sollte man beim Knetteig nur kurz kneten, damit der Teig nicht warm wird. Blätterteig darf nicht geknetet werden. Bleiben Reste vom Blätterteig übrig, werden sie aufeinandergelegt und erneut ausgerollt.

Tränken

Einen Teigboden oder Kuchen mit Flüssigkeiten wie Fruchtsaft, Zuckerlösung oder Likör durchfeuchten oder das Gebäck hineinlegen.

Gebäck aufbewahren und einfrieren

Backen nach Plan – Kuchen aufbewahren

Sie haben zum Kaffeeklatsch eingeladen oder eine Geburtstagsfeier steht bevor? Alles kein Problem. Mit der richtigen Planung kommt kein Backstress auf. Viele Gebäcksorten, wie Kuchen und Torten lassen sich schon einen oder zwei Tage im voraus zubereiten. Am Tag X brauchen Sie dann nur noch füllen und verzieren. Die meisten Kuchen, Torten und Plätzchen können Sie sogar schon Wochen vorher auf Vorrat backen. Denn richtig verpackt aufbewahrt halten sie sich tatsächlich so lange frisch und bleiben knusprig. Folgend einige Tipps, wie Sie ganz beruhigt Ihre Kaffeetafel planen können:

Blechkuchen

Nehmen Sie den Kuchen möglichst warm vom Backblech. Das klappt leicht, wenn Sie den Kuchen vierteln. Den Kuchen auf einem Kuchenrost auskühlen lassen, da sich sonst die Feuchtigkeit aus dem Kuchen auf das Backblech niederschlägt und den Geschmack beeinträchtigen kann.

Blätterteig- und Hefegebäck

Schmeckt frisch verzehrt am besten. Sie können diese Gebäcke am anderen Tag noch einmal aufbacken, wenn diese keine Glasur haben.

Brot

Für die Aufbewahrung von Brot eignen sich am besten luftdicht verschließbare Behälter, da diese das Austrocknen verlangsamen. Je höher der Weizenmehlanteil von Brötchen oder Brot ist, desto schneller die Austrocknung. Spezielle Brotkästen eignen sich genauso gut wie Steintöpfe.
Brot bitte nicht im Kühlschrank aufbewahren: Die niedrigen Temperaturen im Kühlschrank schaden der Konsistenz des Brotes. Um Schimmel vorzubeugen, sollten Sie Ihren Brotbehälter regelmäßig von Krümeln säubern und mit Essig auswischen.

Gebäck aus Quark-Öl-Teig

Am besten genießt man dieses Gebäck ganz frisch. Sie können es aber auch einfrieren und bei Zimmertemperatur in der Verpackung auftauen lassen.

Knetteig

Roher Knetteig oder Mürbeteig kann, in Frischhaltefolie oder Gefrierbeutel verpackt, mehrere Tage im Kühlschrank aufbewahrt, aber auch eingefroren werden. Auftauen sollte der rohe Teig bei Zimmertemperatur in der Verpackung.

Plätzchen

Alle Plätzchen vom Backblech nehmen und auf dem Kuchenrost gut auskühlen lassen. Erst wenn sie völlig erkaltet sind, können sie zur Aufbewahrung verpackt werden. Um ein Zusammenkleben zu vermeiden, können Sie zwischen die einzelnen Plätzchenlagen Alufolie oder Backpapier legen. Wenn Sie nicht möchten, dass sich die Aromen der Plätzchensorten vermischen, sollten Sie Ihre Plätzchen sortenweise verpacken. Alle Plätzchen müssen kühl und trocken aufbewahrt werden.
Knusprige Plätzchen: können Sie sofort in gut schließende Dosen, idealerweise in Blechdosen, legen.
Weiche Plätzchen: müssen nach dem Backen zunächst an der Luft stehen gelassen werden, bis sie die gewünschte Beschaffenheit haben. Erst dann sollten sie die Plätzchen in Dosen mit losem Deckel legen. Das Gebäck bleibt weich, wenn Sie eine Scheibe Brot mit in die Dose legen. Um ein Zusammenkleben zu vermeiden, können Sie zwischen die einzelnen Plätzchenlagen Backpapier legen.
Eiweißgebäck: hält sich am besten in Glas- oder Porzellangefäßen frisch. Wenn Sie nicht möchten, dass sich die Aromen der Plätzchensorten vermischen, sollten Sie Ihre Plätzchen sortenweise verpacken. Alle Plätzchen müssen kühl und trocken aufbewahrt werden.
Makronengebäck: Makronen dürfen nicht zu stark ausgebacken werden. Wenn sie vom Backblech genommen werden, müssen sie sich an der Unterseite noch weich und feucht anfühlen. Während des Auskühlens auf dem Kuchenrost trocknen die Makronen ausreichend nach und behalten ihre äußere Knusprigkeit in fest verschlossenen Dosen.

Rührkuchen

Nehmen Sie die Form mit dem Kuchen nach beendeter Backzeit aus dem Backofen. Lassen Sie den Kuchen etwa 10 Minuten in der Form stehen und stürzen Sie ihn dann auf einen Kuchenrost. Obstgebäck sollten Sie sofort aus der Form nehmen. Wickeln Sie das gut ausgekühlte Gebäck in Alufolie ein. So verpackt lässt sich der Kuchen lange aufbewahren.

Sahne-, Obst- und gefüllte Torten

Ein bis zwei Tage lassen sich diese Torten im Kühlschrank frisch halten.

Jederzeit genießen – Kuchen einfrieren

Einfrieren ist einfach ideal. So lecker selbst Gebackenes auch schmeckt: Ein Kuchen ist zu viel für ein oder zwei Personen. Auch nach der Kaffeerunde bleibt so manches Tortenstück zurück. Zum Glück lassen sich die meisten Kuchen und Torten problemlos einfrieren. Einmal aufgetaut sollten sie jedoch nicht erneut eingefroren werden. Frieren Sie Kuchen in kleinen Portionen ein, das verkürzt das spätere Auftauen. Eingefrorener Kuchen hält sich etwa drei Monate, Rührkuchen sogar bis zu sechs Monate. Zum Auftauen im Backofen eignen sich alle trockenen Gebäcke, unbelegte Tortenböden und Fettgebäck.

Gebäck	**Anmerkungen**
Rührteig-Gebäck Schüttelteig All-in-Teig	Einfrieren ohne Puderzucker-Guss, Glasur, Krokant, Puddingfüllung oder Obstbelag mit Tortenguss
Biskuitteig-Gebäck	Verzierte Buttercreme- und Sahnetorten zunächst vorfrieren, dann erst verpacken
Knetteig-Gebäck	Einfrieren ohne Puderzucker-Guss oder Obstbelag ohne Tortenguss
Hefeteig-Gebäck	Evtl. im Backofen bei 170 °C auftauen
Blätterteig	Vorbereiteter, ungebackener Teig im Ganzen oder vorgeformte Teilchen, die im gefrorenen Zustand direkt im Backofen fertig gebacken werden können
Quark-Öl-Teig-Gebäck	Einfrieren ohne Glasur; Gebäck, das nochmals aufgebacken wird, beim ersten Backen nicht zu dunkel werden lassen
Brot/Brötchen	Brot aufgeschnitten einfrieren Brötchen im Backofen bei 170 °C auftauen
Plätzchen	In Gefrierbeutel oder Dose verpacken; Ungeeignet zum Einfrieren ist Eiweißgebäck

Ratgeber
Vom Blech weg genießen – Blechkuchen

Wenn's schnell gehen und super schmecken soll, liegen Sie mit einem Blechkuchen immer richtig. Ob knusprig, fruchtig oder gefüllt – ein Blech voller gebackener Köstlichkeit passt zu jeder Gelegenheit und reicht auch für viele Gäste. Wenn Sie Blechkuchen lieber öfter und ganz frisch genießen möchten, halbieren Sie einfach die Rezeptzutaten. Mithilfe eines Backrahmens backen Sie so nur ein halbes Blech.

Backrahmen – bestimmen Sie die Größe

1. Vor dem ersten und nach jedem weiteren Gebrauch sollten Sie Ihren Backrahmen gründlich reinigen. Dazu den Backrahmen auseinanderziehen und die Teile mit haushaltsüblichem Spülmittel in heißem Wasser gründlich spülen und sorgfältig abtrocknen.
2. Den Rahmen auf die gewünschte Größe einstellen und auf das gefettete, mit Backpapier belegte Backblech setzen.
3. Nach dem Backen bzw. Dekorieren lösen Sie den Backrahmen mithilfe eines Messers vom Teig, ziehen ihn etwas auseinander und heben ihn ab.

So gelingen Blechkuchen

- Ohne Backrahmen geht's auch: Bereiten Sie mit der Hälfte der Rezeptzutaten einen Kuchen in einer Springform (Ø 28 cm) zu.
- Abkühlen: Die Backbleche immer auf einem Kuchenrost abkühlen lassen, da sich ansonsten zu viel Feuchtigkeit bildet und der fertig gebackene Boden durchweicht. Besonders Blechkuchen mit Obst sollten Sie erst etwas abkühlen lassen, dann vierteln, vom Blech nehmen und direkt auf dem Kuchenrost erkalten lassen.
- Einschubhöhe: Schieben sie das Backblech entweder auf der mittleren oder unteren Einschubhöhe in den Backofen. Blechkuchen mit saftigem bzw. feuchtem Belag immer im unteren Drittel des Backofens einschieben, damit der Boden gut durchbacken kann und nicht zu weich wird.

Das richtige Blech

Zur Grundausstattung Ihres Herdes gehören 1 bis 2 Backbleche sowie eine Fettfangschale. Bei den meisten Backblechen handelt es sich um Emaillebleche, Schwarzbleche oder Aluminiumbleche. Das beste Backergebnis erzielen Sie mit Emailleblechen oder Schwarzblechen. Daher lohnt sich auch eine nachträgliche Anschaffung. Emaillebleche und Schwarzbleche sind bestens für Heißluft und Ober-/Unterhitze geeignet. Benutzen Sie einen Gasherd, sollten Sie besser Aluminiumbleche verwenden, da sie für diese Heizart die besten Wärmeleitungseigenschaften besitzen. In der Fettfangschale lassen sich gut Blechkuchen mit höherem Teig backen, wie z. B. Bienenstich oder Biskuitschnitten.

Alles gar auf dem Blech?

So machen Sie die Garprobe:

- **Biskuitteigplatte:** Wenn Sie die Oberfläche mit einem Finger leicht eindrücken, darf keine Druckstelle zurückbleiben. Das Gebäck sollte sich wattig anfühlen.
- **Rührteig:** An der dicksten Stelle mit einem Stäbchen einstechen. Es darf kein Teig daran haften bleiben, das Stäbchen muss trocken sein. Ist das Gebäck gar, löst sich der Teig etwas vom Rand des Bleches bzw. der Fettfangschale ab.
- **Hefe-, Quark-Öl- und Obstkuchen:** Die Unterseite des Kuchens sollte leicht gebräunt und trocken sein. Am besten mit einem breiten Messer oder mit einer Palette unter den Teig fahren und diesen kurz anheben.

Hefe – das Teigwunder

Das Geheimnis von Hefeteig ist einfach: Er muss gut aufgehen. Dafür braucht er etwas Zeit und Wärme. Wenn Sie das berücksichtigen, gelingt Ihnen dieser vielseitige Backteig ganz leicht. Ein gut aufgegangener Hefeteig verleiht Ihrem Blechkuchen eine unvergleichliche Lockerheit und das typische Aroma, mit dem gewisse Zutaten perfekt zur Geltung kommen.

Blechkuchen mit Früchten haben immer Saison

Sie haben Appetit auf die fruchtige Marmorschnitte oder den Aprikosen-Streuselkuchen? Die Rezepte mit frischen Früchten gelingen am besten, wenn Sie bereits beim Einkauf auf gute Qualität des Obstes achten. Je nach Jahreszeit bieten sich die saisonalen heimischen Sorten zum Kauf an. Die Früchte sind dann besonders aromatisch. Und so bereiten Sie die Früchte für Ihren Kuchen vor:

Erdbeeren (Mai bis September)
Erdbeeren abspülen, trockentupfen und den Stielansatz entfernen. Kleine Früchte ganz lassen, große Früchte halbieren oder vierteln oder in Scheiben schneiden.

Heidelbeeren (Juli bis September)
Heidelbeeren kurz abspülen, auf Küchenpapier abtrocknen lassen und vorsichtig auf den Teig geben. Werden die Heidelbeeren unter Teige und Füllungen gerührt, sollten Sie das besonders vorsichtig tun, da sie stark färben und leicht kaputt gehen.

Himbeeren (Juni bis September)
Die empfindlichen Früchte möglichst nicht waschen, nur verlesen. Himbeeren lassen sich auch tiefgefroren gut verwenden und sind in guter Qualität erhältlich.

Sauerkirschen/Schattenmorellen (Juni bis September)
Kirschen aus dem Glas gut abtropfen lassen, evtl. auf Küchenpapier geben. Frische Sauerkirschen müssen abgespült, entstielt und entsteint werden. Sie können auch tiefgekühlte Kirschen verwenden.

Äpfel (September bis März)
Die Äpfel schälen, vierteln, entkernen und in Stücke oder Scheiben geschnitten in oder auf den Kuchen geben. Mit etwas Zitronensaft beträufelt, werden geschälte Äpfel an der Luft nicht braun. Für manche Gebäcke werden die Äpfel wegen ihrer schönen Schale auch ungeschält verwendet. Dann sollten Sie die Äpfel vor dem Zerschneiden abspülen. Äpfel eignen sich roh nicht zum Einfrieren, jedoch in Form von Apfelkompott oder Apfelmus, das in so manchem Rezept Verwendung findet.

Birnen (August bis November)
Die Birnen schälen, vierteln, entkernen und in Stücke oder Scheiben geschnitten verwenden. Da geschälte Birnen an der Luft braun werden, helfen auch hier ein paar Tropfen Zitronensaft. Birnen aus dem Glas oder der Dose lassen sich ebenfalls für die meisten Rezepte verwenden.

Bananen (ganzjährig)
Bananen sollten immer zügig verarbeitet werden, nachdem sie geschält wurden. Zitronensaft verhindert, dass sie nicht so schnell braun werden, und ist ein guter Ausgleich zur Süße der Bananen.

Johannisbeeren (Juni bis August)
Zum Backen eignen sich bevorzugt die roten und weißgelben Beerensorten. Die abgespülten Johannisbeeren abtropfen lassen. Dann die Rispen am Stiel nach unten halten und mit einer Gabel die Beeren vorsichtig von den Rispen streifen.

Zwetschen (August bis Oktober)
Als Kuchenbelag eignen sich Zwetschen besser als andere Pflaumensorten. Zwetschen haben ein festeres Fruchtfleisch und lassen sich leichter vom Stein lösen. Die Früchte spülen, trockenreiben, halbieren, entsteinen und evtl. an den Seiten leicht einschneiden. Dann werden sie mit der Innenseite nach oben auf den Teig gelegt.

Pfirsiche und Nektarinen (Mai bis September)
Pfirsiche sollten vor dem Backen enthäutet werden. Dazu werden die Früchte kurze Zeit in kochendes Wasser gelegt und dann gehäutet. Nektarinen können Sie mit Schale verwenden. Die Früchte halbieren, entsteinen und in Stücke oder Scheiben schneiden. Pfirsiche gibt es in guter Qualität auch in Gläsern oder Dosen.

Aprikosen (Juni bis August)
Auch Aprikosen werden meist enthäutet verwendet, da sich die Schale beim Backen zusammenzieht. Die Früchte aus Gläsern und Dosen lassen sich ebenfalls gut zum Backen verwenden.

Mandarinen
Für alle Rezepte können Sie Mandarinen aus der Dose verwenden. Frische Mandarinen müssten erst filetiert werden, um sie verwenden zu können. Sie schmecken auch aus der Konserve lecker.

Stachelbeeren (Juni und Juli)
Die Stachelbeeren von Stiel und Blüte befreien, abspülen und trockentupfen. Gut eignen sich zum Backen die Früchte aus dem Glas, da durch das Einkochen die ansonsten harte Schale weicher ist.

Weintrauben (August bis Oktober)
Die kernlosen Trauben eignen sich zum Backen. Einfach abspülen, trockentupfen und verwenden.

Basisrezept Butterkuchen

Für den Hefeteig:
200 ml Milch
50 g Butter
375 g Weizenmehl
1 Pck. Dr. Oetker Trockenbackhefe
50 g Zucker
1 Pck. Dr. Oetker Vanillin-Zucker
1 Prise Salz
1 Ei (Größe M)

Für den Belag:
100 g Butter
75 g Zucker
1 Pck. Dr. Oetker Vanillin-Zucker
100 g gehobelte Mandeln

1 Ei und Milch-Butter-Mischung dazugeben.

2 Die Zutaten mit Handrührgerät mit Knethaken erst auf niedrigster Stufe, dann auf höchster Stufe in etwa 5 Minuten zu einem glatten Teig verarbeiten.

Butterkuchen

1 Backblech (30 x 40 cm), weiche Butter oder Margarine zum Einfetten

Zubereitungszeit: etwa 30 Minuten, ohne Teiggehzeit

1. Backblech einfetten.

2. Milch in einen kleinen Topf geben und bei schwacher Hitze erwärmen, Butter hinzufügen.

3. Mehl, Hefe, Zucker, Vanillin-Zucker und Salz in eine Rührschüssel geben und mit einem Schneebesen verrühren.

4. Foto 1 Ei und Milch-Butter-Mischung dazugeben.

5. Foto 2 Die Zutaten mit Handrührgerät mit Knethaken erst auf niedrigster Stufe, dann auf höchster Stufe in etwa 5 Minuten zu einem glatten Teig verarbeiten.

6. Foto 3 Den Teig zugedeckt so lange an einem warmen Ort gehen lassen, bis er sich sichtbar vergrößert hat (etwa 20 Minuten).

7. Foto 4 Teig und Arbeitsfläche mit Mehl bestäuben. Teig aus der Schüssel nehmen, auf der Arbeitsfläche nochmals kurz durchkneten.

8. Foto 5 Teig auf dem Backblech ausrollen und in die Ecken drücken.

9. Den Backofen auf 200 °C (Heißluft 180 °C) vorheizen. Den Teig nochmals zugedeckt so lange an einem warmen Ort gehen lassen, bis er sich sichtbar vergrößert hat (etwa 15 Minuten).

10. Foto 6 Mit bemehlten Fingern in etwa 3 cm breiten Abständen Vertiefungen in den Teig drücken.

11. Butter in kleinen Stücken in die Vertiefungen geben. Zucker und Vanillin-Zucker mischen. Nacheinander Zuckergemisch und Mandeln auf den Teig streuen. Das Backblech in den Backofen schieben.

Ober-/Unterhitze: etwa 200 °C (vorgeheizt)
Heißluft: etwa 180 °C (vorgeheizt)
Backzeit: etwa 15 Minuten.

12. Das Backblech auf einen Kuchenrost stellen. Den Kuchen erkalten lassen.

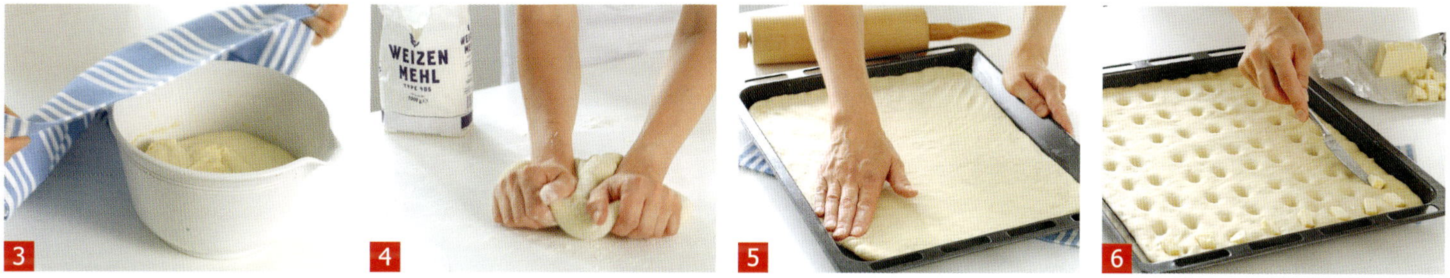

3 Den Teig zugedeckt so lange an einem warmen Ort gehen lassen, bis er sich sichtbar vergrößert hat.

4 Teig und Arbeitsfläche mit Mehl bestäuben. Teig aus der Schüssel nehmen, auf der Arbeitsfläche nochmals kurz durchkneten.

5 Teig auf dem Backblech ausrollen und in die Ecken drücken.

6 Mit bemehlten Fingern in etwa 3 cm breiten Abständen Vertiefungen in den Teig drücken. Butter in kleinen Stücken in die Vertiefungen geben.

Abwandlung vom Basisrezept: Apfel-Butterkuchen

1 Backblech (30 x 40 cm), weiche Butter oder Margarine zum Einfetten

Zubereitungszeit: etwa 40 Minuten, ohne Teiggehzeit

Zutaten für 1 Basisrezept Hefeteig
Zusätzlich: 1 gestr. TL gemahlener Zimt

Für den Belag:
1½ kg Äpfel, z.B. Elstar
4 EL Zitronensaft
2–3 EL Wasser
75 g Zucker
1 Pck. Dr. Oetker Bourbon-Vanille-Zucker
100 g Butter

Zum Bestreuen:
2 TL gemahlener Zimt
50 g Zucker
50 g gehobelte Mandeln

1. Backblech einfetten.

2. Für den Belag Äpfel schälen, vierteln, entkernen und in Stücke schneiden. Apfelstücke mit Zitronensaft, Wasser, Zucker und Vanille-Zucker in einem Topf zum Kochen bringen. Apfelstücke bei schwacher Hitze etwa 15 Minuten zugedeckt dünsten lassen. Apfelkompott etwas abkühlen lassen.

3. Den Hefeteig wie beschrieben zubereiten, dabei den Zimt mit dem Mehl mischen. Den Teig zugedeckt an einem warmen Ort so lange gehen lassen, bis er sich sichtbar vergrößert hat (etwa 20 Minuten).

4. Teig und Arbeitsfläche mit Mehl bestäuben. Den Teig kurz kneten und auf dem Backblech ausrollen. Den Backofen auf 200 °C (Heißluft 180 °C) vorheizen. Den Teig zugedeckt an einem warmen Ort etwa 15 Minuten gehen lassen.

5. Mit bemehlten Fingern, wie beschrieben, Vertiefungen in den Teig drücken. Butter in kleinen Stücken in die Vertiefungen geben. Apfelkompott auf dem Teig verteilen.

6. Zimt und Zucker mit einem kleinen Schneebesen mischen. Nacheinander Zimt-Zucker und Mandeln auf den Apfelbelag streuen. Das Backblech in den Backofen schieben.

Ober-/Unterhitze: etwa 200 °C (vorgeheizt)
Heißluft: etwa 180 °C (vorgeheizt)
Backzeit: etwa 30 Minuten.

7. Das Backblech auf einen Kuchenrost stellen. Den Kuchen erkalten lassen.

Basisrezept Streuselkuchen

Für die Streusel:
200 g Butter
300 g Weizenmehl
150 g Zucker
1 Pck. Dr. Oetker
Vanillin-Zucker
½ TL gemahlener Zimt

Für den Hefeteig:
200 ml Milch
50 g Butter oder Margarine
375 g Weizenmehl
1 Pck. Dr. Oetker
Trockenbackhefe
50 g Zucker
1 Pck. Dr. Oetker
Vanillin-Zucker
1 Prise Salz
1 Ei (Größe M)

1
Flüssige Butter dazugeben.

Streuselkuchen

1 Backblech (30 x 40 cm), weiche Butter oder Margarine zum Einfetten

Zubereitungszeit: etwa 35 Minuten, ohne Teiggehzeit

1. Backblech einfetten. Für die Streusel die Butter in einen kleinen Topf geben und bei schwacher Hitze zerlassen. Abkühlen lassen.

2. Für den Hefeteig Milch in einen kleinen Topf geben und bei schwacher Hitze erwärmen, Butter oder Margarine hinzufügen.

3. Mehl, Hefe, Zucker, Vanillin-Zucker und Salz in eine Rührschüssel geben und mit einem Schneebesen verrühren. Ei und Milch-Butter-Mischung dazugeben. Die Zutaten mit Handrührgerät mit Knethaken erst auf niedrigster Stufe, dann auf höchster Stufe in etwa 5 Minuten zu einem glatten Teig verarbeiten.

4. Den Teig zugedeckt so lange an einem warmen Ort stehen lassen, bis er sich sichtbar vergrößert hat (etwa 20 Minuten).

5. Für die Streusel Mehl, Zucker, Vanillin-Zucker und Zimt in eine Rührschüssel geben und mit einem Schneebesen verrühren.

6. Foto 1 Flüssige Butter dazugeben.

7. Foto 2 Mit Handrührgerät mit Rührbesen so lange rühren, bis die Streusel die gewünschte Größe haben. (Je länger man rührt, desto größer die Streusel.)

8. Den Backofen auf 200 °C (Heißluft 180 °C) vorheizen. Teig und Arbeitsfläche mit Mehl bestäuben. Teig aus der Schüssel nehmen, auf der Arbeitsfläche nochmals kurz durchkneten und auf dem Backblech ausrollen.

9. Foto 3 Die Streusel auf dem Kuchen verteilen.

10. Den Teig nochmals zugedeckt so lange an einem warmen Ort gehen lassen, bis er sich sichtbar vergrößert hat (etwa 15 Minuten).

11. Das Backblech in den Backofen schieben.

Ober-/Unterhitze: etwa 200 °C (vorgeheizt)
Heißluft: etwa 180 °C (vorgeheizt)
Backzeit: etwa 20 Minuten.

12. Das Backblech auf einen Kuchenrost stellen. Den Kuchen erkalten lassen.

Mit Handrührgerät mit Rührbesen so lange rühren, bis die Streusel die gewünschte Größe haben.

Die Streusel auf dem Kuchen verteilen.

Abwandlung vom Basisrezept: Aprikosen-Streuselkuchen

1 Backblech (30 x 40 cm), weiche Butter oder Margarine zum Einfetten

Zubereitungszeit: etwa 40 Minuten, ohne Teiggehzeit

Zutaten für 1 Basisrezept Hefeteig

Für die Streusel:
200 g Butter
300 g Weizenmehl
150 g Zucker
1 Pck. Dr. Oetker Vanillin-Zucker
10 g Kakaopulver

Für den Belag:
1 Dose Aprikosenhälften (480 g Abtropfgewicht)
20 g Butter

Zum Bestäuben:
etwas Puderzucker

1. Backblech einfetten.

2. Streusel wie beschrieben herstellen. Streuselteig halbieren, unter eine Teighälfte den Kakao rühren. Für den Belag Aprikosenhälften in einem Sieb abtropfen lassen.

3. Hefeteig wie beschrieben herstellen. Wenn der Teig auf dem Backblech ausgerollt ist, die Butter für den Belag zerlassen und auf den Teig streichen. Aprikosenhälften mit der runden Seite nach oben auf dem Teig verteilen.

4. In die Zwischenräume die hellen und dunklen Streusel streuen. Die Aprikosenhälften sollen frei bleiben. Backofen auf 200 °C (Heißluft 180 °C) vorheizen. Den Teig zugedeckt nochmals 15 Minuten an einem warmen Ort gehen lassen.

5. Den Teig wie beschrieben backen und erkalten lassen.

6. Den Kuchen mit Puderzucker bestäuben.

Tipp: Statt der Aprikosen 2 Dosen Mandarinen (je 175 g Abtropfgewicht) verwenden.

Basisrezept Schnelle Biskuitschnitten

Für den Biskuitteig:
100 g Weizenmehl
50 g Speisestärke
1 gestr. TL Dr. Oetker Backin
½ Pck. Dr. Oetker Finesse Geriebene Zitronenschale
3 Eier (Größe M)
4 EL heißes Wasser
120 g Zucker
1 Prise Salz

Für den Belag:
100 g gehobelte Mandeln
200 g Himbeergelee

Für die Füllung:
600 g Schlagsahne
2 Pck. Dr. Oetker Cremepulver Mousse à la Vanille

1 Für den Teig Eier und Wasser mit Handrührgerät mit Rührbesen auf höchster Stufe in 1 Minute schaumig schlagen.

2 Zucker und Salz in 1 Minute unter Rühren einstreuen, dann noch etwa 2 Minuten schlagen.

Schnelle Biskuitschnitten

1 Backblech (30 x 40 cm), weiche Butter oder Margarine, Backpapier

Zubereitungszeit: etwa 40 Minuten, ohne Kühlzeit

1. Backblech an den Ecken und in der Mitte einfetten, mit Backpapier belegen.

2. Den Backofen auf 200 °C vorheizen (Heißluft 180 °C). Mehl, Speisestärke, Backpulver und Zitronenschale in einer Rührschüssel mit einem Schneebesen verrühren.

3. Foto 1 Für den Teig Eier und Wasser mit Handrührgerät mit Rührbesen auf höchster Stufe in 1 Minute schaumig schlagen.

4. Foto 2 Zucker und Salz in 1 Minute unter Rühren einstreuen, dann noch etwa 2 Minuten schlagen.

5. Foto 3 Das Mehlgemisch in 2 Portionen auf die Eiermasse streuen und kurz auf niedrigster Stufe unterrühren.

6. Den Teig auf das Backblech geben und glattstreichen. Das Backblech in den Backofen schieben.

Ober-/Unterhitze: etwa 200 °C (vorgeheizt)
Heißluft: etwa 180 °C (vorgeheizt)
Backzeit: etwa 15 Minuten.

7. Mandeln in einer Pfanne ohne Fett rösten und auf einem Teller erkalten lassen.

8. Foto 4 Ein Stück Backpapier auf die Arbeitsfläche legen, mit Zucker bestreuen. Die Biskuitplatte darauf stürzen. Mitgebackenes Backpapier vorsichtig abziehen. Die Biskuitplatte auf einem Kuchenrost erkalten lassen.

9. Foto 5 Biskuitplatte mit einem Sägemesser vierteln.

10. Gelee in einem kleinen Topf unter Rühren erhitzen, etwas abkühlen lassen, bis das Gelee dickflüssig ist. Die Biskuithälften sofort damit bestreichen und mit Mandeln bestreuen.

11. Sahne und Cremepulver mit Handrührgerät mit Rührbesen auf niedrigster Stufe kurz verrühren. Dann 3 Minuten auf höchster Stufe aufschlagen.

12. Foto 6 2 Biskuitplatten mit jeweils der Hälfte der Creme bestreichen. Restliche Biskuitplatten darauf legen und andrücken.

13. Den Kuchen etwa 1 Stunde kalt stellen und in Schnitten schneiden.

3 Das Mehlgemisch in 2 Portionen auf die Eiermasse streuen und kurz auf niedrigster Stufe unterrühren.

4 Ein Stück Backpapier auf die Arbeitsfläche legen, mit Zucker bestreuen. Die Biskuitplatte darauf stürzen.

5 Biskuitplatte mit einem Sägemesser vierteln.

6 2 Biskuitplatten mit jeweils der Hälfte der Creme bestreichen.

Abwandlung vom Basisrezept: Johannisbeerschnitten

1 Backblech (30 x 40 cm), weiche Butter oder Margarine, Backpapier

Zubereitungszeit: etwa 50 Minuten, ohne Kühlzeit

Zutaten für 1 Basisrezept Biskuitteig

Für die Füllung:
500 g Johannisbeeren
7 Blatt weiße Gelatine
750 g Schlagsahne
125 g gesiebter Puderzucker
1 Pck. Dr. Oetker Vanillin-Zucker

Zum Garnieren:
einige Johannisbeerrispen
Zucker
30 g Edelbitter-Schokolade (mind. 50 % Kakao)

1. Backblech an den Ecken und in der Mitte einfetten, mit Backpapier belegen. Den Backofen auf 200 °C (Heißluft 180 °C) vorheizen.

2. Den Biskuitteig wie beschrieben zubereiten, backen und erkalten lassen.

3. Johannisbeeren waschen, abtropfen lassen, entstielen, pürieren und durch ein Sieb streichen.

4. Gelatine nach Packungsanweisung einweichen. Sahne mit Puderzucker und Vanillin-Zucker steif schlagen. Gelatine leicht ausdrücken, in einem kleinen Topf unter Rühren auflösen (nicht kochen).

5. 3 Esslöffel Johannisbeerpüree unter die Gelatine rühren, dann mit dem restlichen Püree verrühren. $^2/_3$ der geschlagenen Sahne mit den Rührbesen kurz unterrühren.

6. Den Biskuit mit einem Sägemesser vierteln. Johannisbeersahne auf 2 Biskuitplatten streichen, restliche Biskuitplatten darauf legen, andrücken und mit der restlichen Sahne gleichmäßig bestreichen. Den Kuchen etwa 1 Stunde kalt stellen.

7. Den Kuchen in Stücke schneiden. Zum Garnieren Johannisbeerrispen zerteilen, kurz in kaltes Wasser tauchen, abtropfen lassen und in Zucker wälzen. Schokolade mit einem Sparschäler raspeln. Kuchen mit Johannisbeeren und Schokolade garnieren.

Basisrezept Brownies

Für den All-in-Teig:
200 g Walnusskerne
450 g Weizenmehl
40 g Kakaopulver
4 gestr. TL Dr. Oetker Backin
200 g brauner Zucker
150 g Zucker
1 Pck. Dr. Oetker Bourbon-Vanille-Zucker
½ gestr. TL Salz
6 Eier (Größe M)
400 ml Speiseöl, z. B. Rapsöl
100 g Schlagsahne
100 g gehackte Mandeln
2 Pck. (je 75 g) Schokotropfen

Zum Garnieren:
50 g weiße Schokolade
½ TL Speiseöl

1 Den Teig auf das Backblech geben und glattstreichen.

2 Die Brownies mit Schokolade verzieren.

Brownies

1 Backblech (30 x 40 cm), weiche Butter oder Margarine, Backpapier

Zubereitungszeit: etwa 35 Minuten, ohne Kühlzeit

1. Backblech an den Ecken und in der Mitte einfetten und mit Backpapier belegen. Walnusskerne hacken. Backofen auf 180 °C (Heißluft 160 °C) vorheizen.

2. Für den Teig Mehl, Kakao und Backpulver in eine Rührschüssel (mind. 3 Liter Inhalt) geben und mit einem Schneebesen verrühren. Braunen Zucker, Zucker, Vanille-Zucker, Salz, Eier, Speiseöl und Sahne hinzufügen.

3. Die Zutaten mit Handrührgerät mit Rührbesen zunächst kurz auf niedrigster, dann auf höchster Stufe in etwa 1 Minute zu einem glatten Teig verarbeiten. Walnusskerne, Mandeln und Schokotropfen unterrühren.

4. Foto 1 Den Teig auf das Backblech geben und glattstreichen. Das Backblech in den Backofen schieben.

Ober-/Unterhitze: etwa 180 °C (vorgeheizt)
Heißluft: etwa 160 °C (vorgeheizt)
Backzeit: etwa 25 Minuten.

5. Das Backblech auf einen Kuchenrost stellen. Das Gebäck etwa 30 Minuten erkalten lassen.

6. Zum Garnieren Schokolade in kleine Stücke brechen und mit dem Speiseöl in eine Metallschüssel geben. Einen kleinen Topf etwa ⅓ hoch mit Wasser füllen, die Schüssel in das Wasserbad setzen. Das Ganze bei schwacher Hitze erwärmen, bis die Schokolade geschmolzen ist. Nicht kochen lassen! Die Schokolade in einen kleinen Gefrierbeutel füllen, verschließen und eine kleine Ecke abschneiden.

7. Foto 2 Die Brownies mit Schokolade verzieren. Schokolade fest werden lassen.

8. Foto 3 Das Gebäck in Würfel (5 x 5 cm) schneiden.

3 Das Gebäck in Würfel (5 x 5 cm) schneiden.

4 Den Guss mit einem Teigschaber auf dem Kuchen verteilen.

Abwandlung vom Basisrezept:
Kirsch-Brownies

1 Backblech (30 x 40 cm), weiche Butter oder Margarine Backpapier

Zubereitungszeit: etwa 40 Minuten, ohne Kühlzeit

Zutaten für 1 Basisrezept All-in-Teig, ohne Schokotropfen
Zusätzlich: 200 g Edelbitter-Schokolade
(mindestens 50 % Kakao)
1 Glas Sauerkirschen (350 g Abtropfgewicht)

Für den Guss:
200 g Edelbitter-Schokolade (mindestens 50 % Kakao)
100 g Schlagsahne

1. Backblech an den Ecken und in der Mitte einfetten und mit Backpapier belegen.

2. Für den Teig Schokolade in kleine Stücke schneiden. Sauerkirschen in einem Sieb abtropfen lassen. Backofen auf 180 °C (Heißluft 160 °C) vorheizen.

3. Den Teig wie beschrieben zubereiten. Anstelle der Schokotropfen Schokoladenstückchen und Sauerkirschen unterrühren.

4. Den Teig auf das Backblech geben und glattstreichen. Den Teig wie beschrieben backen und etwa 1 Stunde erkalten lassen.

5. Für den Guss die Schokolade in kleine Stücke brechen und mit der Sahne in eine Metallschüssel geben. Einen kleinen Topf etwa 1/3 hoch mit Wasser füllen, die Schüssel in das Wasserbad setzen. Das Ganze bei schwacher Hitze erwärmen, bis die Schokolade geschmolzen ist. Dabei gelegentlich umrühren. Nicht kochen lassen!

6. Foto 4 Den Guss mit einem Teigschaber auf dem Kuchen verteilen. Den Guss fest werden lassen. Den Kuchen in Würfel (6 x 6 cm) schneiden.

Basisrezept Apfelkuchen, aprikotiert

Für den Hefeteig:
200 ml Milch
50 g Butter oder Margarine
375 g Weizenmehl
1 Pck. Dr. Oetker Trockenbackhefe
50 g Zucker
1 Pck. Dr. Oetker Vanillin-Zucker
1 Prise Salz
1 Ei (Größe M)

Für den Belag:
1 1/2 kg Äpfel, z.B. Elstar
100 g Mandelstifte
100 g Rosinen

Zum Aprikotieren:
4 EL Aprikosen-Konfitüre
1 EL Wasser

1 Apfelspalten dachziegelartig auf den Teig legen.

2 Den heißen Kuchen mit Aprikosenkonfitüre bestreichen.

Apfelkuchen, aprikotiert

1 Backblech (30 x 40 cm), weiche Butter oder Margarine zum Einfetten

Zubereitungszeit: etwa 35 Minuten, ohne Teiggehzeit

1. Backblech einfetten.

2. Milch in einen kleinen Topf geben und bei milder Hitze erwärmen, Butter oder Margarine hinzufügen.

3. Mehl, Hefe, Zucker, Vanillin-Zucker und Salz in eine Rührschüssel geben und mit einem Schneebesen verrühren. Ei und Milch-Butter-Mischung dazugeben. Die Zutaten mit Handrührgerät mit Knethaken erst auf niedrigster Stufe, dann auf höchster Stufe in etwa 5 Minuten zu einem glatten Teig verarbeiten.

4. Den Teig zugedeckt so lange an einem warmen Ort gehen lassen, bis er sich sichtbar vergrößert hat (etwa 20 Minuten).

5. Äpfel schälen, vierteln, entkernen und in dicke Spalten schneiden.

6. Teig und Arbeitsfläche mit Mehl bestäuben. Teig auf der Arbeitsfläche nochmals kurz durchkneten und auf dem Backblech ausrollen.

7. Foto 1 Apfelspalten dachziegelartig auf den Teig legen. Mandeln und Rosinen darauf streuen. Den Backofen auf 200 °C (Heißluft 180 °C) vorheizen. Den Teig nochmals zugedeckt so lange an einem warmen Ort gehen lassen, bis er sich sichtbar vergrößert hat (etwa 15 Minuten).

8. Das Backblech in den Backofen schieben.

Ober-/Unterhitze: etwa 200 °C (vorgeheizt)
Heißluft: etwa 180 °C (vorgeheizt)
Backzeit: etwa 25 Minuten.

9. Das Backblech auf einen Kuchenrost stellen.

10. Foto 2 Zum Aprikotieren Konfitüre mit Wasser in einem kleinen Topf pürieren und unter Rühren einmal kräftig aufkochen lassen. Den heißen Kuchen damit bestreichen und erkalten lassen.

Abwandlung vom Basisrezept:
Apfel-Pflaumenkuchen mit Grießcreme

1 Backblech (30 x 40 cm), weiche Butter oder Margarine zum Einfetten

Zubereitungszeit: etwa 50 Minuten, ohne Teiggehzeit

Zutaten für 1 Basisrezept Hefeteig

Für den Belag:
1 kg Zwetschen oder Pflaumen
4 mittelgroße Äpfel, z.B. Elstar

Für die Grießcreme:
500 g Sahne Pudding Grieß natur, (aus dem Kühlregal)
1 Ei (Größe M)
1 geh. TL Speisestärke

Zum Bestreuen:
100 g Marzipan-Rohmasse

Zum Aprikotieren:
4 EL Aprikosenkonfitüre
1 EL Wasser

1. Backblech einfetten. Hefeteig wie beschrieben zubereiten und so lange an einem warmen Ort gehen lassen, bis er sich sichtbar vergrößert hat (20 Minuten).

2. Für den Belag Zwetschen oder Pflaumen waschen, abtrocknen, halbieren und entsteinen. Äpfel schälen, vierteln, entkernen und in dicke Spalten schneiden. Grießpudding in eine Rührschüssel geben. Ei und Speisestärke dazugeben und unter den Grießpudding rühren.

3. Marzipan-Rohmasse auf einer Haushaltsreibe grob reiben. Den Backofen auf etwa 180 °C vorheizen (Heißluft nicht vorheizen).

4. Teig und Arbeitsfläche mit Mehl bestäuben. Teig auf der Arbeitsfläche nochmals kurz durchkneten und auf dem Backblech ausrollen. Marzipan-Rohmasse daraufstreuen. Die Grießcreme darauf verteilen.

5. Apfelspalten und Pflaumenhälften abwechselnd dachziegelartig auf den Teig legen. Das Ganze zugedeckt nochmals 15 Minuten an einem warmen Ort gehen lassen. Das Backblech in den Backofen schieben.

Ober-/Unterhitze: etwa 180 °C (vorgeheizt)
Heißluft: etwa 160 °C (nicht vorgeheizt)
Backzeit: 40–45 Minuten.

6. Das Backblech auf einen Kuchenrost stellen. Den Kuchen erkalten lassen.

Basisrezept Becherkuchen Florentiner Art

Für den Belag:
½ Pck. (125 g) Butter
½ Becher (100 g) Zucker
2 Pck. (200 g) gehobelte Mandeln

Für den All-in-Teig:
1 Becher (200 g) Schlagsahne
2 Becher (je 150 g) Weizenmehl
3 gestr. TL Dr. Oetker Backin
1 Becher (200 g) Zucker
1 Pck. Dr. Oetker Vanillin-Zucker
1 Fläschchen Dr. Oetker Butter-Vanille-Aroma
4 Eier (Größe M)

Zum Verzieren:
50 g Edelbitter-Schokolade (mindestens 50 % Kakao)
½ TL Speiseöl

1 Sahne in eine Rührschüssel geben. Becher auswaschen, abtrocknen und zum Abmessen verwenden.

2 Butter und Zucker in einem kleinen Topf bei mittlerer Hitze schmelzen lassen. Mandeln hinzugeben und unterrühren.

Becherkuchen Florentiner Art

1 Backblech (30 x 40 cm), weiche Butter oder Margarine, Backpapier

Zubereitungszeit: etwa 35 Minuten, ohne Kühlzeit

1. Backblech in den Ecken und in der Mitte einfetten, mit Backpapier belegen.

2. Backofen auf 200 °C (Heißluft 180 °C) vorheizen.

3. Foto 1 Sahne in eine Rührschüssel geben. Becher auswaschen, abtrocknen und zum Abmessen verwenden.

4. Foto 2 Für den Belag Butter und Zucker (im Becher abgemessen) in einem kleinen Topf bei mittlerer Hitze schmelzen lassen. Mandeln hinzugeben, unterrühren und einmal aufkochen lassen. Die Mandelmasse etwas abkühlen lassen. Den Backofen auf 200 °C vorheizen (Heißluft nicht vorheizen).

5. Foto 3 Für den Teig das Mehl in die Rührschüssel mit der Sahne geben. Backpulver darauf geben und mit dem Schneebesen vorsichtig an der Oberfläche mit dem Mehl verrühren.

6. Foto 4 Zucker, Vanillin-Zucker, Aroma und Eier in die Rührschüssel geben und alles mit einem Schneebesen gut verrühren, bis ein glatter Teig entstanden ist.

7. Foto 5 Den Teig auf das Backblech geben und glattstreichen.

8. Foto 6 Die Mandelmasse mit Esslöffel und Gabel vorsichtig auf dem Teig verteilen. Das Backblech in den Backofen schieben.

Ober-/Unterhitze: etwa 200 °C (vorgeheizt)
Heißluft: etwa 180 °C (vorgeheizt)
Backzeit: etwa 20 Minuten.

9. Das Backblech auf einen Kuchenrost stellen. Den Kuchen etwa 30 Minuten erkalten lassen.

3

Mehl in die Rührschüssel mit der Sahne geben. Backpulver darauf geben und mit dem Schneebesen vorsichtig an der Oberfläche mit dem Mehl verrühren.

4

Zucker, Vanillin-Zucker, Aroma und Eier in die Rührschüssel geben und alles mit einem Schneebesen gut verrühren, bis ein glatter Teig entstanden ist.

5

Den Teig auf das Backblech geben und glatt streichen.

6

Die Mandelmasse mit Esslöffel und Gabel vorsichtig auf dem Teig verteilen.

---

10. Zum Verzieren die Schokolade in kleine Stücke brechen und mit dem Speiseöl in eine Metallschüssel geben. Einen kleinen Topf etwa $^1/_3$ hoch mit Wasser füllen, die Schüssel in das Wasserbad setzen. Das Ganze bei niedriger Temperatur erwärmen, bis die Schokolade geschmolzen ist. Nicht kochen lassen!

11. Die Schokolade in einen kleinen Gefrierbeutel füllen, den Beutel verschließen und eine kleine Ecke abschneiden. Den Kuchen mit Schokolade verzieren.

Abwandlung vom Basisrezept:
Schoko-Becherkuchen

1 Backblech (30 x 40 cm), weiche Butter oder Margarine, Backpapier

Zubereitungszeit: etwa 35 Minuten, ohne Kühlzeit

Zutaten für ein Basisrezept All-in-Teig

Für den Belag:
3 EL Apfelsaft
125 g Cranberries, getrocknet
100 g Zartbitter-Raspelschokolade
100 g gehackte Mandeln
3 EL brauner Zucker

1. Backblech in den Ecken und in der Mitte einfetten, mit Backpapier belegen. Den Apfelsaft in einem kleinen Topf bei schwacher Hitze erwärmen. Die Cranberries dazugeben, umrühren, von der Kochstelle nehmen und mindestens 30 Minuten erkalten lassen.

2. Backofen auf 200 °C (Heißluft 180 °C) vorheizen.

3. Teig wie beschrieben zubereiten.

4. Den Teig auf das Backblech geben und glattstreichen. Cranberries darauf verteilen. Schokolade mit Mandeln und Zucker in einer Schüssel mischen und alles auf den Teig streuen.

5. Das Backblech in den Backofen schieben. Den Teig wie beschrieben backen.

6. Das Backblech auf einen Kuchenrost stellen und den Kuchen erkalten lassen.

Basisrezept Kokos-Schokoladen-Kuchen

Für den Rührteig:
200 g Kokosraspel
1 Dose Ananas in Scheiben (490 g Abtropfgewicht)
200 g Edelbitter-Schokolade (mindestens 50 % Kakao)
300 g weiche Butter oder Margarine
200 g Zucker
1 Pck. Dr. Oetker Vanillin-Zucker
6 Eier (Größe M)
300 g Weizenmehl
2 gestr. TL Dr. Oetker Backin

Für den Guss:
200 g Edelbitter-Schokolade (mindestens 50 % Kakao)
100 g Schlagsahne

1
Kokosraspel in einer Pfanne ohne Fett hellbraun rösten und auf einem Teller erkalten lassen.

Kokos-Schokoladen-Kuchen

1 Backblech (30 x 40 cm), weiche Butter oder Margarine, Backpapier

Zubereitungszeit: etwa 45 Minuten, ohne Kühlzeit

1. Backblech in den Ecken und in der Mitte einfetten, mit Backpapier belegen.

2. Foto 1 Kokosraspel in einer Pfanne ohne Fett hellbraun rösten und auf einem Teller erkalten lassen.

3. Ananasscheiben in einem Sieb abtropfen lassen. 2 Ananasscheiben in je 12 Stücke schneiden, beiseite legen. Restliche Ananasscheiben sehr fein schneiden und zum Abtropfen wieder in das Sieb geben. Schokolade in grobe Stücke hacken.

4. Backofen auf 180 °C (Heißluft 160 °C) vorheizen.

5. Für den Teig Butter oder Margarine in eine Rührschüssel geben, mit Handrührgerät mit Rührbesen auf höchster Stufe geschmeidig rühren. Nach und nach Zucker und Vanillin-Zucker unterrühren. So lange rühren, bis eine gebundene Masse entstanden ist. Eier nach und nach unterrühren (jedes Ei etwa ½ Minute).

6. Mehl mit Backpulver in eine Schüssel geben und mit einem Schneebesen verrühren. In 2 Portionen auf mittlerer Stufe unterrühren. Kokosraspel (3 Esslöffel abnehmen und beiseite stellen) und die Schokolade unter den Teig rühren. Ananasstücke unterheben.

7. Foto 2 Den Teig auf das Backblech geben und glattstreichen. Das Backblech in den Backofen schieben.

Ober-/Unterhitze: etwa 180 °C (vorgeheizt)
Heißluft: etwa 160 °C (vorgeheizt)
Backzeit: etwa 30 Minuten.

8. Das Backblech auf einen Kuchenrost stellen. Den Kuchen etwa 30 Minuten erkalten lassen.

9. Foto 3 Für den Guss die Schokolade in kleine Stücke brechen und mit der Sahne in eine Metallschüssel geben. Einen kleinen Topf etwa ⅓ hoch mit Wasser füllen, die Schüssel in das Wasserbad setzen. Das Ganze bei niedriger Temperatur erwärmen, bis die Schokolade geschmolzen ist. Dabei gelegentlich umrühren. Nicht kochen lassen!

10. Foto 4 Den Guss mit einem Teigschaber auf den Kuchen streichen.

11. Foto 5 Restliche Ananasstücke mit Küchenpapier trockentupfen und auf den noch feuchten Guss geben. Mit Kokosraspeln bestreuen. Den Guss fest werden lassen.

Den Teig auf das Backblech geben und glattstreichen.

Die Schokolade im Wasserbad unter Rühren erwärmen.

Den Guss mit einem Teigschaber auf den Kuchen streichen.

Restliche Ananasstücke mit Küchenpapier trockentupfen und auf den noch feuchten Guss geben.

Abwandlung vom Basisrezept: Fruchtige Marmorschnitten

1 Backblech (30 x 40 cm), weiche Butter oder Margarine, Backpapier

Zubereitungszeit: etwa 45 Minuten, ohne Kühlzeit

Zutaten für 1 Basisrezept Rührteig
Zusätzlich: 100 g Edelbitter-Schokolade (mindestens 50 % Kakao)

Für den Belag:
1 kleine Dose Aprikosenhälften (250 g Abtropfgewicht)
1 kleine Dose Fruchtcocktail (145 g Abtropfgewicht)
20 g Kakaopulver
1 EL Milch

Für den Guss:
50 g Edelbitter-Schokolade (mindestens 50 % Kakao)
$\frac{1}{2}$ TL Speiseöl

1. Backblech in den Ecken und in der Mitte einfetten, mit Backpapier belegen.

2. Schokolade in kleine Würfel schneiden.

3. Früchte in zwei Sieben abtropfen lassen. Aprikosenhälften in Spalten schneiden.

4. Backofen auf 180 °C (Heißluft 160 °C) vorheizen.

5. Rührteig herstellen wie beschrieben. Zwei Drittel des Teiges auf das Backblech streichen. Die Früchte nacheinander darauf verteilen. Schokoladenwürfel, Kakao und Milch unter den restlichen Teig rühren.

6. Den Teig mit Hilfe von 2 Teelöffeln in Häufchen auf den Früchten verteilen.

7. Wie beschrieben backen und erkalten lassen.

8. Für den Guss die Schokolade in kleine Stücke brechen und mit dem Speiseöl in eine Metallschüssel geben. Einen kleinen Topf etwa $\frac{1}{3}$ hoch mit Wasser füllen, die Schüssel in das Wasserbad setzen. Das Ganze bei schwacher Hitze erwärmen, bis die Schokolade geschmolzen ist, dabei umrühren. Nicht kochen lassen!

9. Die Schokolade in einen kleinen Gefrierbeutel füllen, den Beutel verschließen und eine kleine Ecke abschneiden. Den Kuchen mit Schokolade verzieren. Schokolade fest werden lassen.

Basisrezept Bienenstich

Für die Füllung:
2 Pck. Dr. Oetker Pudding-Pulver Vanille-Geschmack
750 ml (3/4 l) Milch
80 g Zucker
250 g Butter

Für den Belag:
150 g Butter
75 g Zucker
1 Pck. Dr. Oetker Vanillin-Zucker
4 EL Schlagsahne
200 g gehobelte Mandeln

Für den Hefeteig:
125 ml (1/8 l) Milch
50 g Butter oder Margarine
300 g Weizenmehl
1 Pck. Dr. Oetker Trockenbackhefe
50 g Zucker
1 Pck. Dr. Oetker Vanillin-Zucker
1 Prise Salz
1 Ei (Größe M)

Die Butter in etwa 3 mm dicke Scheiben schneiden und auf den heißen Pudding legen.

Für den Belag Butter mit Zucker, Vanillin-Zucker und Sahne in einem Topf unter Rühren zerlassen, Mandeln unterrühren.

Bienenstich

1 Backblech 30 x 40 cm, weiche Butter oder Margarine zum Einfetten

Zubereitungszeit: etwa 50 Minuten, ohne Kühlzeit

1. Backblech einfetten.

2. Einen Pudding aus Pudding-Pulver, Milch und Zucker nach Packungsanleitung zubereiten und in eine Rührschüssel (etwa 3-Liter-Inhalt) geben.

3. Foto 1 Die Butter in etwa 3 mm dicke Scheiben schneiden und auf den heißen Pudding legen. Die Schüssel mit Frischhaltefolie zudecken und etwa 3 Stunden kalt stellen.

4. Foto 2 Für den Belag Butter mit Zucker, Vanillin-Zucker und Sahne in einem Topf unter Rühren erhitzen, Mandeln unterrühren. Die Masse zum Kochen bringen, Topf von der Kochstelle nehmen und etwas abkühlen lassen (nicht kalt stellen).

5. Milch in einen kleinen Topf geben und bei schwacher Hitze erwärmen, Butter oder Margarine hinzufügen.

6. Mehl, Hefe, Zucker, Vanillin-Zucker und Salz in eine Rührschüssel geben und mit einem Schneebesen verrühren. Ei und Milch-Butter-Mischung dazugeben. Die Zutaten mit Handrührgerät mit Knethaken erst auf niedrigster Stufe, dann auf höchster Stufe in etwa 5 Minuten zu einem glatten Teig verarbeiten.

7. Den Teig zugedeckt so lange an einem warmen Ort gehen lassen, bis er sich sichtbar vergrößert hat (etwa 20 Minuten).

8. Teig und Arbeitsfläche mit Mehl bestäuben. Teig aus der Schüssel nehmen, auf der Arbeitsfläche nochmals kurz durchkneten und auf dem Backblech ausrollen. Foto 3 Den Belag in Klecksen auf den Teig geben, mit einer Teigkarte gleichmäßig darauf verstreichen. Den Backofen auf 200 °C (Heißluft 180 °C) vorheizen. Den Teig nochmals zugedeckt so lange an einem warmen Ort gehen lassen, bis er sich sichtbar vergrößert hat (etwa 15 Minuten).

9. Das Backblech in den Backofen schieben.

Ober-/Unterhitze: 200 °C (vorgeheizt)
Heißluft: 180 °C (vorgeheizt)
Backzeit: etwa 15 Minuten.

10. Das Backblech auf einen Kuchenrost stellen. Den Kuchen etwa 1 Stunde erkalten lassen.

11. Foto 4 Die Pudding-Butter-Masse mit Handrührgerät mit Rührbesen zu einer cremigen Masse aufschlagen (etwa 3 Minuten).

12. Den erkalteten Kuchen vierteln. Foto 5 Jedes Stück einmal waagerecht in der unteren Hälfte durchschneiden.

13. Foto 6 Die unteren Kuchenviertel mit je 1/4 von der Buttercreme bestreichen. Die oberen Kuchenviertel darauflegen. Bienenstich etwa 1 Stunde kalt stellen.

3

Den Belag in Klecksen auf den Teig geben, mit einer Teigkarte gleichmäßig darauf verstreichen.

4

Die Pudding-Butter-Masse mit Handrührgerät mit Rührbesen zu einer cremigen Masse aufschlagen (etwa 3 Minuten).

5

Jedes Stück einmal waagerecht, in der unteren Hälfte durchschneiden.

6

Die unteren Kuchenviertel mit je ¼ von der Buttercreme bestreichen. Die oberen Kuchenviertel darauflegen.

Abwandlung vom Basisrezept: Orangen-Bienenstich

1 Backblech (30 x 40 cm), weiche Butter oder Margarine zum Einfetten

Zubereitungszeit: etwa 50 Minuten, ohne Kühlzeit

Zutaten für 1 Basisrezept Hefeteig

Für den Belag:
150 g Butter
75 g Zucker
4 EL Schlagsahne (abgenommen von 400 g Schlagsahne für die Füllung)
100 g Sonnenblumenkerne
100 g kernige Haferflocken

Für die Füllung:
400 ml Orangensaft
40 g Zucker
1 Pck. Dr. Oetker Pudding-Pulver Sahne-Geschmack
restliche Schlagsahne von 400 g
2 Pck. Dr. Oetker Sahnesteif
1 TL Zucker

1. Backblech einfetten.

2. Den Belag wie beschrieben mit den angegebenen Zutaten zubereiten und erkalten lassen (nicht kalt stellen).

3. Einen Pudding aus Orangensaft, Zucker und Pudding-Pulver nach Packungsanleitung zubereiten. Den Pudding in eine Rührschüssel geben und erkalten lassen, dabei etwa alle 10 Minuten mit einem Schneebesen umrühren.

4. Den Backofen auf 200 °C vorheizen (Heißluft 180 °C).

5. Den Hefeteig wie beschrieben zubereiten. Den Belag daraufgeben. Das Ganze wie beschrieben backen, erkalten lassen und durchschneiden.

6. Sahne mit Sahnesteif und Zucker steif schlagen. Die Sahne esslöffelweise unter den Orangenpudding rühren. Je ¼ der Creme auf die vorbereiteten unteren Kuchenviertel geben, glattstreichen. Obere Kuchenviertel darauflegen und leicht andrücken. Bienenstich etwa 1 Stunde kalt stellen.

Basisrezept Zitronenkuchen

Für den Rührteig:
350 g weiche Butter
oder Margarine
250 g Zucker
2 Pck. Dr. Oetker Finesse
Geriebene Zitronenschale
5 Eier (Größe M)
275 g Weizenmehl
120 g Speisestärke
2 gestr. TL Dr. Oetker Backin

Für den Guss:
30 g Butter
250 g Puderzucker
4–5 EL Zitronensaft

1 Den Teig auf das Backblech geben und glattstreichen.

2 Den heißen Kuchen mit dem Guss bestreichen (je heißer der Kuchen, desto stärker zieht der Guss ein).

Zitronenkuchen

1 Backblech (30 x 40 cm), weiche Butter oder Margarine, Backpapier

Zubereitungszeit: etwa 35 Minuten

1. Backblech in den Ecken und in der Mitte einfetten, mit Backpapier belegen. Backofen auf 180 °C (Heißluft 160 °C) vorheizen.

2. Butter oder Margarine mit Handrührgerät mit Rührbesen auf höchster Stufe geschmeidig rühren. Nach und nach Zucker und Zitronenschale unterrühren. So lange rühren, bis eine gebundene Masse entstanden ist. Eier nach und nach unterrühren (jedes Ei etwa ½ Minute).

3. Mehl mit Speisestärke und Backpulver in eine Schüssel geben, mit einem Schneebesen verrühren und in 2 Portionen auf mittlerer Stufe unterrühren.

4. Foto 1 Den Teig auf das Backblech geben und glattstreichen. Das Backblech in den Backofen schieben.

Ober-/Unterhitze: etwa 180 °C (vorgeheizt)
Heißluft: etwa 160 °C (vorgeheizt)
Backzeit: etwa 25 Minuten.

5. Für den Guss Butter in einem kleinen Topf bei schwacher Hitze zerlassen. Puderzucker mit Butter und Zitronensaft glattrühren, so dass ein dickflüssiger Guss entsteht.

6. Das Backblech auf einen Kuchenrost stellen.

7. Foto 2 Den heißen Kuchen mit dem Guss bestreichen (je heißer der Kuchen, desto stärker zieht der Guss ein). Den Kuchen auf dem Backblech erkalten lassen.

Abwandlung 1 vom Basisrezept:
Blitzkuchen (Foto)

1 Backblech (30 x 40 cm), weiche Butter oder Margarine, Backpapier

Zubereitungszeit: etwa 30 Minuten

Zutaten für 1 Basisrezept Rührteig

Für den Belag:
100 g gehackte Mandeln
50 g gehobelte Mandeln
100 g brauner Grümmel (Kandis)

1. Backblech in den Ecken und in der Mitte einfetten, mit Backpapier belegen. Backofen auf 180 °C (Heißluft 160 °C) vorheizen.

2. Den Rührteig wie beschrieben zubereiten. Den Teig auf das Backblech geben und glattstreichen.

3. Gehackte und gehobelte Mandeln mit Grümmel mischen und auf den Teig streuen.

4. Den Kuchen wie beschrieben backen und erkalten lassen.

Abwandlung 2 vom Basisrezept:
Orangen-Schokokuchen

1 Backblech (30 x 40 cm), weiche Butter oder Margarine, Backpapier

Zubereitungszeit: etwa 35 Minuten, ohne Kühlzeit

Zutaten für 1 Basisrezept Rührteig
Zusätzlich: 1 Dose Mandarinen (175 g Abtropfgewicht)
1 Pck. Dr. Oetker Finesse Orangenfrucht

Für den Belag:
200 g Edelbitter-Schokolade (mindestens 50 % Kakao)

Für den Guss:
75 g Puderzucker
1–2 EL Mandarinensaft (aus der Dose)

1. Backblech in den Ecken und in der Mitte einfetten und mit Backpapier belegen. Mandarinen in einem Sieb abtropfen lassen, dabei den Saft auffangen. Backofen auf 180 °C (Heißluft 160 °C) vorheizen.

2. Den Rührteig wie beschrieben zubereiten. Dabei anstelle von Zitronenschale Orangenfrucht verwenden. Zuletzt Mandarinen mit Handrührgerät mit Rührbesen unterrühren, sie sollen etwas zerkleinert werden.

3. Den Teig auf das Backblech geben und glattstreichen. Das Backblech in den Backofen schieben, den Teig wie beschrieben backen.

4. Das Backblech auf einen Kuchenrost stellen. Die Schokolade in der Größe der vorgeformten Einteilung in Stücke brechen und sofort auf dem heißen Kuchen verteilen und etwas andrücken. Den Kuchen etwa 30 Minuten erkalten lassen.

5. Puderzucker mit Saft verrühren. Den Guss mit einem Teelöffel in die Zwischenräume geben.

Basisrezept Streusel-Fladenkuchen

Für die Streusel:
100 g Butter
150 g Weizenmehl
75 g Zucker
1 Pck. Dr. Oetker Vanillin-Zucker
1 Msp. gemahlener Zimt

Für den Belag:
1 großes Glas Sauerkirschen (350 g Abtropfgewicht)
1 kleines Glas Sauerkirschen (170 g Abtropfgewicht)
1 Becher Crème fraîche (150 g)
1 Ei (Größe M)
30 g Zucker
2 Pck. Dr. Oetker Vanillin-Zucker
1 gestr. EL Speisestärke

Für den Quark-Öl-Teig:
225 g Weizenmehl
3 gestr. TL Dr. Oetker Backin
125 g Magerquark
50 g Zucker
50 ml Milch
50 ml Speiseöl

Zum Bestäuben:
etwas Puderzucker

Streusel-Fladenkuchen

1 Backblech (30 x 40 cm), weiche Butter oder Margarine, Backpapier

Zubereitungszeit: etwa 35 Minuten, ohne Kühlzeit

1. Backblech in den Ecken und in der Mitte einfetten, mit Backpapier belegen.

2. Für die Streusel die Butter in einen kleinen Topf geben und bei schwacher Hitze zerlassen. Abkühlen lassen.

3. Für den Belag Sauerkirschen aus beiden Gläsern in einem Sieb abtropfen lassen. Backofen auf 200 °C vorheizen (Heißluft nicht vorheizen).

4. Für die Streusel Mehl, Zucker, Vanillin-Zucker und Zimt in eine Rührschüssel geben und mit einem Schneebesen verrühren. Flüssige Butter dazugeben. Mit Handrührgerät mit Rührbesen so lange rühren, bis die Streusel die gewünschte Größe haben (je länger man rührt, desto größer die Streusel).

5. Für den Teig Mehl und Backpulver in eine Rührschüssel geben und mit dem Schneebesen verrühren. Restliche Zutaten für den Teig in die Schüssel geben. Zutaten zuerst mit Handrührgerät mit Knethaken, dann mit bemehlten Händen auf der Arbeitsfläche zu einem glatten Teig verarbeiten.

6. Die Arbeitsfläche mit Mehl bestäuben. Darauf den Teig zu einer Rolle formen. Die Rolle auf das Backblech legen und zu einem ovalen Fladen (etwa 20 x 35 cm) ausrollen.

7. Foto 1 Den Teig am Rand rundherum etwa 2 cm hochdrücken.

8. Foto 2 Die Kirschen auf dem Teig verteilen.

9. Crème fraîche mit Ei, Zucker, Vanillin-Zucker und Speisestärke in einer Rührschüssel mit einem Schneebesen gut verrühren. Foto 3 Die Masse mit einem Esslöffel auf den Kirschen verteilen.

10. Foto 4 Die Streusel vom Rand aus nach innen auf die Creme streuen. Das Backblech in den Backofen schieben.

Ober-/Unterhitze: etwa 200 °C (vorgeheizt)
Heißluft: etwa 180 °C (nicht vorgeheizt)
Backzeit: etwa 35 Minuten.

11. Das Backblech auf einen Kuchenrost stellen. Den Fladen erkalten lassen.

12. Den Fladen mit Puderzucker bestäuben.

1

Den Teig am Rand rundherum etwa 2 cm hochdrücken.

2

Die Kirschen auf dem Teig verteilen.

3

Die Crème-fraîche-Masse mit einem Esslöffel auf den Kirschen verteilen.

4

Die Streusel vom Rand aus nach innen auf die Creme streuen.

Abwandlung vom Basisrezept: Mandel-Beeren-Fladenkuchen

1 Backblech (30 x 40 cm), weiche Butter oder Margarine, Backpapier

Zubereitungszeit: etwa 40 Minuten, ohne Kühlzeit

Zutaten für ein Basisrezept Quark-Öl-Teig

Für den Belag:
150 ml Apfel- oder Orangensaft
30 g Zucker
1 Pck. Tortenguss, klar
1 Pck. (300 g) TK-Beerenfrüchte
1 Becher (125 g) Crème double
(ersatzweise 125 g Schmand, 24 % Fett)
25 g Zucker
1 Pck. Saucenpulver Vanille-Geschmack (zum Kochen)

Für die Streusel:
100 g Butter
125 g Weizenmehl
1 Msp. gemahlener Zimt
100 g gehobelte Mandeln
75 g Zucker
1 Pck. Dr. Oetker Bourbon-Vanille-Zucker

Zum Bestäuben:
etwas Puderzucker

1. Backblech in den Ecken und in der Mitte einfetten, mit Backpapier belegen. Für die Streusel die Butter zerlassen.

2. Für den Belag aus Apfel- oder Orangensaft, Zucker und Tortenguss nach Packungsanleitung einen Guss kochen. Den Topf von der Kochstelle nehmen und sofort die gefrorenen Beerenfrüchte unterrühren. Fruchtmasse erkalten lassen.

3. Streusel wie beschrieben zubereiten, zusätzlich Mandeln und Bourbon-Vanille-Zucker mit unterarbeiten.

4. Backofen auf 200 °C vorheizen (Heißluft nicht vorheizen).

5. Den Teig wie beschrieben zubereiten und auf dem Backblech ausrollen. Teigrand rundherum etwa 2 cm hochdrücken. Die Fruchtmasse auf dem Teig verteilen.

6. Crème double (ersatzweise Schmand), Zucker und Vanillesaucen-Pulver in einer Rührschüssel mit einem Schneebesen verrühren und mit einem Esslöffel auf die Fruchtmasse geben.

7. Die Streusel auf die Creme streuen, backen und erkalten lassen wie beschrieben.

Basisrezept Apfelkuchen sehr fein

Für den Rührteig:
125 g weiche Butter
oder Margarine
125 g Zucker
1 Pck. Dr. Oetker
Vanillin-Zucker
1 Prise Salz
½ Pck. Dr. Oetker Finesse
Geriebene Zitronenschale
3 Eier (Größe M)
200 g Weizenmehl
2 gestr. TL Dr. Oetker Backin
1 EL Milch

Für den Belag:
5–6 mittelgroße Äpfel (750 g)

Zum Aprikotieren:
2 EL Aprikosenkonfitüre
1 EL Wasser

1 Springformboden einfetten.

2 Butter oder Margarine in eine Rührschüssel geben, mit Handrührgerät mit Rührbesen auf höchster Stufe geschmeidig rühren.

Apfelkuchen, sehr fein

1 Springform (Ø 26 cm), weiche Butter oder Margarine zum Einfetten

Zubereitungszeit: etwa 40 Minuten

1. Foto 1 Springformboden einfetten.

2. Foto 2 Für den Teig Butter oder Margarine in eine Rührschüssel geben, mit Handrührgerät mit Rührbesen auf höchster Stufe geschmeidig rühren. Nach und nach Zucker, Vanillin-Zucker, Salz und Zitronenschale unterrühren. So lange rühren, bis eine gebundene Masse entstanden ist.

3. Foto 3 Eier nach und nach unterrühren (jedes Ei etwa ½ Minute).

4. Foto 4 Mehl mit Backpulver in einer Schüssel mit einem Schneebesen verrühren.

5. Foto 5 Mehlgemisch abwechselnd in 2 Portionen mit der Milch auf mittlerer Stufe unterrühren.

6. Den Teig in die Springform geben und mit einem Teigschaber glattstreichen. Den Backofen auf 180 °C vorheizen (Heißluft nicht vorheizen).

7. Für den Belag Äpfel schälen, vierteln und entkernen. Foto 6 Apfelviertel mehrmals der Länge nach mit einem scharfen Messer einritzen und mit der Wölbung nach oben, von außen nach innen, kranzförmig auf den Teig legen. Die Form auf dem Rost in den Backofen schieben.

Ober-/Unterhitze: etwa 180 °C (vorgeheizt)
Heißluft: etwa 160 °C (nicht vorgeheizt)
Backzeit: 40–50 Minuten.

8. Die Form auf einen Kuchenrost stellen.

9. Zum Aprikotieren Konfitüre mit Wasser in einem kleinen Topf pürieren und unter Rühren aufkochen lassen, mit einem Backpinsel den heißen Kuchen damit bestreichen. Den Kuchen 10 Minuten in der Form stehen lassen, mit einem Messer vom Springformrand lösen. Springformrand und -boden entfernen. Den Kuchen auf einem mit Backpapier belegten Kuchenrost erkalten lassen.

Eier nach und nach unterrühren (jedes Ei etwa ½ Minute).

Mehl mit Backpulver in einer Schüssel mit einem Schneebesen verrühren.

Mehlgemisch abwechselnd in 2 Portionen mit der Milch auf mittlerer Stufe unterrühren.

Apfelviertel mehrmals der Länge nach mit einem scharfen Messer einritzen.

Abwandlung vom Basisrezept:
Kirschkuchen mit Guss

1 Springform (Ø 26 cm), weiche Butter oder Margarine zum Einfetten

Zubereitungszeit: etwa 30 Minuten, ohne Kühlzeit

Zutaten für 1 Basisrezept Rührteig

Für den Belag:
1 Glas Sauerkirschen (350 g Abtropfgewicht)
50 g gehobelte Mandeln

Für den Guss:
1 Pck. Tortenguss, klar
250 ml (¼ l) Kirschsaft (aus dem Glas)
1 TL Zucker

1. Springformboden einfetten. Den Backofen auf 180 °C vorheizen (Heißluft nicht vorheizen).

2. Für den Belag Sauerkirschen zum Abtropfen in ein Sieb geben und 250 ml (¼ l) Saft abmessen.

3. Den Teig wie beschrieben zubereiten, in die Springform geben. Die Kirschen darauf verteilen, rundherum einen 1 cm breiten Rand frei lassen und mit Mandeln bestreuen.

4. Backen wie beschrieben, Kuchen in der Form etwa 1 Stunde erkalten lassen und aus der Form lösen.

5. Für den Guss aus Tortenguss, Saft und Zucker nach Packungsanleitung einen Guss zubereiten und mit einem Esslöffel von der Mitte aus zügig über die Kirschen geben. Den Kuchen mindestens ½ Stunde kalt stellen.

Basisrezept Marmorkuchen

Für den Rührteig:
300 g weiche Butter
oder Margarine
275 g Zucker
1 Pck. Dr. Oetker
Vanillin-Zucker
1 Fläschchen Rum-Aroma
1 Prise Salz
5 Eier (Größe M)
375 g Weizenmehl
4 gestr. TL Dr. Oetker Backin
3 EL Milch
20 g Kakaopulver
20 g Zucker
3 EL Milch

Zum Bestäuben:
Puderzucker

1 Zwei Drittel des Teiges in die Gugelhupfform geben und glattstreichen.

2 Den dunklen Teig in Klecksen auf den hellen Teig verteilen und glattstreichen.

Marmorkuchen

1 Gugelhupfform (Ø 24 cm), weiche Butter oder Margarine zum Einfetten

Zubereitungszeit: etwa 25 Minuten, ohne Kühlzeit

1. Gugelhupfform einfetten. Den Backofen auf 180 °C vorheizen (Heißluft nicht vorheizen).

2. Für den Teig Butter oder Margarine in eine Rührschüssel geben, mit Handrührgerät mit Rührbesen auf höchster Stufe geschmeidig rühren. Nach und nach Zucker, Vanillin-Zucker, Aroma und Salz unterrühren. So lange rühren, bis eine gebundene Masse entstanden ist. Eier nach und nach unterrühren (jedes Ei etwa ½ Minute).

3. Mehl mit Backpulver in eine Schüssel geben, mit einem Schneebesen verrühren. Mehlgemisch abwechselnd in 2 Portionen mit der Milch auf mittlerer Stufe unterrühren.

4. Foto 1 Zwei Drittel des Teiges in die Gugelhupfform geben und glattstreichen. Kakao mit Zucker mischen, mit Milch unter den restlichen Teig rühren und glattstreichen.

5. Foto 2 Den dunklen Teig in Klecksen auf dem hellen Teig verteilen. Foto 3 Mit einer Gabel spiralförmig so durch die Teigschichten ziehen, dass ein Marmormuster entsteht. Die Form auf dem Rost in den Backofen schieben.

Ober-/Unterhitze: etwa 180 °C (vorgeheizt)
Heißluft: etwa 160 °C (nicht vorgeheizt)
Backzeit: etwa 60 Minuten.

6. Die Form auf einen Kuchenrost stellen, etwa 10 Minuten abkühlen lassen.

7. Foto 4 Den Kuchen aus der Form auf einen mit Backpapier belegten Kuchenrost stürzen. Den Kuchen erkalten lassen. Den Kuchen vor dem Servieren mit Puderzucker bestäuben.

Tipp: Der Marmorkuchen hält sich ohne Puderzucker, gut verpackt und gekühlt etwa 1 Woche frisch.

Mit einer Gabel spiralförmig so durch die Teigschichten ziehen, dass ein Marmormuster entsteht.

Den Kuchen aus der Form auf einen mit Backpapier belegten Kuchenrost stürzen.

Schokoladen-Marmorkuchen

Die Schokolade auf den Kuchen gießen, verteilen und fest werden lassen.

Abwandlung vom Basisrezept: Schokoladen-Marmorkuchen

1 Gugelhupfform (Ø 24 cm), weiche Butter oder Margarine zum Einfetten

Zubereitungszeit: etwa 30 Minuten, ohne Kühlzeit

Zutaten für 1 Basisrezept Rührteig
Zusätzlich: 100 g Edelbitter-Schokolade (mind. 50 % Kakao)

Für den Guss:
200 g Edelbitter-Schokolade (mind. 50 % Kakao)
2 TL Speiseöl

1. Gugelhupfform einfetten.

2. Schokolade in kleine Stücke schneiden.

3. Den Teig wie beschrieben zubereiten. Den Backofen auf 180 °C vorheizen (Heißluft nicht vorheizen).

4. Teig nicht ²/₃ zu ¹/₃ aufteilen, sondern halbieren. Den hellen Teig in die Form füllen. Unter den restlichen Teig Kakao, Zucker, Milch und gehackte Schokolade rühren. Den dunklen Teig auf den hellen Teig geben und mit einer Gabel marmorieren.

5. Die Form auf dem Rost in den Backofen schieben.

6. Backen und abkühlen lassen wie beschrieben. Kuchen nach dem Stürzen etwa 2 Stunden erkalten lassen.

7. Für den Guss die Schokolade in kleine Stücke brechen und mit dem Speiseöl in eine Metallschüssel geben. Einen kleinen Topf etwa $\frac{1}{3}$ hoch mit Wasser füllen, die Schüssel in das Wasserbad setzen. Das Ganze bei schwacher Hitze erwärmen, bis die Schokolade geschmolzen ist, dabei umrühren. Nicht kochen lassen!

8. Foto 5 Die Schokolade auf den Kuchen gießen, verteilen und fest werden lassen.

Basisrezept Käsekuchen

Für den Knetteig:
150 g Weizenmehl
½ gestr. TL Dr. Oetker Backin
75 g Zucker
1 Pck. Dr. Oetker
Vanillin-Zucker
1 Prise Salz
1 Ei (Größe M)
75 g weiche Butter
oder Margarine

Basisrezept Quarkmasse:
3 Eiweiß (Größe M)
1 Prise Salz
750 g Speisequark
(20 % Fett)
200 g Schlagsahne
3 EL Zitronensaft
3 Eigelb (Größe M)
150 g Zucker
1 Pck. Dr. Oetker Pudding-
Pulver Vanille-Geschmack

1 Die Springform mit dem Springformrand verschließen.

Käsekuchen

1 Springform (Ø 26 cm), weiche Butter oder Margarine zum Einfetten

Zubereitungszeit: etwa 45 Minuten, ohne Kühlzeit

1. Springformboden einfetten. Den Backofen auf 200 °C, (Heißluft auf 180 °C) vorheizen.

2. Für den Teig Mehl mit Backpulver in eine Rührschüssel geben und mit einem Schneebesen verrühren. Zucker, Vanillin-Zucker, Salz, Ei und Butter oder Margarine hinzufügen. Die Zutaten mit Handrührgerät mit Rührbesen zunächst kurz auf niedrigster, dann auf höchster Stufe gut durcharbeiten.

3. Anschließend auf einer leicht bemehlten Arbeitsfläche mit den Händen zu einem glatten Teig verkneten. Den Teig in Frischhaltefolie wickeln und etwa 1 Stunde kalt stellen.

4. Zwei Drittel des Teiges auf dem Boden der Springform ausrollen. Resteig wieder kalt stellen. Foto 1 Die Springform mit dem Springformrand verschließen.

5. Foto 2 Den Teigboden mit einer Gabel mehrmals einstechen. Die Form auf dem Rost in den Backofen schieben und den Boden vorbacken.

Ober-/Unterhitze: etwa 200 °C (vorgeheizt)
Heißluft: etwa 180 °C (vorgeheizt)
Backzeit: etwa 10 Minuten.

6. Die Form auf einen Kuchenrost stellen. Den Boden abkühlen lassen. Den Backofen auf 160 °C Ober-/Unterhitze, Heißluft etwa 140 °C runterschalten.

7. Aus dem restlichen Teig zwei Rollen (jeweils etwa 40 cm Länge) formen. Foto 3 Die Teigrollen auf den Teigboden legen und so an den Springformrand drücken, dass ein etwa 3 cm hoher Rand entsteht.

8. Für die Quarkmasse Eiweiß mit Salz steif schlagen. Quark, Sahne, Zitronensaft und Eigelb in eine Rührschüssel geben.

Zucker mit Pudding-Pulver mischen und dazugeben. Zutaten mit Handrührgerät mit Rührbesen glatt rühren.

9. Foto 4 Eiweiß in 2 Portionen mit Handrührgerät mit Rührbesen kurz unter die Quarkmasse rühren.

10. Foto 5 Die Quarkmasse auf den vorgebackenen Boden geben und glattstreichen. Die Form wieder auf dem Rost in den Backofen schieben und den Kuchen fertig backen.

Ober-/Unterhitze: etwa 180 °C (vorgeheizt)
Heißluft: etwa 160 °C (vorgeheizt)
Backzeit: etwa 70 Minuten.

11. Die Form auf einen Kuchenrost stellen, etwa 20 Minuten abkühlen lassen. Den Kuchen mit einem Messer vom Springformrand lösen, Springformrand entfernen und den Kuchen auf dem Springformboden erkalten lassen.

12. Den Kuchen vor dem Servieren mit einem Messer vom Springformboden lösen, auf eine Tortenplatte geben.

Tipp: Statt Pudding-Pulver 1 Päckchen Dr. Oetker Käsekuchen Hilfe verwenden.

Den Teigboden mit einer Gabel mehrmals einstechen.

Die Teigrollen auf den Teigboden legen und so an den Springformrand drücken, dass ein etwa 3 cm hoher Rand entsteht.

Eiweiß in 2 Portionen mit Handrührgerät mit Rührbesen kurz unter die Quarkmasse rühren.

Die Quarkmasse auf den vorgebackenen Boden geben und glattstreichen.

Abwandlung vom Basisrezept: Käsekuchen mit Sauerkirschen

1 Springform (Ø 26 cm), weiche Butter oder Margarine zum Einfetten

Zubereitungszeit: etwa 50 Minuten, ohne Kühlzeit

Zutaten für 1 Basisrezept Knetteig
Zutaten für 1 Basisrezept Quarkmasse,
jedoch ohne Puddingpulver und Zitronensaft
Zusätzlich: 50 g Weichweizengrieß
1 Pck. Dr. Oetker Finesse Geriebene Zitronenschale
1 Glas Sauerkirschen (175 g Abtropfgewicht) für den Belag

1 Glas Sauerkirschen (350 g Abtropfgewicht)
250 ml (1/4 l) Sauerkirschsaft (aus dem Glas)
1 Pck. Tortenguss, klar
1 EL Zucker

1. Den Springformboden einfetten.

2. Teig zubereiten und vorbacken wie beschrieben.

3. Sauerkirschen (175 g) für den Belag zum Abtropfen in ein Sieb geben.

4. Quarkmasse zubereiten wie beschrieben, dabei Grieß anstelle von Puddingpulver und Zitronenschale anstelle von Zitronensaft verwenden. Den Backofen auf 160 °C, Heißluft etwa 140 °C herunterschalten.

5. Restteig verarbeiten wie beschrieben. Die Sauerkirschen auf dem vorgebackenen Boden verteilen, dabei rundherum einen 2 cm breiten Rand frei lassen. Die Quarkmasse in die Form füllen, den Kuchen fertig backen, wie beschrieben.

Ober-/Unterhitze: etwa 160 °C (vorgeheizt)
Heißluft: etwa 140 °C (vorgeheizt)
Backzeit: etwa 70 Minuten.

6. Die Form auf einen Kuchenrost stellen. Den Kuchen etwa 2 Stunden erkalten lassen.

7. Die Sauerkirschen (350 g) zum Abtropfen in ein Sieb geben, den Saft auffangen.

8. Sauerkirschen auf dem Kuchen verteilen.

9. Aus Tortenguss und Saft nach Packungsanleitung einen Guss zubereiten und mit einem Esslöffel von der Mitte aus zügig über die Kirschen geben. Die Torte mindestens 30 Minuten kalt stellen.

Basisrezept Omas Nusskuchen

Für den Rührteig:
200 g gemahlene Haselnusskerne
100 g gehackte Haselnusskerne
275 g weiche Butter oder Margarine
175 g Zucker
1 Pck. Dr. Oetker Vanillin-Zucker
4 Eier (Größe M)
150 g Weizenmehl
1 gestr. TL Dr. Oetker Backin

Zum Tränken:
5 EL Rum

Zum Aprikotieren:
3 EL Aprikosenkonfitüre
1 EL Wasser oder Rum

Für den Guss:
100 g Edelbitter-Schokolade (mind. 50 % Kakao)
1 TL Speiseöl

1 Gehackte und gemahlene Haselnusskerne ohne Fett in eine große Pfanne geben und bei schwacher Hitze unter Rühren hellbraun rösten.

Nusskuchen mit Aprikosen

2 Aprikosen in kleine Würfel schneiden.

Omas Nusskuchen

1 Gugelhupfform (Ø 24 cm), weiche Butter oder Margarine zum Einfetten, Mehl zum Bestäuben

Zubereitungszeit: etwa 30 Minuten, ohne Kühlzeit

1. Die Form einfetten und mit Mehl bestäuben. Den Backofen auf 180 °C vorheizen (Heißluft nicht vorheizen).

2. Foto 1 Für den Teig die gehackten und gemahlenen Haselnusskerne ohne Fett in eine große Pfanne geben und bei schwacher Hitze unter Rühren hellbraun rösten. Nüsse auf einen Teller geben und erkalten lassen.

3. Butter oder Margarine mit Handrührgerät mit Rührbesen auf höchster Stufe geschmeidig rühren. Nach und nach Zucker und Vanillin-Zucker unterrühren. So lange rühren, bis eine gebundene Masse entstanden ist. Eier nach und nach unterrühren (jedes Ei etwa ½ Minute).

4. Mehl mit Backpulver in eine Schüssel geben, mit einem Schneebesen mischen. Haselnüsse kurz unterrühren. Mehl-Nuss-Masse in 2 Portionen unter den Teig rühren.

5. Den Teig in die Form füllen und glattstreichen. Die Form auf dem Rost in den Backofen schieben.

Ober-/Unterhitze: etwa 180 °C (vorgeheizt)
Heißluft: etwa 160 °C (nicht vorgeheizt)
Backzeit: etwa 50 Minuten.

6. Die Form 10 Minuten auf einem Kuchenrost abkühlen lassen. Dann den Kuchen auf einen mit Backpapier belegten Kuchenrost stürzen. Den Kuchen mehrmals mit einem Holzstäbchen einstechen. Den Kuchen mit Hilfe eines Backpinsels von allen Seiten mit Rum (5 Esslöffel) tränken.

7. Zum Aprikotieren Konfitüre mit Wasser oder Rum in einem kleinen Topf pürieren und unter Rühren einmal kräftig aufkochen lassen. Den Kuchen damit bestreichen und etwa 2 Stunden erkalten lassen.

8. Für den Guss die Schokolade in kleine Stücke brechen und mit dem Speiseöl in eine Metallschüssel geben. Einen kleinen Topf etwa 1/3 hoch mit Wasser füllen, die Schüssel in das Wasserbad setzen. Das Ganze bei schwacher Hitze erwärmen, bis die Schokolade geschmolzen ist, dabei umrühren. Nicht kochen lassen!

9. Die Schokolade auf den Kuchen geben. Evtl. mit einem Teigschaber die heruntergelaufene Schokolade am Rand verstreichen. Den Schokoladenguss fest werden lassen.

Tipp: Wenn Kinder mitessen, Rum durch Apfelsaft ersetzen. Der Kuchen ist besonders gut, wenn er 1–2 Tage durchgezogen ist.

Abwandlung vom Basisrezept: Nusskuchen mit Aprikosen

1 Gugelhupfform (Ø 24 cm), weiche Butter oder Margarine zum Einfetten, Mehl zum Bestäuben

Zubereitungszeit: etwa 35 Minuten, ohne Kühlzeit

Zutaten für 1 Basisrezept Rührteig
Zusätzlich: 200 g getrocknete Aprikosen (Softaprikosen)

Zum Aprikotieren:
3 EL Aprikosenkonfitüre
1 EL Wasser

1. Gugelhupfform einfetten und mit Mehl bestäuben.

2. Den Backofen auf 180 °C vorheizen (Heißluft nicht vorheizen).

3. Foto 2 Aprikosen in kleine Würfel schneiden.

4. Den Teig wie beschrieben zubereiten, die Aprikosen zum Schluss unterrühren. Den Teig in die Form füllen und glattstreichen.

5. Den Kuchen wie beschrieben backen, erkalten lassen und aprikotieren.

Basisrezept Eierlikörkuchen

Für den All-in-Teig:
125 g Weizenmehl
125 g Speisestärke
4 gestr. TL Dr. Oetker Backin
250 g Puderzucker
2 Pck. Dr. Oetker Vanillin-Zucker
5 Eier (Größe M)
250 ml (1/4 l) Speiseöl
250 ml (1/4 l) Eierlikör

Zum Bestäuben:
Puderzucker

1
Mehl, Speisestärke, Backpulver, Puderzucker und Vanillin-Zucker in eine Rührschüssel geben, mit dem Schneebesen verrühren.

2
Eier, Speiseöl und Eierlikör hinzufügen. Die Zutaten mit Handrührgerät mit Rührbesen auf höchster Stufe in 1 Minute zu einem glatten Teig verarbeiten.

Eierlikörkuchen

1 Gugelhupfform (Ø 24 cm), weiche Butter oder Margarine zum Einfetten, Mehl zum Bestäuben

Zubereitungszeit: etwa 20 Minuten

1. Gugelhupfform einfetten und mit Mehl bestäuben. Den Backofen auf 180 °C vorheizen (Heißluft nicht vorheizen).

2. Foto 1 Für den Teig Mehl, Speisestärke, Backpulver, Puderzucker und Vanillin-Zucker in eine Rührschüssel geben, mit dem Schneebesen verrühren.

3. Foto 2 Eier, Speiseöl und Eierlikör hinzufügen. Die Zutaten mit Handrührgerät mit Rührbesen auf höchster Stufe in 1 Minute zu einem glatten Teig verarbeiten.

4. Foto 3 Teig mit einem Teigschaber vom Schüsselrand lösen.

5. Foto 4 Den Teig in die Form gießen. Die Form auf dem Rost in den Backofen schieben.

Ober-/Unterhitze: etwa 180 °C (vorgeheizt)
Heißluft: etwa 160 °C (nicht vorgeheizt)
Backzeit: etwa 60 Minuten.

6. Die Form auf einen Kuchenrost stellen. Kuchen etwa 10 Minuten in der Form stehen lassen, dann auf einen mit Backpapier belegten Kuchenrost stürzen. Kuchen erkalten lassen.

7. Den Kuchen mit Puderzucker bestäuben.

Teig mit einem Teigschaber vom Schüsselrand lösen.

Den Teig in die Form gießen.

Abwandlung vom Basisrezept:
Batida-de-Coco-Kuchen

1 Gugelhupfform (Ø 24 cm), weiche Butter oder Margarine zum Einfetten, Mehl zum Bestäuben

Zubereitungszeit: etwa 20 Minuten

Für den All-in-Teig:
125 g Weizenmehl
125 g Speisestärke
4 gestr. TL Dr. Oetker Backin
250 g Puderzucker
100 g Kokosraspel
1 Pck. Dr. Oetker Vanillin-Zucker
1 Pck. Dr. Oetker Finesse Geriebene Zitronenschale
5 Eier (Größe M)
250 ml (¹/₄ l) Speiseöl
1 kleine Dose (160 ml) Kokosmilch
100 ml Batida de Coco (Kokos-Likör)

Zum Bestäuben:
Puderzucker

1. Gugelhupfform einfetten und mit Mehl bestäuben. Den Backofen auf 180 °C vorheizen (Heißluft nicht vorheizen).
2. Den Teig zubereiten wie beschrieben, dabei die Zutaten für Batida-de-Coco-Kuchen verwenden und in die Gugelhupfform füllen.
3. Backen und erkalten lassen wie beschrieben.
4. Den Kuchen mit Puderzucker bestäuben.

Basisrezept Frischer Schüttelkuchen

Für den Belag:
1 Dose Fruchtcocktail
(340 g Abtropfgewicht)

Basisrezept Schüttelteig:
125 g Butter oder Margarine
3 EL (50 g) Weizengrieß
1 gestr. TL Dr. Oetker Backin
125 g Zucker
1 Pck. Dr. Oetker
Vanillin-Zucker
500 g Magerquark
3 Eier (Größe M)
2 EL Zitronensaft
2 EL Cocktailsaft
(aus der Dose)

Zum Bestäuben:
Puderzucker

1 Grieß mit Backpulver, Zucker und Vanillin-Zucker in einen verschließbaren Schüttelbecher (mind. 1,9 Liter Inhalt) geben und mit einem Schneebesen verrühren.

2 Quark, Eier, Zitronen-, Cocktailsaft und Butter oder Margarine hinzufügen. Schüttelbecher mit dem Deckel fest verschließen.

Frischer Schüttelkuchen

1 Springform (Ø 26 cm), weiche Butter oder Margarine zum Einfetten

Zubereitungszeit: etwa 25 Minuten

1. Für den Teig Butter oder Margarine in einem kleinen Topf zerlassen. Abkühlen lassen. Für den Belag Fruchtcocktail zum Abtropfen in ein Sieb geben, den Saft auffangen und 2 Esslöffel abmessen. Den Backofen auf 180 °C vorheizen (Heißluft nicht vorheizen). Springformboden einfetten.

2. Foto 1 Für den Teig Grieß mit Backpulver, Zucker und Vanillin-Zucker in einen verschließbaren Schüttelbecher (mind. 1,9 Liter Inhalt) geben und mit einem Schneebesen verrühren.

3. Foto 2 Quark, Eier, Zitronen-, Cocktailsaft und Butter oder Margarine hinzufügen. Schüttelbecher mit dem Deckel fest verschließen.

4. Foto 3 Zutaten im Becher mehrmals (insgesamt 15–30 Sekunden) kräftig schütteln, so dass alle Zutaten gut vermischt sind.

5. Foto 4 Trockene Zutaten mit einem Teigschaber vom Rand lösen. Den Teig mit einem Schneebesen nochmals durchrühren. Den Teig in die Springform geben und glattstreichen. Fruchtcocktail gleichmäßig darauf verteilen. Die Form auf dem Rost in den Backofen schieben.

Ober-/Unterhitze: etwa 180 °C (vorgeheizt)
Heißluft: etwa 160 °C (nicht vorgeheizt)
Backzeit: etwa 60 Minuten.

6. Die Form auf einen Kuchenrost stellen. Den Kuchen etwa 10 Minuten in der Form stehen lassen. Mit einem Messer vom Springformrand lösen. Springformrand entfernen. Den Kuchen auf dem Springformboden erkalten lassen.

7. Den Kuchen vor dem Servieren mit einem Messer vom Springformboden lösen, auf eine Tortenplatte legen und mit Puderzucker bestäuben.

Abwandlung vom Basisrezept: Ananas-Kirsch-Schüttelkuchen

1 Springform (Ø 26 cm), weiche Butter oder Margarine zum Einfetten

Zubereitungszeit: etwa 25 Minuten, ohne Kühlzeit

Zutaten für 1 Basisrezept Schüttelteig, anstelle von Cocktailsaft 2 Esslöffel Ananassaft verwenden

Für den Belag:
1 Glas Sauerkirschen (175 g Abtropfgewicht)
1 Dose Ananasscheiben (8 Scheiben, 270 g Abtropfgewicht)

Für den Guss:
1 Pck. Tortenguss, klar
250 ml (1/4 l) Ananassaft (aus der Dose)
1 TL Zucker

Zutaten im Becher mehrmals (insgesamt 15–30 Sekunden) kräftig schütteln, so dass alle Zutaten gut vermischt sind.

Trockene Zutaten mit einem Teigschaber vom Rand lösen.

1. Springformboden einfetten. Für den Belag Sauerkirschen und Ananasscheiben zum Abtropfen in je ein Sieb geben. Ananassaft auffangen und 250 ml (1/4 l) abmessen.

2. Den Teig wie beschrieben zubereiten, in die Springform geben und glattstreichen. Die Ananasscheiben darauf verteilen und die Sauerkirschen in die Lücken geben. Die Form auf dem Rost in den Backofen schieben. Backen und erkalten lassen, wie beschrieben.

3. Aus Tortenguss, Saft und Zucker nach Packungsanleitung einen Guss zubereiten und mit einem Esslöffel von der Mitte aus zügig über die Früchte geben. Die Torte mindestens 1 Stunde kalt stellen und wie beschrieben aus der Form lösen und servieren.

Basisrezept Obsttarte

Für den Knetteig:
200 g Weizenmehl
25 g Zucker
1 Prise Salz
125 g weiche Butter oder Margarine
2 EL kaltes Wasser

Für den Belag:
1 kleine Dose Aprikosenhälften (250 g Abtropfgewicht)
2 Birnen (etwa 300 g)
100 g grüne, kernlose Weintrauben

Für die Mandelmasse:
75 g Zucker
½ Pck. Dr. Oetker Finesse Geriebene Zitronenschale
100 g gemahlene Mandeln
2 gestr. EL Speisestärke
4 Eier (Größe M)

Zum Aprikotieren:
2 EL Aprikosenkonfitüre
1 EL Aprikosensaft (aus der Dose) oder Wasser

Fett und Wasser hinzufügen und alles mit Handrührgerät mit Rührbesen durcharbeiten.

Obsttarte

1 Tarteform, beschichtet (Ø 26–28 cm), weiche Butter oder Margarine zum Einfetten, Backpapier

Zubereitungszeit: etwa 35 Minuten, ohne Kühlzeit

1. Backpapier in Größe der Tarteform ausschneiden. Tarteformboden leicht einfetten und mit Backpapier belegen.

2. Mehl mit Zucker und Salz in einer Rührschüssel mit Schneebesen verrühren.

3. Foto 1 Fett und Wasser hinzufügen und alles mit Handrührgerät mit Rührbesen zunächst kurz auf niedrigster, dann auf höchster Stufe 1 Minute durcharbeiten.

4. Foto 2 Teig auf der bemehlten Arbeitsfläche mit den Händen zu einem glatten Teig verkneten. Den Teig in Frischhaltefolie wickeln und 1 Stunde kalt stellen.

5. Den Backofen auf 200 °C (Heißluft 180 °C) vorheizen.

6. Zwei Drittel des Teiges (restlichen Teig eingewickelt wieder kühl lagern) auf einer bemehlten Arbeitsfläche zu einer runden Platte (Ø etwa 26 cm) ausrollen. Teig erst zur Hälfte, dann zu einem Viertel einschlagen, in die Form legen, wieder auseinander klappen und an den Formboden drücken. Den Teigboden mit einer Gabel mehrmals einstechen. Die Form auf dem Rost in den Backofen schieben.

Ober-/Unterhitze: etwa 200 °C (vorgeheizt)
Heißluft: etwa 180 °C (vorgeheizt)
Backzeit: 10–15 Minuten.

7. Die Form auf einen Kuchenrost stellen. Vorgebackenen Teig darin etwa 20 Minuten erkalten lassen.

8. Für den Belag Aprikosenhälften zum Abtropfen in ein Sieb geben, Saft auffangen. Birnen schälen, vierteln, Kerngehäuse entfernen, achteln. Weintrauben waschen, gut abtropfen lassen, entstielen, halbieren.

9. Für die Mandelmasse Zucker, Zitronenschale, Mandeln und Speisestärke in eine Rührschüssel geben und mit einem Schneebesen verrühren. Eier ebenfalls unterrühren.

10. Aus dem restlichen Teig zwei Rollen (jeweils etwa 40 cm Länge) formen. Foto 3 Die Teigrollen auf den vorgebackenen Teig legen und an den Tarteformrand drücken. Die Mandelmasse auf dem vorgebackenen Boden verteilen.

11. Foto 4 Das Obst darauf verteilen und die Form auf dem Rost in den Backofen schieben. Bei gleicher Temperatur in 20–30 Minuten fertig backen. Die Form auf einen Kuchenrost stellen.

12. Zum Aprikotieren Konfitüre in einem Topf mit Aprikosensaft oder Wasser pürieren, unter Rühren kräftig aufkochen lassen. Foto 5 Mit einem Backpinsel den heißen Kuchen damit bestreichen.

13. Den Kuchen auf einem Kuchenrost erkalten lassen. Den Kuchen mit Hilfe eines Pfannenwenders vorsichtig auf eine Tortenplatte legen, das Backpapier entfernen.

Teig auf der bemehlten Arbeitsfläche mit den Händen zu einem glatten Teig verkneten.

Die Teigrollen auf den vorgebackenen Teig legen und an den Tarteformrand drücken.

Das Obst darauf verteilen.

Mit einem Backpinsel den heißen Kuchen mit Aprikosenglasur bestreichen.

Abwandlung vom Basisrezept:
Apfeltarte mit Sahneguss

1 Tarteform beschichtet (Ø 26–28 cm), weiche Butter oder Margarine zum Einfetten, Backpapier

Zubereitungszeit: etwa 35 Minuten, ohne Kühlzeit

Zutaten für 1 Basisrezept Knetteig

Für den Belag:
5–6 mittelgroße Äpfel (etwa 750 g)

Für den Guss:
2 gestr. TL Speisestärke
75 g Zucker
1 Pck. Dr. Oetker Bourbon-Vanille-Zucker
3 Eier (Größe M)
125 g Schlagsahne

Zum Bestäuben:
etwas Puderzucker

1. Backpapier in Größe der Tarteform ausschneiden. Tarteformboden leicht einfetten und mit Backpapier belegen.

2. Den Teig zubereiten, vorbacken und abkühlen lassen, wie beschrieben.

3. Äpfel schälen, vierteln, Kerngehäuse entfernen. Apfelviertel längs halbieren. Restteig wie beschrieben an den Rand der Tarteform drücken. Apfelachtel kranzförmig, von außen nach innen, auf dem Teigboden verteilen.

4. Für den Guss Stärke, Zucker und Vanille-Zucker in eine Rührschüssel geben, mit einem Schneebesen verrühren. Eier und Schlagsahne dazugeben und alles mit einem Schneebesen gut verrühren. Die Masse über die Äpfel gießen.

5. Den Kuchen wie beschrieben fertig backen und erkalten lassen.

6. Die Tarte mit Hilfe eines Pfannenwenders vorsichtig auf eine Tortenplatte legen, das Backpapier entfernen.

7. Die Tarte vor dem Servieren mit Puderzucker bestäuben.

Basisrezept Nusskuchen

Für den Schüttelteig:
125 g Butter oder Margarine
300 g Weizenmehl
1 Pck. Dr. Oetker Backin
150 g Zucker
1 Pck. Dr. Oetker Vanillin-Zucker
4 Eier (Größe M)
150 ml Eierlikör
1 Pck. Dr. Oetker Finesse Amaretto-Bittermandel-Aroma
100 g gemahlene Haselnusskerne
100 g Zartbitter-Raspelschokolade

Für den Guss:
100 g Edelbitter-Schokolade (mind. 50 % Kakao)
1 TL Speiseöl

Zum Bestreuen:
100 g weiße Schokolade

1 Weiße Schokolade mit einem Sparschäler auf ein Stück Backpapier raspeln.

2 Schokoladenraspel auf den weichen Guss streuen. Guss fest werden lassen.

Nusskuchen

1 Springform (Ø 26 cm), weiche Butter oder Margarine zum Einfetten

Zubereitungszeit: etwa 35 Minuten, ohne Kühlzeit

1. Springformboden einfetten.

2. Für den Teig Butter oder Margarine in einem Topf bei schwacher Hitze zerlassen und abkühlen lassen. Den Backofen auf 180 °C vorheizen (Heißluft nicht vorheizen).

3. Mehl mit Backpulver, Zucker und Vanillin-Zucker in einen verschließbaren Schüttelbecher (mind. 1,9 Liter Inhalt) geben und mit einem Schneebesen verrühren.

4. Eier, Butter oder Margarine, Likör und Aroma hinzufügen. Schüttelbecher mit dem Deckel fest verschließen. Zutaten im Becher mehrmals (insgesamt 15–30 Sekunden) kräftig schütteln, so dass alle Zutaten gut vermischt sind.

5. Trockene Zutaten mit einem Teigschaber vom Rand lösen. Haselnusskerne und Raspelschokolade hinzufügen. Den Teig mit einem Schneebesen nochmals durchrühren. Den Teig in die Springform geben und glattstreichen. Die Form auf dem Rost in den Backofen schieben.

Ober-/Unterhitze: etwa 180 °C (vorgeheizt)
Heißluft: etwa 160 °C (nicht vorgeheizt)
Backzeit: etwa 40 Minuten.

6. Die Form auf einen Kuchenrost stellen und 10 Minuten abkühlen lassen. Den Kuchen mit einem Messer aus der Form lösen, auf einem mit Backpapier belegten Kuchenrost etwa 1 Stunde erkalten lassen.

7. Für den Guss die Schokolade in kleine Stücke brechen und mit dem Speiseöl in eine Metallschüssel geben. Einen kleinen Topf etwa 1/3 hoch mit Wasser füllen, die Schüssel in das Wasserbad setzen. Das Ganze bei schwacher Hitze erwärmen, bis die Schokolade geschmolzen ist, dabei umrühren. Nicht kochen lassen!

8. Die flüssige Schokolade von der Mitte aus auf den Kuchen gießen und mit einem Teigschaber verteilen. Etwas abkühlen lassen.

9. Foto 1 Zum Bestreuen weiße Schokolade mit einem Sparschäler auf ein Stück Backpapier raspeln.

10. Foto 2 Schokoladenraspel auf den weichen Guss streuen. Guss fest werden lassen.

Abwandlung vom Basisrezept:
Nusskuchen mit Irish Cream

1 Springform (Ø 26 cm), weiche Butter oder Margarine zum Einfetten

Zubereitungszeit: etwa 35 Minuten, ohne Kühlzeit

Zutaten für 1 Basisrezept Schüttelteig, ohne Eierlikör
Zusätzlich: 2 kleine Flaschen (je 71 ml) Irish Cream (Baileys)
Zutaten für 1 Rezept Guss

Zum Bestreuen:
30 g gehobelte Haselnusskerne

1. Springformboden einfetten. Den Backofen auf 180 °C vorheizen (Heißluft nicht vorheizen).

2. Schüttelteig wie beschrieben zubereiten. Statt Eierlikör Irish Cream dazugeben. Teig einfüllen und backen wie beschrieben.

3. Die Form 10 Minuten auf einem Kuchenrost abkühlen lassen. Den Kuchen mit einem Messer aus der Form lösen, auf einem mit Backpapier belegten Kuchenrost etwa 1 Stunde erkalten lassen.

4. Guss wie beschrieben zubereiten.

5. Gehobelte Haselnusskerne auf dem noch weichen Guss verteilen. Guss fest werden lassen.

Basisrezept Heidelbeer-Nektarinen-Kuchen

Für den All-in-Teig:
125 g Butter oder Margarine
250 g Weizenmehl
3 gestr. TL Dr. Oetker Backin
150 g Puderzucker
1 Pck. Dr. Oetker Bourbon-Vanille-Zucker
1 Prise Salz
4 Eier (Größe M)
200 g saure Sahne

Für den Belag:
3 Nektarinen
200 g Heidelbeeren

Zum Garnieren:
200 g Schlagsahne
1 Bio-Orange (unbehandelt, ungewachst)
etwas Puderzucker

1
Mehl mit Backpulver, Puderzucker, Vanille-Zucker und Salz in eine Rührschüssel geben und mit einem Schneebesen verrühren.

2
Eier und saure Sahne zur flüssigen Butter oder Margarine geben und mit einem Schneebesen verrühren.

Heidelbeer-Nektarinen-Kuchen

1 Springform (Ø 26 cm), weiche Butter oder Margarine zum Einfetten

Zubereitungszeit: etwa 25 Minuten

1. Springformboden einfetten.

2. Butter oder Margarine in einem kleinen Topf zerlassen. Abkühlen lassen.

3. Für den Belag Nektarinen waschen, abtrocknen, halbieren und den Stein herauslösen. Nektarinenhälften in Spalten schneiden. Heidelbeeren verlesen, abspülen und in einem Sieb abtropfen lassen. Heidelbeeren mit Küchenpapier trockentupfen.

4. Den Backofen auf 180 °C vorheizen (Heißluft nicht vorheizen).

5. Foto 1 Für den Teig Mehl mit Backpulver, Puderzucker, Vanille-Zucker und Salz in eine Rührschüssel geben und mit einem Schneebesen verrühren.

6. Foto 2 Eier und saure Sahne zur flüssigen Butter oder Margarine geben und mit einem Schneebesen verrühren.

7. Foto 3 Die Eier-Fett-Mischung mit dem Schneebesen nach und nach unter die Mehl-Puderzucker-Mischung rühren (insgesamt etwa ½ Minute), bis ein glatter Teig entsteht.

8. Foto 4 Den Teig in die Springform füllen. Nektarinenspalten und Heidelbeeren auf dem Teig verteilen. Die Form auf dem Rost in den Backofen schieben.

Ober-/Unterhitze: etwa 180 °C (vorgeheizt)
Heißluft: etwa 160 °C (nicht vorgeheizt)
Backzeit: 40–45 Minuten.

Die Eier-Fett-Mischung mit dem Schneebesen nach und nach unter die Mehl-Puderzucker-Mischung rühren, bis ein glatter Teig entsteht.

Den Teig in die Springform füllen.

9. Die Form 10 Minuten auf einen Kuchenrost stellen. Den Kuchen mit einem Messer aus der Form lösen und auf einem mit Backpapier belegten Kuchenrost etwa 1 Stunde erkalten lassen.

10. Sahne steif schlagen. Orange heiß abwaschen, trockentupfen, die Schale mit einem Zestenreißer in Streifen abziehen. Den Kuchen mit Puderzucker bestäuben. Esslöffelweise die Sahne darauf klecksen und mit Orangenschale garnieren.

Abwandlung vom Basisrezept: Stachelbeerkuchen

1 Springform (Ø 26 cm), weiche Butter oder Margarine zum Einfetten

Zubereitungszeit: etwa 20 Minuten

Zutaten für 1 Basisrezept All-in-Teig, ohne saure Sahne
Zusätzlich: 200 g Schmand (24 % Fett)

Für den Belag:
1 Glas Stachelbeeren (360 g Abtropfgewicht)

Zum Bestäuben:
etwas Puderzucker

1. Den Springformboden einfetten. Für den Belag Stachelbeeren zum Abtropfen in ein Sieb geben. Den Backofen auf 180 °C vorheizen (Heißluft nicht vorheizen).

2. Den Teig zubereiten wie beschrieben, dabei anstelle von saurer Sahne Schmand verwenden.

3. Den Teig in die Springform füllen. Die Stachelbeeren darauf verteilen, dabei am Rand etwa 1 cm frei lassen. Backen und erkalten lassen wie beschrieben.

4. Den Kuchen mit Puderzucker bestäuben.

Tipp: Kuchen mit geschlagener Sahne servieren.

Basisrezept Rotweinkuchen

Für den Rührteig:
250 g weiche Butter oder Margarine
125 g Zucker
1 Pck. Dr. Oetker Vanillin-Zucker
1 Prise Salz
4 Eier (Größe M)
2 EL Rum
250 g Weizenmehl
3 gestr. TL Kakaopulver
1–2 gestr. TL gemahlener Zimt
3 gestr. TL Dr. Oetker Backin
175 g Zartbitter-Raspelschokolade
100 g gehackte Mandeln
125 ml (1/8 l) Rotwein

Für den Guss:
150 g Puderzucker
1–2 EL Rotwein

Zum Bestreuen:
25 g Zartbitter-Raspelschokolade

Rotweinkuchen

1 Gugelhupfform (Ø 24 cm), weiche Butter oder Margarine zum Einfetten

Zubereitungszeit: etwa 30 Minuten, ohne Kühlzeit

1. Die Gugelhupfform einfetten. Den Backofen auf 180 °C vorheizen (Heißluft nicht vorheizen).

2. Butter oder Margarine in einer Rührschüssel mit Handrührgerät mit Rührbesen geschmeidig rühren. Nach und nach Zucker, Vanillin-Zucker und Salz unter Rühren hinzufügen, bis eine gebundene Masse entstanden ist.

3. Eier nach und nach unterrühren (jedes Ei etwa 1/2 Minute). Rum hinzufügen.

4. Mehl mit Kakao, Zimt und Backpulver in einer Schüssel mit einem Schneebesen verrühren, abwechselnd in 2 Portionen mit Raspelschokolade, Mandeln und Rotwein auf mittlerer Stufe unterrühren.

5. Den Teig in die Gugelhupfform füllen und glattstreichen. Die Form auf dem Rost in den Backofen schieben.

Ober-/Unterhitze: etwa 180 °C (vorgeheizt)
Heißluft: etwa 160 °C (nicht vorgeheizt)
Backzeit: 70–75 Minuten.

6. Die Form auf einem Kuchenrost etwa 10 Minuten abkühlen lassen. Den Kuchen auf einen mit Backpapier belegten Kuchenrost stürzen. Den Kuchen etwa 2 Stunden erkalten lassen.

7. Für den Guss Puderzucker mit Rotwein zu einer dickflüssigen Masse verrühren. Den Kuchen mit dem Guss bestreichen und mit der restlichen Raspelschokolade bestreuen.

Tipp: Statt Rum 1 Päckchen Dr. Oetker Finesse Jamaika-Rum-Aroma verwenden.

Abwandlung vom Basisrezept:
Schokoladen-Rotwein-Kuchen

1 Springform (Ø 26 cm), weiche Butter oder Margarine zum Einfetten

Zubereitungszeit: etwa 35 Minuten, ohne Kühlzeit

Zutaten für 1 Basisrezept Rührteig, ohne Rotwein

Zum Einweichen:
125 ml (1/8 l) Rotwein
100 g Korinthen

Für Guss und Füllung:
200 g Edelbitter-Schokolade (mind. 50 % Kakao)
100 g Schlagsahne
2 EL rotes Johannisbeergelee

Zum Bestreuen:
25 g Zartbitter-Raspelschokolade

1. Zum Einweichen Rotwein in einem kleinen Topf bei schwacher Hitze erwärmen. Korinthen hinzugeben und mindestens 30 Minuten darin erkalten lassen.

2. Springformboden einfetten. Den Backofen auf 180 °C vorheizen (Heißluft nicht vorheizen).

3. Rührteig wie beschrieben zubereiten (aber ohne Rotwein). Rotwein-Korinthen zuletzt unter den Teig rühren. Den Teig in die Form füllen und glattstreichen. Die Form auf dem Rost in den Backofen schieben. Teig etwa 60 Minuten backen.

4. Die Form 10 Minuten auf einem Kuchenrost abkühlen lassen. Den Kuchen mit einem Messer aus der Form lösen und auf einen mit Backpapier belegten Kuchenrost legen. Kuchen etwa 1 Stunde erkalten lassen.

5. Für den Guss und die Füllung die Schokolade in kleine Stücke brechen und mit der Sahne in eine Metallschüssel geben. Einen kleinen Topf etwa 1/3 hoch mit Wasser füllen, die Schüssel in das Wasserbad setzen. Das Ganze bei schwacher Hitze erwärmen, bis die Schokolade geschmolzen ist. Dabei umrühren. Nicht kochen lassen!

6. Den Kuchen mit einem Sägemesser einmal waagerecht durchschneiden, die obere Gebäckhälfte mit einer Tortenunterlage abheben. Die untere Gebäckhälfte auf eine Tortenplatte legen und mit Johannisbeergelee bestreichen.

7. Die Hälfte der Schokoladen-Sahne-Masse auf das Gelee geben und vorsichtig mit einem Teigschaber verstreichen. Den oberen Boden darauflegen, leicht andrücken.

8. Restliche Schokoladen-Sahne-Masse auf die Oberfläche geben, mit einem Teigschaber verteilen und mit Raspelschokolade bestreuen. Die Torte etwa 1 Stunde kalt stellen.

Ratgeber
Torten

Die Stars auf dem Tisch – Torten
Sie stehen immer im Mittelpunkt. Torten sind wahrhaft die Königinnen unter den Gebäcken. Verschwenderisch geschmückt und verführerisch gefüllt sind sie die pure Verlockung auf Ihrer Kaffeetafel. So aufwändig, wie sie scheinen, sind die Prachtstücke gar nicht. Ein hoher Boden ist schnell gebacken, geteilt und gefüllt. Hier finden Sie die wichtigsten Torten-Tipps für ein sicheres Gelingen.

Tortenböden teilen
Einen hohen Tortenboden können Sie mit einem Sägemesser in mehrere einzelne Böden teilen. Besonders gut lassen sich Böden teilen, die bereits am Vortag gebacken wurden. Den Tortenunterlage legen Sie so auf einen Bogen Backpapier oder eine Tortenunterlage, dass die Unterseite, die besonders schön glatt ist, nach oben kommt. Damit die Böden gleichmäßig dick werden, den Tortenrand vorher mit einem spitzen Messer ringsherum etwa 1 cm tief einschneiden. Dann den Boden mit der linken Hand gegen den Uhrzeigersinn drehen und gleichzeitig mit der messerführenden, rechten Hand schneiden. Sie können auch einen festen Faden in die Einschnitte legen, die Enden überkreuzen und den Faden behutsam hin und her bewegen, bis sich der obere Teil durch die sägende Bewegungen abheben lässt.

Tortenböden abheben
Damit die geschnittenen Tortenböden nicht durchbrechen, heben Sie jeden Boden einzeln mit Hilfe von Backpapier oder einer Tortenunterlage ab. Dazu das Backpapier an der vorderen Kante nach unten knicken und unter den oberen Boden schieben. Mit den Fingern ab und zu den Boden leicht anheben, um das Backpapier nachzuziehen. Heben Sie nun den oberen Boden ab. Gleichzeitig darauf achten, dass Sie beim Anheben das Backpapier möglichst waagerecht halten, da der Boden sonst leicht durchbrechen könnte.

Tortenböden füllen und bestreichen
Zum Verstreichen Ihrer vorbereiteten Füllungen, die schichtweise zwischen die Böden kommen, eignen sich große Messer, eine Teigkarte oder ein Teigschaber. Zum Füllen eignet sich pure Sahne oder Sahnemischungen mit Früchten, Joghurt und anderen Zutaten. Aber auch aus Buttercreme lassen sich herrliche Füllungen zubereiten. Zum Bestreichen der Böden eignet sich Konfitüre. Nachdem Sie die Füllung auf dem untersten Boden verteilt haben, setzen Sie mithilfe des Backpapiers den mittleren Boden wieder „Kante auf Kante" darauf. Den mittleren Boden wiederum mit Füllung bestreichen und den obersten Boden auflegen. Die Oberfläche und den Rand Ihrer Torte sollten Sie zunächst nur dünn mit etwas Füllung bestreichen, um die Brösel zu binden. Dann erst die übrige Füllung rundherum verstreichen.

Tortenrand verzieren
Bevor Sie Ihre Torte zum Abschluss verzieren, können Sie die Oberfläche mit einem Tortenteiler oder Messer in Tortenstücke einteilen. Torteneinteiler gibt es üblicherweise mit 16 und 18 Einteilungen. Die Markierungen sind eine nützliche Hilfe beim gleichmäßigen Schneiden der Tortenstücke.
Den Rand der Torte können Sie nach Belieben mit Raspelschokolade, Krokant, gehobelten oder gehackten Mandeln, mit gemahlenen Haselnusskernen, mit gebräunten Haferflocken oder mit Kokosraspeln bestreuen. Legen Sie dazu z. B. die Raspel ganz dicht an die Torte und schieben Sie diese mit einer Teigkarte oder einem Messer vorsichtig am Rand hoch.

Torte mit Guss überziehen
Möchten Sie Ihre gebackene Torte mit einem Guss überziehen, sollten Sie die Torte vorher mit Konfitüre bestreichen und/oder mit Marzipan einkleiden. Ansonsten würde der Guss in die Torte einziehen. Setzen Sie die Torte auf eine Tortenplatte ohne Rand oder einen Kuchenrost. Legen Sie Küchen- oder Backpapier darunter, damit überschüssiger Guss darauf tropfen kann. Bereiten Sie den Guss aus Puderzucker und Flüssigkeit oder aus Kuvertüre/Schokolade zu und gießen Sie ihn mitten auf die Tortenoberfläche. Es ist wichtig, das der Guss genau die richtige Konsistenz hat. Er muss gut haften bleiben und gleichzeitig das Gebäck in einer glatten Schicht abdecken. Zu dicker Guss lässt sich schlecht auftragen. Zu dünner Guss deckt nicht ab und sickert in das Gebäck. Den Guss durch das Schräghalten der Torte gleichmäßig auf der Oberfläche und am Rand verlaufen lassen. Evtl. etwas mit einem Tortenmesser nachhelfen. Mit einem Tafelmesser können Sie den Guss an die Stellen des Randes streichen, an denen kein Guss heruntergelaufen ist. Um eine gleichmäßige, glatte Oberfläche zu erhalten, heben Sie die Tortenunterlage bzw. den Kuchenrost ein- bis zweimal etwas an und lassen ihn wieder fallen. Damit der Guss nicht vor dem Umsetzen fest wird und dabei später bricht, lösen Sie die Torte umgehend mit dem Messer von der Tortenunterlage bzw. dem Kuchenrost. Durch leichte Schrägstellung der Platte und Führung der Torte durch das Messer können Sie die Torte vorsichtig auf die Tortenplatte gleiten lassen.

Torten aufbewahren
Sahne- und Cremetorten können zugedeckt 1–2 Tage im Kühlschrank aufbewahrt werden. Zum Einfrieren ist es empfehlenswert, mit Schlagsahne oder Creme verzierte Torten vorzufrieren und erst dann zu verpacken, damit die Verzierungen nicht beschädigt werden. Ganze Sahnetorten sollten Sie in einem Kuchenkarton oder einer großen Gefrierdose einfrieren und darin auch wieder auftauen. Dazu die Schachtel nicht öffnen, sondern die Torte in der Schachtel auftauen lassen. Frieren Sie nur eine halbe Torte ein oder einzelne Tortenstückchen, sollten Sie entsprechend kleinere Kartons oder Schachteln benutzen.

Einmal aufgetaut lässt sich die Torte nicht wieder einfrieren. Je nach Höhe und Art des Gebäcks benötigen Torten mit Obstfüllung oder Obst-Sahne-Torten längere Zeit zum Auftauen als reine Sahnetorten. Die Auftauzeit bei Zimmertemperatur beträgt mehrere Stunden. In angetautem Zustand lässt sich Ihre Torte am einfachsten schneiden. Gefroren sind Torten 3 Monate, höchstens 6 Monate haltbar.

Die wahre Wonne – Tortenfüllungen

Sahne: Mit Sahne lassen sich die verschiedensten Füllungen herstellen. Je höher der Fettgehalt, desto besser lässt sich die Sahne schlagen und um so fester wird sie. Daher sollten Sie für Ihre Tortenfüllung nur Sahne mit mindestens 30 % Fett verwenden. Die Sahne und der hohe Rührbecher müssen gut gekühlt sein. Die Sahne nicht zu lange schlagen, sonst wird sie zu Butter. Soll die Sahne längere Zeit steif bleiben, geben Sie Sahnesteif nach Packungsanleitung hinzu. Pro Becher Sahne rechnet man 1 Päckchen Sahnesteif.

Buttercreme: Der Klassiker unter den Füllungen. Recht gehaltvoll und sättigend, aber immer etwas Besonderes. Buttercreme besteht im Wesentlichen aus Butter und Pudding und eignet sich auch gut zum Verzieren. Je nach Rezept können weitere Zutaten, wie z. B. Alkohol, unter die Creme gerührt werden. Alle Zutaten für eine Buttercreme sollten Zimmertemperatur haben, wenn sie zusammengerührt werden, sonst können sich die Zutaten nicht verbinden. Falls die Buttercreme doch gerinnt, 25 g Kokosfett (1 Würfel) zerlassen und im heißen Zustand langsam mit dem Handrührgerät unter die Creme rühren. Buttercremes lassen sich auch gut am Vortag zubereiten. Zum Füllen die Buttercreme im Wasserbad oder der Mikrowelle leicht erwärmen und anschließend mit dem Handrührgerät wieder gut verrühren.

Obstfüllungen: Obsttorten sollten Sie möglichst frisch genießen, da der saftige Belag die Böden schnell durchweichen lässt. Verwenden Sie frisches Obst der Saison oder alternativ Obst aus Dosen oder Gläsern. Besonders in Kombination mit Sahne, Creme oder Pudding schmecken Obstfüllungen köstlich. Torten mit Obstfüllungen sollten idealerweise einen dünnen Knetteig als untersten Boden haben, darüber kommt dann erst der Biskuitboden. Das gibt Obsttorten mehr Halt und sie weichen nicht so schnell durch.

Gelatine richtig verwenden

Tortenfüllungen lassen sich ideal mit Gelatine festigen und haltbar machen. Blattgelatine und Pulvergelatine gibt es in Rot und Weiß. Soll eine Flüssigkeit sturzfest werden, gilt als Faustregel: 6 Blatt oder 1 Päckchen gemahlene Gelatine auf 500 ml (½ l) Flüssigkeit. Denken Sie daran, dass sich ohne Temperaturausgleich zwischen der warmen Gelatinelösung und der kalten Flüssigkeit oder Masse Klümpchen bilden können. Verrühren Sie daher zunächst etwas von der zu festigenden Flüssigkeit mit der lauwarmen Gelatinelösung und geben Sie die Mischung erst dann unter Rühren in die übrige Flüssigkeit oder Masse. Zum Festigen stellen Sie die Torten für einige Stunden in den Kühlschrank.

Blattgelatine: Gelatineblätter einzeln nacheinander in kaltes Wasser legen, etwa 5 Minuten quellen lassen. Dann herausnehmen, gut ausdrücken und im warmen Wasserbad oder tropfnass in einem kleinen Topf bei schwacher Hitze auflösen. Gelatine sollte nicht höher als 80 °C erhitzt werden, da sie sonst ihre Gelierfähigkeit verliert.

Pulvergelatine: Gemahlene Gelatine mit 4–6 Esslöffeln kaltem Wasser (Packungsanleitung beachten), Saft oder Alkohol (je nach Rezept) in einem kleinen Topf anrühren. 5 Minuten quellen lassen. Danach unter Rühren bei schwacher Hitze auflösen.

Schlagsahne festigen, z. B. für Tortenfüllungen: Schlagen Sie die Sahne fast steif. Dann geben Sie die lauwarme Gelatinelösung auf einmal unter Rühren zur Schlagsahne und schlagen die Sahne weiter, bis sie vollkommen steif ist. Steif geschlagene, mit Gelatine verrührte Sahne können Sie sofort verwenden.

Tolle Tortentipps

So gehen Tortenböden gleichmäßig auf: Oft wölbt sich die Mitte des fertigen Bodens höher als die Ränder. Das vermeiden Sie, wenn Sie nur den Boden, nicht die Ränder der Springform einfetten.

Füllungen richtig anordnen: Schwere Füllungen z. B. mit Früchten sollten Sie auf den untersten Boden, die leichteren Sahne- und Cremefüllungen zwischen die oberen Böden geben. Das erleichtert Ihnen das Schneiden der Torte und vermeidet das Verrutschen der Böden.

Glänzender Tortenguss: Fügen Sie dem fertigen Zucker- oder Schokoladenguss 1 Teelöffel Speiseöl zu. Das macht den Guss gleichmäßiger sowie etwas flüssiger und das Verteilen leichter. Außerdem glänzt der Guss schön.

Schnell Torten verzieren: Legen Sie eine Tortenspitze auf die Oberfläche und bestäuben Sie die Torte mit Kakao, Schokoraspeln oder Puderzucker. Auch aus Papier lassen sich schnell fantasievolle Figuren zuschneiden und als Schablonen benutzen.

Basisrezept Erdbeer-Schmand-Torte

Für den All-in-Teig:
80 g Butter oder Margarine
170 g Weizenmehl
2 gestr. TL Dr. Oetker Backin
80 g Zucker
1 Pck. Dr. Oetker Vanillin-Zucker
2 Eier (Größe M)
100 ml Buttermilch

Für den Belag:
500 g Schmand (24 % Fett)
1 Pck. Dr. Oetker Vanillin-Zucker
30 g Zucker
500 g Erdbeeren

Für den Guss:
1 Pck. Tortenguss, klar
250 ml ($^{1}/_{4}$ l) Orangensaft

1 Die Form auf einen Kuchenrost setzen und 10 Minuten abkühlen lassen.

2 Die Schmandmasse sofort darauf verteilen und glattstreichen.

Erdbeer-Schmand-Torte

1 Springform (Ø 26 cm), weiche Butter oder Margarine zum Einfetten

Zubereitungszeit: etwa 50 Minuten, ohne Kühlzeit

1. Springformboden einfetten. Für den All-in-Teig Butter oder Margarine in einem kleinen Topf zerlassen. Abkühlen lassen.

2. Den Backofen auf 180 °C (Heißluft 160 °C) vorheizen.

3. Mehl und Backpulver in eine Rührschüssel geben und mit einem Schneebesen verrühren. Zucker, Vanillin-Zucker, Eier, Butter oder Margarine und Buttermilch hinzufügen. Das Ganze mit einem Schneebesen verrühren (insgesamt etwa $^{1}/_{2}$ Minute), bis ein glatter Teig entstanden ist.

4. Den Teig in die Springform füllen. Die Form auf dem Rost in den Backofen schieben.

Ober-/Unterhitze: etwa 180 °C (vorgeheizt)
Heißluft: etwa 160 °C (vorgeheizt)
Backzeit: etwa 25 Minuten.

5. Foto 1 Die Form auf einen Kuchenrost setzen und 10 Minuten abkühlen lassen. Für den Belag Schmand mit Vanillin-Zucker und Zucker in einer Schüssel verrühren.

6. Gebäckboden aus der Form lösen und auf eine Tortenplatte legen. Den Springformrand säubern und um den Gebäckboden stellen.

7. Foto 2 Die Schmandmasse sofort darauf verteilen und glattstreichen. Die Torte 1 Stunde kalt stellen.

8. Erdbeeren waschen, abtropfen lassen, putzen und halbieren.

9. Foto 3 Erdbeeren dachziegelartig von außen nach innen auf die Schmandmasse legen.

10. Foto 4 Aus Tortenguss und Saft nach Packungsanleitung einen Guss zubereiten und mit einem Esslöffel von der Mitte aus zügig über die Erdbeeren geben. Die Torte mindestens 1 Stunde kalt stellen. Den Springformrand mit einem kalt abgespülten Messer lösen und entfernen.

3 Erdbeeren dachziegelartig von außen nach innen auf die Schmandmasse legen.

4 Aus Tortenguss und Saft nach Packungsanleitung einen Guss zubereiten und mit einem Esslöffel von der Mitte aus zügig über die Erdbeeren geben.

Abwandlung vom Basisrezept: Pfirsich-Mascarpone-Torte

1 Springform (Ø 26 cm), weiche Butter oder Margarine zum Einfetten

Zubereitungszeit: etwa 40 Minuten, ohne Kühlzeit

Zutaten für 1 Basisrezept All-in-Teig

Für den Belag:
1 Dose Tortenpfirsiche, in Schnitten (500 g Abtropfgewicht)
250 g Mascarpone (ital. Frischkäse)
150 g saure Sahne
1 Pck. Quarkfein Zitronen-Geschmack
1 Pck. Tortenguss, klar
250 ml (1/4 l) und 3 EL Pfirsichsaft (aus der Dose)

Zum Garnieren:
Einige Blätter Minze

1. Den Springformboden einfetten. Den Backofen auf 180 °C (Heißluft 160 °C) vorheizen.

2. Den All-in-Teig wie beschrieben zubereiten und backen.

3. Die Form 10 Minuten auf einem Kuchenrost abkühlen lassen. Den Kuchen mit einem Messer aus der Form lösen und auf einen mit Backpapier belegten Kuchenrost legen. Den Kuchen mindestens 1 Stunde erkalten lassen.

4. Für den Belag Tortenpfirsiche in einem Sieb abtropfen lassen, dabei den Saft auffangen. 250 ml (1/4 l) und 3 Esslöffel abmessen. Springformrand säubern.

5. Den Tortenboden auf eine Tortenplatte legen. Den Springformrand darumstellen.

6. Mascarpone mit saurer Sahne in eine Rührschüssel geben und mit Handrührgerät mit Rührbesen 1–2 Minuten auf höchster Stufe cremig schlagen. Quarkpulver unterrühren, bis sich das Pulver aufgelöst hat.

7. Die Mascarpone-Creme auf den Tortenboden geben und glattstreichen. Die Torte 1 Stunde kalt stellen.

8. Pfirsichschnitten kreisförmig von außen nach innen auf die Creme legen.

9. Aus Tortenguss und Saft nach Packungsanleitung einen Guss zubereiten und mit einem Esslöffel von der Mitte aus zügig über die Pfirsichschnitten geben. Die Torte mindestens 1 Stunde kalt stellen. Springformrand wie beschrieben lösen.

10. Minze abspülen, trockentupfen, die Torte damit garnieren.

Basisrezept Frischkäse-Torte

Für den Bröselboden:
150 g Löffelbiskuits
125 g Butter

Für den Belag:
1 Beutel aus 1 Pck. Götterspeise Zitronen-Geschmack
200 ml Wasser
200 g Doppelrahm-Frischkäse
125 g Zucker
1 Pck. Dr. Oetker Vanillin-Zucker
2 EL Zitronensaft
500 g Schlagsahne

1 Löffelbiskuits mit einer Teigrolle zerbröseln.

2 Die Bröselmasse in die Springform geben und mit einem Löffel gut andrücken, so dass ein gleichmäßiger Boden entsteht.

Frischkäse-Torte

1 Springform (Ø 26 cm), Backpapier

Zubereitungszeit: etwa 35 Minuten, ohne Kühlzeit

1. Einen Bogen Backpapier auf den Boden der Springform legen und mit dem Springformrand straff einspannen.

2. Für den Bröselboden Löffelbiskuits in einen Gefrierbeutel geben. Den Beutel verschließen. Foto 1 Löffelbiskuits mit einer Teigrolle zerbröseln.

3. Butter in einem kleinen Topf bei schwacher Stufe zerlassen. Biskuitbrösel dazugeben und gut verrühren.

4. Foto 2 Die Bröselmasse in die Springform geben und mit einem Löffel andrücken, so dass ein gleichmäßiger Boden entsteht. Die Form mindestens 15 Minuten kalt stellen.

5. Für den Belag Götterspeise mit Wasser in einem kleinen Topf anrühren.

6. Foto 3 Götterspeise bei schwacher Hitze erwärmen (nicht kochen), bis sie vollständig aufgelöst ist. 15 Minuten abkühlen lassen.

7. Frischkäse mit Zucker, Vanillin-Zucker und Zitronensaft in eine Rührschüssel geben, mit Handrührgerät mit Rührbesen verrühren.

8. Foto 4 Aufgelöste Götterspeise nach und nach unterrühren.

9. Foto 5 Sahne steif schlagen und in 2 Portionen kurz unter die Frischkäsemasse rühren.

10. Foto 6 Die Frischkäsecreme auf den Bröselboden füllen und mit dem Teigschaber wellenartig verstreichen. Die Torte mindestens 2 Stunden kalt stellen.

11. Den Springformrand mit einem kalt abgespülten Messer von der Creme lösen und entfernen.

Abwandlung vom Basisrezept: Himbeer-Joghurt-Torte

1 Springform (Ø 26 cm), Backpapier

Zubereitungszeit: etwa 40 Minuten, ohne Kühlzeit

Zutaten für 1 Basisrezept Bröselboden

Für den Belag:
2 Pck. TK-Himbeeren (je 300 g)
50 g Zucker
150 ml roter Traubensaft
6 Blatt weiße Gelatine
500 g Vollmilchjoghurt, natur
250 g Magerquark
75 g Zucker
1 Pck. Dr. Oetker Finesse Geriebene Zitronenschale
200 g Schlagsahne
evtl. etwas roter Traubensaft zum Auffüllen
2 Pck. Tortenguss, rot

3 Götterspeise bei schwacher Hitze erwärmen (nicht kochen), bis sie vollständig aufgelöst ist. 15 Minuten abkühlen lassen.

4 Aufgelöste Götterspeise nach und nach unterrühren.

5 Sahne steif schlagen und in 2 Portionen kurz unter die Frischkäsemasse rühren.

6 Die Frischkäsecreme auf den Bröselboden füllen und mit dem Teigschaber wellen.

Zum Bestreuen:
50 g Mandelstifte

1. Einen Bogen Backpapier auf den Boden der Springform legen und mit dem Springformrand straff einspannen. Den Bröselboden wie beschrieben zubereiten und erkalten lassen.

2. Für den Belag Himbeeren in eine Schüssel geben. Zucker und Traubensaft in einem kleinen Topf auf niedrigster Stufe erwärmen, bis sich der Zucker gelöst hat. Den Saft auf die Himbeeren geben. Die Früchte auftauen lassen.

3. Gelatine nach Packungsanleitung einweichen. Joghurt, Quark, Zucker und Zitronenschale in eine Schüssel geben und mit einem Schneebesen verrühren. Sahne steif schlagen.

4. Gelatine leicht ausdrücken, in einem kleinen Topf unter Rühren erwärmen (nicht kochen), bis sie aufgelöst ist. 4 Esslöffel von der Quarkmasse unter die Gelatine rühren, dann mit der restlichen Quarkmasse verrühren. Geschlagene Sahne kurz mit den Rührbesen unterrühren.

5. Creme auf den Bröselboden geben und glattstreichen. Die Torte etwa 2 Stunden kalt stellen.

6. Die Himbeeren in einem Sieb abtropfen lassen, den Saft auffangen. 400 ml davon abmessen. (Falls es weniger Saft ergibt, mit Traubensaft auffüllen). Die Himbeeren mit einem Esslöffel vorsichtig auf der Creme verteilen.

7. Aus Tortenguss und Saft nach Packungsanleitung einen Guss zubereiten und mit einem Esslöffel von der Mitte aus zügig über die Himbeeren geben. Die Torte mindestens 1 Stunde kalt stellen.

8. Die Mandeln in eine Pfanne ohne Fett geben und bei schwacher Hitze leicht bräunen, auf einen Teller geben und erkalten lassen.

9. Die Torte mit Mandeln bestreuen. Den Springformrand mit einem kalt abgespülten Messer von der Creme lösen und entfernen.

Basisrezept Maulwurf-Torte

Für den Rührteig:
4 Eiweiß (Größe M)
1 Prise Salz
125 g weiche Butter oder Margarine
125 g Zucker
1 Pck. Dr. Oetker Vanillin-Zucker
4 Eigelb (Größe M)
150 g Weizenmehl
2 gestr. TL Dr. Oetker Backin
10 g Kakaopulver
100 g gemahlene Haselnusskerne
100 g Zartbitter-Raspelschokolade

Für die Füllung:
1 Glas Sauerkischen (350 g Abtropfgewicht)
2 kleine Bananen
2 EL Zitronensaft
400 g Schlagsahne
2 Pck. Dr. Oetker Sahnesteif
25 g Zucker
1 Pck. Dr. Oetker Vanillin-Zucker

1
Eiweiß in zwei Portionen kurz unterrühren.

Maulwurf-Torte

1 Springform (Ø 26 cm), weiche Butter oder Margarine zum Einfetten

Zubereitungszeit: etwa 45 Minuten, ohne Kühlzeit

1. Den Springformboden einfetten. Den Backofen auf 180 °C (Heißluft 160 °C) vorheizen.

2. Eiweiß und Salz in eine Rührschüssel geben und mit Handrührgerät mit Rührbesen steif schlagen.

3. Butter oder Margarine mit Handrührgerät mit Rührbesen auf höchster Stufe geschmeidig rühren. Zucker und Vanillin-Zucker unterrühren. So lange rühren, bis eine gebundene Masse entstanden ist. Eigelb nach und nach unterrühren (jedes Eigelb ½ Minute).

4. Mehl, Backpulver und Kakao in eine Schüssel geben und mit einem Schneebesen verrühren. Haselnusskerne und Raspelschokolade hinzufügen und unterrühren. Die Mischung in 2 Portionen unter die Eigelb-Fett-Masse rühren.

5. Foto 1 Eiweiß in zwei Portionen kurz unterrühren. Den Teig in die vorbereitete Form füllen und glattstreichen. Die Form auf dem Rost in den Backofen schieben.

Ober-/Unterhitze: etwa 180 °C (vorgeheizt)
Heißluft: etwa 160 °C (vorgeheizt)
Backzeit: etwa 30 Minuten.

6. Die Form auf einen Kuchenrost setzen. Den Kuchen nach 10 Minuten vorsichtig mit einem Messer aus der Springform lösen und etwa 2 Stunden auf einem mit Backpapier belegten Kuchenrost erkalten lassen.

7. Sauerkirschen in einem Sieb abtropfen lassen. Den Gebäckboden auf eine Tortenplatte legen. Auf dem Gebäckboden mit einem Messer rundherum einen 2 cm breiten Rand markieren.

8. Foto 2 Den Gebäckboden mit einem Esslöffel etwa 1 cm tief bis zum markierten Rand aushöhlen.

9. Foto 3 Herausgenommene Gebäckstücke mit den Händen zerkrümeln.

10. Foto 4 Bananen schälen, halbieren, mit Zitronensaft beträufeln und auf den ausgehöhlten Gebäckboden legen. Die Kirschen dazwischen verteilen.

11. Sahne mit Sahnesteif, Zucker und Vanillin-Zucker steif schlagen. Sahne kuppelartig auf das Obst geben, glattstreichen.

12. Foto 5 Die Gebäckkrümel daraufstreuen und leicht andrücken. Die Torte mindestens 1 Stunde kalt stellen.

Den Gebäckboden mit einem Esslöffel etwa 1 cm tief bis zum markierten Rand aushöhlen.

Herausgenommene Gebäckstücke mit den Händen zerkrümeln.

Bananenhälften auf den ausgehöhlten Gebäckboden legen. Die Kirschen dazwischen verteilen.

Die Gebäckkrümel daraufstreuen und leicht andrücken. Die Torte mindestens 1 Stunde kalt stellen.

Abwandlung vom Basisrezept:
Rote-Grütze-Maulwurf-Torte

1 Springform (Ø 26 cm), weiche Butter oder Margarine zum Einfetten

Zubereitungszeit: etwa 45 Minuten, ohne Kühlzeit

Zutaten für 1 Basisrezept Rührteig

Für die Füllung:
5 Blatt weiße Gelatine
1 Becher Dr. Oetker Rote Grütze (500 g, aus dem Kühlregal)
150 g Vollmilchjoghurt, natur
200 g Schlagsahne

1. Den Springformboden einfetten. Den Backofen auf 180 °C (Heißluft 160 °C) vorheizen.
2. Den Teig wie beschrieben zubereiten, backen, erkalten lassen, aushöhlen und zerkrümeln wie beschrieben.
3. Für die Füllung Gelatine nach Packungsanleitung einweichen.
4. Ein Drittel der Roten Grütze auf den ausgehöhlten Tortenboden geben und glattstreichen. Restliche Rote Grütze und Joghurt in eine Schüssel geben und mit dem Schneebesen verrühren. Sahne steif schlagen.
5. Gelatine leicht ausdrücken, in einem kleinen Topf unter Rühren erwärmen (nicht kochen), bis sie aufgelöst ist. 4 Esslöffel von der Rote-Grütze-Joghurt-Masse unter die Gelatine rühren, dann mit der restlichen Rote-Grütze-Joghurt-Masse verrühren.
6. Sahne und die Hälfte der Gebäckkrümel kurz mit den Rührbesen unterrühren. Die Masse kuppelartig, von außen nach innen, auf den bestrichenen Gebäckboden geben und glattstreichen. Restliche Krümel darauf verteilen und andrücken. Die Torte mindestens 2 Stunden kalt stellen.

Basisrezept Ananas-Frischkäse-Torte

Für den All-in-Teig:
125 g Butter oder Margarine
100 g Weizenmehl
25 g Speisestärke
3 gestr. TL Dr. Oetker Backin
125 g Zucker
1 Pck. Dr. Oetker Vanillin-Zucker
1 Prise Salz
3 Eier (Größe M)

Für den Belag:
1 Dose Ananas in Scheiben (490 g Abtropfgewicht)
6 Blatt weiße Gelatine
400 g Schlagsahne
400 g Doppelrahm-Frischkäse
125 ml (1/8 l) Ananassaft (aus der Dose)
100 g Zucker
1 Pck. Dr. Oetker Finesse Geriebene Zitronenschale

Zum Garnieren:
2 EL Kokosraspel

1 Einen Bogen Backpapier auf den Boden der Springform legen und mit dem Springformrand straff einspannen.

2 Den Teig in die Springform geben und glattstreichen.

Ananas-Frischkäse-Torte

1 Springform (Ø 26 cm), Backpapier

Zubereitungszeit: etwa 45 Minuten, ohne Kühlzeit

1. Foto 1 Einen Bogen Backpapier auf den Boden der Springform legen und mit dem Springformrand straff einspannen.

2. Butter oder Margarine in einem kleinen Topf bei schwacher Hitze zerlassen, abkühlen lassen. Den Backofen auf 180 °C (Heißluft 160 °C) vorheizen.

3. Mehl, Speisestärke und Backpulver in eine Rührschüssel geben und mit dem Schneebesen verrühren. Zucker, Vanillin-Zucker, Salz, Eier und Butter oder Margarine hinzufügen. Mit dem Schneebesen in etwa 1/2 Minute zu einem glatten Teig verrühren.

4. Foto 2 Den Teig in die Springform geben und glattstreichen. Die Form auf dem Rost in den Backofen stellen.

Ober-/Unterhitze: etwa 180 °C (vorgeheizt)
Heißluft: etwa 160 °C (vorgeheizt)
Backzeit: 25–30 Minuten.

5. Die Form 10 Minuten auf einem Kuchenrost abkühlen lassen. Den Kuchen mit einem Messer aus der Form lösen und auf einen mit Backpapier belegten Kuchenrost legen. Den Kuchen etwa 1 Stunde erkalten lassen. Springformrand säubern.

6. Ananasscheiben in einem Sieb abtropfen lassen, dabei den Saft auffangen, 125 ml (1/8 l) abmessen. 2 Ananasscheiben in je 8 Stücke schneiden, beiseite legen. Restliche Scheiben sehr fein schneiden und zum Abtropfen wieder in das Sieb geben.

7. Gelatine nach Packungsanleitung einweichen. Sahne steif schlagen.

8. Ananasstücke mit Frischkäse, Ananassaft, Zucker und Zitronenschale in eine Rührschüssel geben und mit Handrührgerät mit Rührbesen verrühren.

9. Foto 3 Gelatine leicht ausdrücken, in einen kleinen Topf geben und unter Rühren bei schwacher Hitze erwärmen, bis sie aufgelöst ist.

10. Foto 4 4 Esslöffel der Ananas-Frischkäse-Masse in den Topf geben und unterrühren.

11. Foto 5 Gelatinemasse aus dem Topf in die Rührschüssel gießen und sofort mit Rührbesen unterrühren. Die Sahne kurz unterrühren.

12. Den Boden auf eine Tortenplatte legen, mitgebackenes Backpapier entfernen. Tortenboden mit dem Springformrand umstellen. Foto 6 Die Creme einfüllen und mit dem Teigschaber glattstreichen.

13. Restliche Ananasstücke auf die Creme legen. Die Torte etwa 3 Stunden kalt stellen.

14. Zum Garnieren Kokosraspel in eine Pfanne geben und bei schwacher Hitze unter Rühren leicht bräunen, auf einen Teller geben und erkalten lassen.

15. Den Springformrand mit einem kalt abgespülten Messer von der Creme lösen. Die Torte mit Kokosraspeln garnieren.

Gelatine leicht ausdrücken, in einen kleinen Topf geben und unter Rühren bei niedriger Hitze erwärmen, bis sie aufgelöst ist.

4 Esslöffel der Ananas-Frischkäse-Masse in den Topf geben und unterrühren.

Gelatinemasse aus dem Topf in die Rührschüssel gießen und sofort mit Rührbesen unterrühren.

Die Creme einfüllen und mit dem Teigschaber glattstreichen.

Abwandlung vom Basisrezept: Apfelkompott-Frischkäse-Torte

1 Springform (Ø 26 cm), Backpapier

Zubereitungszeit: etwa 40 Minuten, ohne Kühlzeit

Zutaten für 1 Basisrezept All-in-Teig
Zusätzlich: 100 g gehobelte Mandeln

Für den Belag:
6 Blatt weiße Gelatine
250 g Schlagsahne
400 g Doppelrahm-Frischkäse
75 g Zucker
1 Pck. Dr. Oetker Bourbon-Vanille-Zucker
2 EL Zitronensaft
1 Glas Apfelkompott (360 g Einwaage)

Zum Garnieren:
1 Apfel mit roter Schale
1 EL Zitronensaft

1. Einen Bogen Backpapier auf den Boden der Springform legen und mit dem Springformrand straff einspannen. Backofen auf 180 °C (Heißluft 160 °C) vorheizen.

2. Mandeln in einer Pfanne ohne Fett bei schwacher Hitze leicht bräunen, auf einen Teller geben und erkalten lassen.

3. Den All-in-Teig wie beschrieben zubereiten. Zum Schluss 75 g der Mandeln kurz unterrühren. Den Teig wie beschrieben backen, erkalten lassen, auf eine Tortenplatte legen, mitgebackenes Backpapier entfernen. Tortenboden mit dem gesäuberten Springformrand umstellen.

4. Für den Belag Gelatine in kaltem Wasser nach Packungsanleitung einweichen.

5. Schlagsahne steif schlagen. Frischkäse mit Zucker, Bourbon-Vanille-Zucker und Zitronensaft in eine Rührschüssel geben und mit Handrührgerät mit Rührbesen verrühren. Apfelkompott unterrühren.

6. Gelatine ausdrücken, in einem kleinen Topf bei schwacher Hitze unter Rühren erwärmen (nicht kochen), bis sie aufgelöst ist. 4 Esslöffel der Apfel-Frischkäse-Masse dazugeben und unterrühren, dann mit der restlichen Apfel-Frischkäse-Masse verrühren. Die Sahne kurz mit den Rührbesen unterrühren.

7. Die Creme in die Form füllen und glattstreichen. Die Torte mindestens 2 Stunden kalt stellen.

8. Springformrand mit einem kalt abgespülten Messer von der Creme lösen und entfernen.

9. Zum Garnieren den Apfel waschen, vierteln, Kerngehäuse entfernen, Viertel quer in dünne Scheiben schneiden. Apfelscheiben mit Zitronensaft bestreichen, auf die Torte legen und mit den restlichen Mandeln bestreuen.

Basisrezept Feine Schokoladentorte

Für den All-in-Teig:
150 g Edelbitter-Schokolade (mindestens 50 % Kakao)
4 Eiweiß (Größe M)
1 Prise Salz
150 g weiche Butter oder Margarine
125 g Zucker
1 Pck. Dr. Oetker Vanillin-Zucker
2 Eier (Größe M)
4 Eigelb (Größe M)
150 g Weizenmehl
1 gestr. TL Dr. Oetker Backin
15 g Kakaopulver

Zum Bestreichen:
6 EL rotes Johannisbeergelee

Für den Guss:
150 g Edelbitter-Schokolade (mindestens 50 % Kakao)
1 TL Speiseöl

1 Schokolade dazugeben und unterrühren.

Feine Schokoladentorte

1 Springform (Ø 26 cm), Backpapier

Zubereitungszeit: etwa 40 Minuten, ohne Kühlzeit

1. Einen Bogen Backpapier auf den Boden der Springform legen und mit dem Springformrand straff einspannen. Den Backofen auf 180 °C vorheizen (Heißluft nicht vorheizen).

2. Die Schokolade in kleine Stücke brechen und in eine Metallschüssel geben. Einen kleinen Topf etwa 1/3 hoch mit Wasser füllen, die Schüssel in das Wasserbad setzen. Das Ganze bei schwacher Hitze erwärmen, bis die Schokolade geschmolzen ist. Nicht kochen lassen!

3. Eiweiß und Salz in eine Rührschüssel geben und mit Handrührgerät mit Rührbesen steif schlagen.

4. Butter oder Margarine in eine Rührschüssel geben und mit Handrührgerät mit Rührbesen auf höchster Stufe geschmeidig rühren. Zucker und Vanillin-Zucker unterrühren. So lange rühren, bis eine gebundene Masse entstanden ist.

5. Foto 1 Schokolade dazugeben und unterrühren. Eier und Eigelb nach und nach unterrühren (jedes Ei / Eigelb 1/2 Minute).

6. Mehl, Backpulver und Kakao in eine Schüssel geben und mit einem Schneebesen verrühren. Die Mischung in 2 Portionen unter die Schoko-Fett-Masse rühren.

7. Foto 2 Eiweiß in zwei Portionen kurz unterrühren. Den Teig in die Form füllen und glattstreichen. Die Form auf dem Rost in den Backofen schieben.

Ober-/Unterhitze: etwa 180 °C (vorgeheizt)
Heißluft: etwa 160 °C (nicht vorgeheizt)
Backzeit: etwa 45 Minuten.

8. Die Form auf einen Kuchenrost setzen. Das Gebäck nach 10 Minuten mit einem Messer aus der Form lösen, auf einen mit Backpapier belegten Kuchenrost stürzen und mindestens 2 Stunden erkalten lassen.

9. Foto 3 Das mitgebackene Papier vom Gebäck ziehen.

10. Foto 4 Das Gebäck mit einem Sägemesser einmal waagerecht durchschneiden, die obere Gebäckhälfte mit einer Tortenunterlage abheben.

11. Die untere Gebäckhälfte auf eine Tortenplatte legen.

12. Zum Bestreichen die Hälfte des Johannisbeergelees auf den unteren Gebäckboden geben und verstreichen. Den oberen Gebäckboden darauflegen und leicht andrücken. Tortenrand und Oberfläche mit restlichem Gelee bestreichen.

13. Für den Guss die Schokolade in kleine Stücke brechen und mit dem Speiseöl in eine Metallschüssel geben. Einen kleinen Topf etwa 1/3 hoch mit Wasser füllen, die Schüssel in das Wasserbad setzen. Das Ganze bei schwacher Hitze erwärmen, bis die Schokolade geschmolzen ist. Nicht kochen lassen!

14. Foto 5 Den Guss von der Mitte aus auf die Torte geben und mit einem Teigschaber glattstreichen. Den Guss fest werden lassen.

2 Eiweiß in zwei Portionen kurz unterrühren.

3 Das mitgebackene Papier vom Gebäck ziehen.

4 Das Gebäck mit einem Sägemesser einmal waagerecht durchschneiden.

5 Den Guss von der Mitte aus auf die Torte geben und mit einem Teigschaber glattstreichen.

Abwandlung vom Basisrezept: Schnelle Kirschtorte nach Schwarzwälder Art

1 Springform (Ø 26 cm), Backpapier

Zubereitungszeit: etwa 40 Minuten, ohne Kühlzeit

Zutaten für 1 Basisrezept All-in-Teig

Für die Füllung:
1 Glas Sauerkirschen (350 g Abtropfgewicht)
1 Pck. Dr. Oetker Tortenguss, klar
1 EL Zucker
400 g Schlagsahne
2 Pck. Dr. Oetker Sahnesteif
30 g Zucker
1 Pck. Dr. Vanillin-Zucker

Zum Bestreuen:
50 g Edelbitter-Schokolade (mindestens 50 % Kakao)

1. Einen Bogen Backpapier auf den Boden der Springform legen und mit dem Springformrand straff einspannen. Den Backofen auf 180 °C vorheizen (Heißluft nicht vorheizen).

2. Den Rührteig wie beschrieben zubereiten, backen und erkalten lassen.

3. Für die Füllung die Sauerkirschen in einem Sieb abtropfen lassen, dabei den Saft auffangen und 250 ml (¼ l) für den Guss abmessen.

4. Den Springformrand säubern. Den Gebäckboden mit einem Sägemesser einmal waagerecht durchschneiden. Den unteren Gebäckboden auf eine Tortenplatte legen und den Springformrand darumstellen.

5. Tortenguss nach Packungsanleitung mit Zucker und Sauerkirschsaft zubereiten. Kirschen unterrühren. Fruchtmasse sofort auf den Tortenboden geben und verstreichen. Das Ganze 30 Minuten kalt stellen.

6. Sahne mit Sahnesteif, Zucker und Vanillin-Zucker steif schlagen. ⅔ davon auf die Kirschen geben und glattstreichen. Den oberen Gebäckboden darauflegen und leicht andrücken.

7. Die restliche Sahne daraufgeben, glattstreichen. Die Torte mindestens 2 Stunden kalt stellen. Zum Bestreuen die Schokolade mit einem Sparschäler raspeln.

8. Den Springformrand mit einem kalt abgespülten Messer von der Creme lösen und entfernen. Die Torte mit Schokolade garnieren.

Tipp: Zusätzlich 2 Esslöffel Kirschwasser in die Sahne geben.

Basisrezept Käse-Sahne-Torte

Für den Rührteig:
150 g weiche Butter oder Margarine
150 g Zucker
1 Pck. Dr. Oetker Vanillin-Zucker
1 Prise Salz
3 Eier (Größe M)
150 g Weizenmehl
1 gestr. TL Dr. Oetker Backin

Für die Füllung:
8 Blatt weiße Gelatine
750 g Speisequark (20 % Fett)
150 g Zucker
1 Pck. Dr. Oetker Vanillin-Zucker
100 ml Zitronensaft (von etwa 4 Zitronen)
1 Pck. Dr. Oetker Finesse Geriebene Zitronenschale
400 g Schlagsahne

Zum Bestäuben:
20 g Puderzucker

1 Oberen Boden mit einer Tortenunterlage abheben.

2 Den Springformrand um den Gebäckboden stellen.

Käse-Sahne-Torte

1 Springform (Ø 26 cm), weiche Butter oder Margarine zum Einfetten

Zubereitungszeit: etwa 45 Minuten, ohne Kühlzeit

1. Den Springformboden einfetten. Den Backofen auf 180 °C (Heißluft 160 °C) vorheizen.

2. Butter oder Margarine in eine Rührschüssel geben und mit Handrührgerät mit Rührbesen auf höchster Stufe geschmeidig rühren. Nach und nach Zucker, Vanillin-Zucker und Salz unterrühren. So lange rühren, bis eine gebundene Masse entstanden ist.

3. Eier nach und nach unterrühren (jedes Ei etwa ½ Minute). Mehl und Backpulver in eine Schüssel geben und mit einem Schneebesen verrühren. In 2 Portionen auf mittlerer Stufe unter die Eier-Fett-Masse rühren.

4. Den Teig in die Springform füllen und glattstreichen. Die Form auf dem Rost in den Backofen schieben.

Ober-/Unterhitze: etwa 180 °C (vorgeheizt)
Heißluft: etwa 160 °C (vorgeheizt)
Backzeit: 25–30 Minuten.

5. Die Form auf einen Kuchenrost stellen. Das Gebäck nach 10 Minuten mit einem Messer aus der Form lösen und auf einem mit Backpapier belegten Kuchenrost etwa 1 Stunde erkalten lassen. Den Springformrand säubern.

6. Den Gebäckboden mit einem Sägemesser einmal waagerecht durchschneiden. Foto 1 Oberen Boden mit einer Tortenunterlage abheben.

7. Den unteren Gebäckboden auf eine Tortenplatte legen. Foto 2 Den Springformrand um den Gebäckboden stellen.

8. Für die Füllung Gelatine nach Packungsanleitung einweichen.

9. Foto 3 Gelatine leicht ausdrücken, in einem kleinen Topf unter Rühren erwärmen (nicht kochen), bis sie aufgelöst ist.

10. Quark mit Zucker, Vanillin-Zucker, Zitronensaft und -schale zu einer geschmeidigen Masse verrühren. Sahne steif schlagen.

11. Foto 4 4 Esslöffel von der Quarkmasse unter die Gelatine rühren, dann mit der restlichen Quarkmasse verrühren. Geschlagene Sahne kurz mit den Rührbesen unterrühren.

12. Quark-Sahne-Creme auf den unteren Gebäckboden geben und glattstreichen.

13. Den oberen Gebäckboden mit einem Sägemesser in 12 Stücke schneiden.

14. Foto 5 Die Stücke auf die Creme legen und leicht andrücken. Die Torte mindestens 3 Stunden kalt stellen.

15. Den Springformrand mit einem kalt abgespülten Messer von der Creme lösen und entfernen. Die Torte vor dem Servieren mit Puderzucker bestäuben.

Caipirinha-Torte

Gelatine leicht ausdrücken, in einem kleinen Topf unter Rühren erwärmen (nicht kochen), bis sie aufgelöst ist.

4 Esslöffel von der Quarkmasse unter die Gelatine rühren, dann mit der restlichen Quarkmasse verrühren.

Die Stücke auf die Creme legen und leicht andrücken. Die Torte mindestens 3 Stunden kalt stellen.

Auf jedes markierte Tortenstück mit einem Teelöffel einen Sahnetupfen setzen. Jeweils 1 Gebäckstück schräg daranlegen.

Abwandlung vom Basisrezept: **Caipirinha-Torte**

1 Springform (Ø 26 cm), weiche Butter oder Margarine zum Einfetten

Zubereitungszeit: etwa 45 Minuten, ohne Kühlzeit

Zutaten für 1 Basisrezept Rührteig

Für die Füllung:
4 Blatt weiße Gelatine
250 ml ($\frac{1}{4}$ l) Milch
125 ml ($\frac{1}{8}$ l) Limettensaft (von etwa 5 Limetten)
75 g brauner Zucker
1 Pck. Dr. Oetker Pudding-Pulver Vanille-Geschmack
3 EL weißer Rum
500 g Schlagsahne
1 TL brauner Zucker
2 Pck. Dr. Oetker Sahnesteif

Zum Garnieren:
1 Bio-Limette (unbehandelt, ungewachst)
etwas Puderzucker

1. Den Springformboden einfetten. Den Backofen auf 180 °C (Heißluft 160 °C) vorheizen.

2. Den Rührteig wie beschrieben zubereiten, backen, erkalten lassen und durchschneiden. Den unteren Gebäckboden auf eine Tortenplatte legen und den gesäuberten Springformrand darumstellen.

3. Für die Füllung die Gelatine nach Packungsanleitung einweichen. Milch zum Kochen bringen. Limettensaft mit Zucker und Pudding-Pulver verrühren. Milch von der Kochstelle nehmen, angerührtes Pudding-Pulver unterrühren, Puddingmasse unter Rühren aufkochen lassen, dann vom Herd nehmen. Rum unterrühren.

4. Gelatine ausdrücken und unter den heißen Pudding rühren. Den Pudding in eine Rührschüssel füllen und erkalten lassen. Dabei den Pudding alle 10 Minuten mit einem Schneebesen umrühren.

5. 400 g Sahne mit braunem Zucker und Sahnesteif steif schlagen und in 2 Portionen mit den Rührbesen kurz unter den erkalteten Pudding rühren. Die Creme auf den unteren Gebäckboden geben und glattstreichen. Die Torte mindestens 2 Stunden kalt stellen.

6. Oberen Gebäckboden mit einem Sägemesser in 12 Stücke schneiden. Den Springformrand mit einem kalt abgespülten Messer von der Creme lösen und entfernen. Mit einem Messer 12 Tortenstücke auf der Creme markieren. Restliche Sahne (100 g) steif schlagen.

7. Foto 6 Auf jedes markierte Tortenstück mit einem Teelöffel einen Sahnetupfen setzen. Jeweils 1 Gebäckstück schräg daranlegen.

8. Zum Garnieren die Limette heiß abwaschen, abtrocknen und in dünne Scheiben schneiden, die Scheiben vierteln. Die Torte damit garnieren und mit Puderzucker bestäuben.

Basisrezept Orangen-Schoko-Sahne-Torte

Für den Biskuitteig:
100 g Weizenmehl
3 gestr. TL Dr. Oetker Backin
100 g Speisestärke
3 Eier (Größe M)
3 EL heißes Wasser
150 g Zucker
1 Pck. Dr. Oetker Vanillin-Zucker

Für die Füllung:
100 g Edelbitter-Schokolade (mind. 50 % Kakao)
400 g Schlagsahne
2 Pck. Dr. Oetker Sahnesteif
1 Pck. Dr. Oetker Vanillin-Zucker
25 g Zucker
1 Pck. Dr. Oetker Finesse Orangenfrucht

Zum Bestreichen:
4 EL Orangenmarmelade
3 EL Orangensaft

Zum Tränken:
3 EL Orangensaft

Zum Garnieren:
1 EL Orangenmarmelade
1 Pck. Gefüllte Orangentaler mit Schokolade (100 g)

1 Eier in eine Rührschüssel geben, Wasser hinzufügen und alles mit Handrührgerät mit Rührbesen auf höchster Stufe 1 Minute schaumig schlagen.

Orangen-Schoko-Sahne-Torte

1 Springform (Ø 26 cm), Backpapier

Zubereitungszeit: etwa 50 Minuten, ohne Kühlzeit

1. Einen Bogen Backpapier auf den Boden der Springform legen und mit dem Springformrand straff einspannen. Den Backofen auf 180 °C (Heißluft 160 °C) vorheizen. Mehl, Backpulver und Speisestärke in eine Schüssel geben und mit dem Schneebesen verrühren.

2. Foto 1 Eier in eine Rührschüssel geben, Wasser hinzufügen und alles mit Handrührgerät mit Rührbesen auf höchster Stufe 1 Minute schaumig schlagen.

3. Foto 2 Zucker und Vanillin-Zucker mischen und unter Rühren in die Eiermasse streuen. Weitere 2 Minuten auf höchster Stufe schlagen.

4. Foto 3 Das Mehlgemisch nach und nach auf die Eiermasse streuen, dabei schnell auf niedrigster Stufe unterrühren. Den Teig in die Form füllen und glattstreichen. Die Form auf dem Rost in den Backofen schieben.

Ober-/Unterhitze: etwa 180 °C (vorgeheizt)
Heißluft: etwa 160 °C (vorgeheizt)
Backzeit: 25–30 Minuten.

5. Die Form auf einen Kuchenrost setzen. Das Gebäck nach 10 Minuten mit einem Messer aus der Form lösen, auf einen mit Backpapier belegten Kuchenrost stürzen und etwa 3 Stunden erkalten lassen. Den Springformrand säubern.

6. Für die Füllung Schokolade in kleine Würfel hacken. 1 gehäuften Esslöffel Schokolade zum Garnieren beiseite legen.

7. Foto 4 Das mitgebackene Papier vom Biskuit ziehen.

8. Foto 5 Den Biskuit mit einem Sägemesser einmal waagerecht durchschneiden, die obere Gebäckhälfte mit einer Tortenunterlage abheben. Die untere Gebäckhälfte auf eine Tortenplatte legen.

9. Orangenmarmelade mit Orangensaft verrühren und auf den unteren Tortenboden streichen. Den gesäuberten Springformrand darumstellen.

10. Sahne mit Sahnesteif, Vanillin-Zucker und Zucker steif schlagen. Orangenfrucht und gehackte Schokolade kurz unter die Sahne rühren.

11. $^2/_3$ der Schokosahne auf die Orangenmarmelade geben und glattstreichen. Den oberen Tortenboden darauflegen und etwas andrücken. Den oberen Tortenboden mit dem Orangensaft beträufeln und mit der restlichen Schokoladensahne bestreichen. Mit einem Teelöffel ein Muster in die Sahne streichen.

12. Die Torte mit restlicher Orangenmarmelade und den Orangentalern garnieren. Die Torte mindestens 2 Stunden kalt stellen.

13. Den Springformrand mit einem kalt abgespülten Messer von der Creme lösen und entfernen. Die Torte mit der restlichen Schokolade bestreuen.

Zucker und Vanillin-Zucker mischen und unter Rühren in Eiermasse streuen. Weitere 2 Minuten auf höchster Stufe schlagen.

Das Mehlgemisch nach und nach auf die Eiermasse streuen, dabei schnell auf niedrigster Stufe unterrühren.

Das mitgebackene Papier vom Biskuit ziehen.

Den Biskuit mit einem Sägemesser einmal waagerecht durchschneiden.

Abwandlung vom Basisrezept: Haselnuss-Sahne-Torte

1 Springform (Ø 26 cm), Backpapier

Zubereitungszeit: etwa 50 Minuten, ohne Kühlzeit

Zutaten für 1 Basisrezept (Biskuitteig),
mit nur 50 g Speisestärke
Zusätzlich: 75 gemahlene Haselnusskerne

Zum Bestreichen:
1 Glas Wildpreiselbeeren (etwa 200 g Einwaage)

Für die Füllung:
100 g gemahlene Haselnusskerne
400 g Schlagsahne
2 Pck. Dr. Oetker Sahnesteif
40 g Zucker
1 Pck. Dr. Oetker Bourbon-Vanille-Zucker

Zum Garnieren:
25 g gemahlene Haselnusskerne
einige Haselnusskerne

1. Einen Bogen Backpapier auf den Boden der Springform legen und mit dem Springformrand straff einspannen. Die gemahlenen Haselnusskerne (insgesamt 200 g) in einer Pfanne ohne Fett bei schwacher Hitze leicht rösten, auf einem Teller erkalten lassen. 75 g für den Teig abmessen, 100 g für die Füllung und 25 g zum Garnieren aufheben. Den Backofen auf 180 °C (Heißluft 160 °C) vorheizen.

2. Den Biskuitteig wie beschrieben zubereiten. Dabei die gemahlenen Nüsse mit Mehl, Speisestärke (50 g) und dem Backpulver mischen. Den Teig wie beschrieben backen, erkalten lassen und durchschneiden. Den unteren Gebäckboden auf eine Tortenplatte legen und den gesäuberten Springformrand darumstellen.

3. Wildpreiselbeeren bis auf 2 Esslöffel auf den Boden geben und verstreichen.

4. Für die Füllung Sahne mit Sahnesteif, Zucker und Bourbon-Vanille-Zucker steif schlagen. Haselnusskerne (100 g) unter die Sahne rühren. $^{2}/_{3}$ davon auf die Preiselbeeren geben und glattstreichen. Den oberen Boden darauflegen und leicht andrücken.

5. Die restliche Haselnusssahne daraufgeben, glattstreichen und mit einer Gabel ein Muster in die Sahne ziehen. Die Torte mindestens 2 Stunden kalt stellen.

6. Den Springformrand mit einem kalt abgespülten Messer von der Creme lösen und entfernen. Die Torte mit restlichen Wildpreiselbeeren, gemahlenen und ganzen Nüssen garnieren.

Ratgeber
Kleine Backwaren für jede Gelegenheit

Kleingebäck oder Teilchen schmecken immer. Ob für den kleinen Hunger zwischendurch oder als Bestandteil einer gemütlichen Kaffeetafel – die kleinen Stücke begeistern groß und klein. Ob in Form von Muffins, Häppchen, Waffeln oder Blätterteigstücken, als Schnecken oder Brezeln, die Variationen sind unzählig. Je nach Region nennt man sie anders und kennt eigene Spezialitäten.
Das Praktische an Kleingebäck: Es ist schon portioniert und lässt sich auf die Hand nehmen. Deshalb sind Waffeln & Co. die Highlights auf jedem Kindergeburtstag.

Vielschichtig gut – Teilchen aus Blätterteig
Blätterteig selbst herzustellen ist ein aufwändiger Prozess und dauert seine Zeit. Viel praktischer und genauso gut ist gekaufter Blätterteig. Ihn gibt es gekühlt und tiefgekühlt und in unterschiedlichen Packungsgrößen. Für Kleingebäck eignet sich in quadratische oder rechteckige Platten vorgeschnittener Blätterteig. Den müssen Sie eigentlich nur noch belegen und füllen. Die Ränder werden mit Eiweiß oder Wasser und die Oberfläche mit Eigelb bestrichen. Nach kurzer Backzeit sind die goldgelben, knusprigen Teilchen fertig.

Weltweit beliebt – Muffins
Längst haben die Miniküchlein Amerika hinter sich gelassen und unsere Backöfen erobert. Muffins schmecken zu jeder Tages- und Jahreszeit. Ursprünglich wurden Muffins in England aus Hefeteig gebacken und mit Orangenmarmelade und Butter zum Tee serviert. Heute werden Muffins oft aus einem All-in-Teig zubereitet. Dazu kommen alle Zutaten zusammen in die Rührschüssel und werden kurz vermischt. Sie können einge Teige auch ohne Handrührgerät zubereiten. Rühren Sie den Teig einfach und schnell mit einem Schneebesen oder Rührlöffel zusammen.

Muffins backen
Muffins schmecken frisch am besten. Die kleine Form eines Kuchens erhält der Teig durch die Vertiefungen der speziellen Muffinform. Muffinbleche gibt es in unterschiedlichen Größen und Materialien. Üblich in Deutschland sind Bleche mit 6 oder 12 Vertiefungen. Anstatt die Vertiefungen einzufetten, können Sie auch zunächst Muffinförmchen aus Papier einsetzen und erst dann den Teig einfüllen. So lassen sich die Muffins ganz leicht aus der Form lösen und das Muffinblech ist kaum verschmutzt. Die Küchlein lassen sich leichter aus dem gefetteten Muffinblech lösen, wenn Sie die Muffins etwa 5–10 Minuten nach dem Backen in der Form abkühlen lassen. Einfache Muffins lassen sich leicht mit Guss überziehen. Zusätzlich können Sie die Muffins mit Liebesperlen, Silberperlen oder kleinen Kerzen verzieren.

Muffins aufbewahren
Werden nicht alle Muffins aufgegessen, können Sie diese für etwa 2 Monate einfrieren und bei Bedarf kurz aufbacken. So schmecken sie wie frisch gebacken.

Heiß begehrt – Waffeln

Nicht nur Kinder sind Waffel-Fans. Der Genuss einer frischen, noch warmen Waffel auf der Hand ist einfach das Schönste. Die Anschaffung eines Waffeleisen lohnt sich. Denn Waffelbacken macht draußen und drinnen Spaß. Und da sich Waffelteig so vielfältig variieren lässt, schmecken Waffeln nicht nur zur Kaffeezeit, sondern bereits zum Frühstück oder Brunch.

Dick und dünn – Waffelteig

Waffelteig muss sich im Waffeleisen gut verteilen. Daher muss er flüssiger sein als Kuchenteig. Das gelingt sicher, wenn Sie weiche Butter oder Margarine verwenden. Der Teig lässt sich z. B. mit saurer Sahne, Crème fraîche, Rumaroma oder Zitronenschale verfeinern. Daraus können Sie herrlich weiche, dicke Waffeln zubereiten. Für die flachen, gerollten oder zu Eistüten geformten Waffelspezialitäten benötigen Sie ein spezielles Waffeleisen. Darauf wird der sehr flüssige Teig hauchdünn gebacken, evtl. sofort gerollt und ist nach dem Auskühlen wunderbar kross.

Waffeleisen

Waffeleisen sind in vielen Ausführungen erhältlich. Ob Sie lieber Ihre Waffeln in Herzform oder die rechteckige „Brüsseler Waffel" bevorzugen – für jeden Geschmack findet sich das richtige Gerät.
Die Waffeleisen sind zum überwiegenden Teil antihaftbeschichtet. So lassen sich die fertig gebackenen Waffeln leicht aus dem Waffeleisen herausheben. Damit die Antihaftbeschichtung erhalten bleibt, sollten Sie Pfannenwender aus Holz oder hitzebeständigem Kunststoff verwenden. Scharfe oder spitze Gegenstände aus Metall verkratzen die Oberfläche. Da die Größe der Backfläche von einem Gerät zum anderen unterschiedlich ist, können die angegebenen Teigmengen in den Rezepten mehr oder weniger Waffeln ergeben. Wenn Sie erst eine Probewaffel backen, können Sie Teigmenge und Backzeit daran ausrichten.

Backtemperatur

Waffeln sollten weder schlabberig noch zu fest sein. Daher ist die richtig eingestellte Backtemperatur Ihres Waffeleisens entscheidend. Die unter den Rezepten angegebenen Backzeiten können je nach Gerät länger oder kürzer sein. Es ist deshalb erforderlich, die Anleitungen der Hersteller, die dem Waffeleisen beiliegen, genau zu beachten. Am einfachsten finden Sie die richtige Temperatur heraus, wenn Sie die ersten Waffeln gegen Ende der Backzeit genau beobachten. Korrigieren Sie die Backzeit so lange, bis eine Waffel dem von Ihnen gewünschten Bräunungsgrad entspricht. Alle weiteren Waffeln backen Sie dann mit dieser Einstellung. Die Waffeln sind gar, wenn diese nach dem Backen von beiden Seiten goldbraun sind. Sie sollten dann nebeneinander auf einem Kuchenrost auskühlen.

Aufbewahrung

Ungefüllte Waffeln lassen sich gut auf Vorrat zubereiten und einige Tage in einer Plätzchendose aufbewahren. Bei Bedarf können Sie die Waffeln dann im Toaster wieder aufbacken. Waffeln können Sie aber auch einfrieren. Die gefrorenen Waffeln lassen sich in leicht angetauten Zustand kurz im Waffeleisen oder im heißen Backofen wieder erwärmen.

Basisrezept Muffins mit Schoko-Bits

Für den All-in-Teig:
250 g Butter oder Margarine
100 g Edelbitter-Schokolade (mindestens 50 % Kakao)
220 g Weizenmehl
2 gestr. TL Dr. Oetker Backin
100 g Zucker
1 Pck. Dr. Oetker Vanillin-Zucker
3 Eier (Größe M)

1 Butter oder Margarine in einem kleinen Topf zerlassen, etwas abkühlen lassen.

2 Die Schokolade grob hacken. 1/3 zum Bestreuen beiseite legen.

3 Papierbackförmchen in die Muffinform verteilen.

Muffins mit Schoko-Bits

12 Stück – 1 Muffinform (für 12 Muffins) und 12 Papierbackförmchen

Zubereitungszeit: etwa 25 Minuten, ohne Kühlzeit

1. Foto 1 Butter oder Margarine in einem kleinen Topf zerlassen, etwas abkühlen lassen.

2. Foto 2 Die Schokolade grob hacken. 1/3 zum Bestreuen beiseite legen.

3. Foto 3 Papierbackförmchen in die Muffinform verteilen. Den Backofen auf etwa 180 °C (Heißluft 160 °C) vorheizen.

4. Foto 4 Mehl, Backpulver, Zucker, Vanillin-Zucker und Schokolade in eine Rührschüssel geben, mit dem Schneebesen verrühren.

5. Foto 5 Eier zum geschmolzenen Fett geben und mit dem Schneebesen verrühren.

6. Foto 6 Eier-Fett-Mischung in die Rührschüssel geben und alles mit dem Schneebesen verrühren, bis ein glatter Teig entsteht.

7. Foto 7 Den Teig in die Förmchen gießen. Die beiseite gelegte Schokolade auf den Teig streuen. Muffinform in den Backofen schieben.

Ober-/Unterhitze: etwa 180 °C (vorgeheizt)
Heißluft: etwa 160 °C (vorgeheizt)
Backzeit: etwa 25 Minuten.

8. Form auf einen Kuchenrost stellen und 5 Minuten abkühlen lassen. Muffins mit den Förmchen aus der Muffinform nehmen und auf dem Kuchenrost erkalten lassen.

Mehl, Backpulver, Zucker, Vanillin-Zucker und Schokolade in eine Rührschüssel geben, mit dem Schneebesen verrühren.

Eier zum geschmolzenen Fett geben und mit dem Schneebesen verrühren.

Flüssige Zutaten in die Rührschüssel geben. Alles mit dem Schneebesen verrühren, bis ein glatter Teig entsteht.

Den Teig in die Förmchen gießen.

Abwandlung vom Basisrezept: Nusshappen

Etwa 30 Stück – 1 Backblech (30 x 40 cm), weiche Butter oder Margarine zum Einfetten

Zubereitungszeit: etwa 35 Minuten, ohne Kühlzeit

Zutaten für 1 Basisrezept Muffins mit Schoko-Bits, ohne Schokolade
Zusätzlich: 100 g gehackte Haselnusskerne
1 Ei (Größe M)
70 g Nuss-Nougat-Creme

Für den Belag:
400 g Edelbitter-Schokolade (50 % Kakao)
70 g Butter
100 g Schlagsahne
50 g weiße Schokolade

1. Das Backblech einfetten. Den Backofen auf 180 °C (Heißluft 160 °C) vorheizen.

2. Den Teig wie beschrieben zubereiten. Dabei die Nüsse zu den trockenen Zutaten geben. Das zusätzliche Ei und die Nuss-Nougat-Creme zusammen mit den anderen Eiern in den Topf geben (insgesamt werden 4 Eier verwendet).

3. Den Teig auf das Backblech streichen. Das Backblech in den Backofen schieben.

Ober-/Unterhitze: etwa 180 °C (vorgeheizt)
Heißluft: etwa 160 °C (vorgeheizt)
Backzeit: etwa 15 Minuten.

4. Das Backblech auf einen Kuchenrost stellen. Den Kuchen etwa 30 Minuten erkalten lassen.

5. Für den Belag die Schokolade in kleine Stücke brechen, mit Butter und Sahne in eine Metallschüssel geben. Einen kleinen Topf etwa 1/3 hoch mit Wasser füllen, die Schüssel in das Wasserbad setzen. Das Ganze bei schwacher Hitze erwärmen, bis die Schokolade geschmolzen ist. Dabei die Zutaten umrühren, damit eine gleichmäßige Masse entsteht. Nicht kochen lassen!

6. Den Belag mit einem Teigschaber gleichmäßig auf den Kuchen streichen. 10 Minuten abkühlen lassen.

7. Weiße Schokolade mit einem Sparschäler direkt auf den Schokobelag hobeln. Den Schokobelag fest werden lassen. Den Kuchen in Quadrate (etwa 6 x 6 cm) schneiden.

Basisrezept Heidelbeermuffins

Für den All-in-Teig:
250 g frische oder
200 g TK-Heidelbeeren
300 g Weizenmehl
3 gestr. TL Dr. Oetker Backin
150 g Zucker
1 Pck. Dr. Oetker
Bourbon-Vanille-Zucker
1 Prise Salz
1 Ei (Größe M)
250 ml ($^1/_4$ l) Milch
50 ml Speiseöl, z.B. Rapsöl

Die Muffinform einfetten.

Die Muffinform mit Mehl bestäuben.

Heidelbeermuffins

12 Stück – 1 Muffinform (für 12 Muffins),
weiche Butter oder Margarine zum Einfetten,
Mehl zum Bestäuben

Zubereitungszeit: etwa 30 Minuten

1. Foto 1 Die Muffinform einfetten.

2. Foto 2 Die Muffinform mit Mehl bestäuben.

3. Frische Heidelbeeren verlesen und waschen. Zum Abtropfen erst in ein Sieb, dann auf Küchenpapier geben. Den Backofen auf 180 °C (Heißluft 160 °C) vorheizen.

4. Mehl und Backpulver in eine Rührschüssel geben und mit einem Schneebesen verrühren. Zucker, Vanille-Zucker, Salz, Ei, Milch und Öl zufügen.

5. Foto 3 Die Zutaten mit Handrührgerät mit Rührbesen in etwa 1 Minute zu einem glatten Teig verarbeiten.

6. Foto 4 Heidelbeeren (TK-Heidelbeeren tiefgefroren) vorsichtig mit einem Teigschaber unterrühren. (Nicht zu stark rühren, die Früchte färben sonst den Teig lila.)

7. Den Teig in die Muffinform füllen.

8. Die Form auf dem Rost in den Backofen schieben.

Ober-/Unterhitze: etwa 180 °C (vorgeheizt)
Heißluft: etwa 160 °C (vorgeheizt)
Backzeit: etwa 30 Minuten.

9. Die Form 5 Minuten auf einem Kuchenrost abkühlen lassen. Die Muffins aus der Form nehmen und auf einem mit Backpapier belegten Kuchenrost erkalten lassen.

3 Die Zutaten mit Handrührgerät mit Rührbesen in etwa 1 Minute zu einem glatten Teig verarbeiten.

4 Heidelbeeren vorsichtig mit einem Teigschaber unterrühren. (Nicht zu stark rühren, die Früchte färben sonst den Teig lila)

Abwandlung 1 vom Basisrezept: Himbeer-Muffins mit Mandeln

12 Stück – 1 Muffinform (für 12 Muffins), weiche Butter oder Margarine zum Einfetten, Mehl zum Bestäuben

Zubereitungszeit: etwa 30 Minuten

1 Basisrezept All-in-Teig ohne Heidelbeeren
Zusätzlich: 200 g TK-Himbeeren
30 g gehobelte Mandeln

1. Muffinform einfetten und mit Mehl bestäuben.
2. Den Backofen auf 180 °C (Heißluft 160 °C) vorheizen.
3. Den Teig wie beschrieben zubereiten, zum Schluss die tiefgefrorenen Himbeeren vorsichtig mit einem Teigschaber unterrühren.
4. Den Teig in die vorbereitete Form füllen, mit Mandeln bestreuen. Den Teig wie beschrieben backen und erkalten lassen.

Abwandlung 2 vom Basisrezept: Mandarinen-Krokant-Muffins (Foto)

12 Stück – 1 Muffinform (für 12 Muffins), weiche Butter oder Margarine zum Einfetten, Mehl zum Bestäuben

Zubereitungszeit: etwa 35 Minuten, ohne Kühlzeit

1 Basisrezept All-in-Teig ohne Heidelbeeren,
mit nur 2 gestr. TL Dr. Oetker Backin,
nur 175 ml Milch und 70 ml Speiseöl

Zusätzlich: 1 Dose Mandarinen (175 g Abtropfgewicht)
1 Pck. Haselnuss-Krokant (100 g)

1. Muffinform einfetten und mit Mehl bestäuben. Die Mandarinen zum Abtropfen in ein Sieb geben. Den Backofen auf 180 °C (Heißluft 160 °C) vorheizen.
2. Den Teig wie beschrieben zubereiten, dabei die veränderten Mengen Backpulver, Milch und Öl verwenden. Anstelle der Heidelbeeren zum Schluss jeweils die Hälfte Haselnusskrokant und Mandarinen vorsichtig mit einem Teigschaber unterrühren.
3. Den Teig in die Form füllen, restlichen Haselnusskrokant und Mandarinen auf dem Teig verteilen. Wie beschrieben backen und erkalten lassen.
4. Muffins evtl. in Papierbackförmchen servieren.

Basisrezept Waffeln

Für den Rührteig:
200 g Weizenmehl
1 Pck. Dr. Oetker Pudding-Pulver Vanille-Geschmack
1 gestr. TL Dr. Oetker Backin
175 g weiche Butter
oder Margarine
175 g Zucker
1 Prise Salz
4 Eier (Größe M)

Zum Bestäuben:
Puderzucker

1 Das Waffeleisen einfetten.

2 Für jede Waffel etwa 2 Esslöffel Teig auf das Eisen geben, mit dem Esslöffel verstreichen, den Teig backen.

Waffeln

8 Stück – 1 Waffeleisen, weiche Butter oder Margarine zum Einfetten

Zubereitungszeit: etwa 50 Minuten

1. Für den Teig Mehl, Pudding-Pulver und Backpulver in eine Schüssel geben und mit einem Schneebesen verrühren.

2. Butter oder Margarine in eine Rührschüssel geben. Mit Handrührgerät mit Rührbesen auf höchster Stufe geschmeidig rühren. Nach und nach Zucker und Salz unterrühren. So lange rühren, bis eine gebundene Masse entstanden ist.

3. Eier nach und nach unterrühren (jedes Ei etwa ½ Minute). Mehlgemisch in 2 Portionen auf mittlerer Stufe unterrühren. Das Waffeleisen vorheizen (Herstellerangaben beachten).

4. Foto 1 Das Waffeleisen einfetten.

5. Foto 2 Für jede Waffel etwa 2 Esslöffel Teig auf das Eisen geben, mit dem Esslöffel verstreichen, den Teig backen. Waffeleisen nach jedem Backvorgang wieder einfetten.

6. Foto 3 Fertige Waffeln mit einem Pfannenwender herausheben.

7. Foto 4 Waffeln nebeneinander auf einen Kuchenrost legen. Waffeln möglichst nicht stapeln, damit sie knusprig bleiben.

8. Waffeln mit Puderzucker bestäuben, lauwarm servieren.

Tipp: Erkaltete Waffeln im Toaster aufbacken.

Fertige Waffeln mit einem Pfannenwender herausheben.

Waffeln nebeneinander auf einen Kuchenrost legen. Waffeln möglichst nicht stapeln, damit sie knusprig bleiben.

Abwandlung vom Basisrezept: Mandelwaffeln mit Rote Grütze und Vanilleeis

8 Stück – 1 Waffeleisen, weiche Butter oder Margarine zum Einfetten

Zubereitungszeit: etwa 50 Minuten

Zutaten für 1 Basisrezept Waffeln
Zusätzlich: 100 g gehobelte Mandeln

Zum Anrichten:
1 Becher Dr. Oetker Rote Grütze aus dem Kühlregal (500 g)
1 Pck. Vanilleeis (500 ml)

1. Mandeln in einer Pfanne ohne Fett bei schwacher Hitze leicht rösten, auf einen Teller geben und erkalten lassen.

2. Waffelteig wie beschrieben herstellen, zuletzt drei Viertel der Mandeln kurz unterrühren. Waffeln wie beschrieben backen.

3. Waffeln mit Rote Grütze, Vanilleeis und restlichen Mandeln anrichten.

Basisrezept Nussecken

Für den Knetteig:
225 g Weizenmehl
1 gestr. TL Dr. Oetker Backin
100 g Zucker
1 Pck. Dr. Oetker Vanillin-Zucker
1 Ei (Größe M)
1 EL kaltes Wasser
100 g weiche Butter oder Margarine

Für den Belag:
150 g Butter
150 g Zucker
2 Pck. Dr. Oetker Vanillin-Zucker
3 EL Wasser
100 g gemahlene Haselnusskerne
200 g gehobelte Haselnusskerne
3 EL Aprikosenkonfitüre

Für den Guss:
100 g Edelbitter-Schokolade (mindestens 50 % Kakao)
1 TL Speiseöl

1 Das Backblech in den Ecken und in der Mitte einfetten, mit Backpapier belegen.

2 Den Teig auf das Backblech legen, mit etwas Mehl bestäuben und ausrollen.

Nussecken

Etwa 30 Stück – 1 Backblech (30 x 40 cm), weiche Butter oder Margarine, Backpapier

Zubereitungszeit: etwa 60 Minuten, ohne Kühlzeit

1. Foto 1 Das Backblech in den Ecken und in der Mitte einfetten, mit Backpapier belegen.

2. Mehl mit Backpulver in eine Rührschüssel geben und mit einem Schneebesen verrühren. Zucker, Vanillin-Zucker, Ei, Wasser und Butter oder Margarine hinzufügen. Die Zutaten mit Handrührgerät mit Rührbesen zunächst kurz auf niedrigster, dann auf höchster Stufe gut durcharbeiten.

3. Anschließend auf einer leicht bemehlten Arbeitsfläche mit den Händen zu einem glatten Teig verkneten und zu einer Rolle formen. Den Teig in Frischhaltefolie wickeln und 1 Stunde kalt stellen.

4. Für den Belag Butter, Zucker, Vanillin-Zucker und Wasser in einem kleinen Topf bei schwacher Hitze erwärmen, bis die Butter geschmolzen ist. Gemahlene und gehobelte Haselnusskerne unterrühren. Den Topf vom Herd nehmen. Den Belag etwa 10 Minuten abkühlen lassen. Den Backofen auf 180 °C (Heißluft 160 °C) vorheizen.

5. Foto 2 Den Teig auf das Backblech legen, mit etwas Mehl bestäuben und ausrollen.

6. Foto 3 Aprikosenkonfitüre auf den Teig streichen.

7. Foto 4 Nussmasse mit einer Teigkarte auf der Aprikosenkonfitüre verteilen und verstreichen.

8. Das Backblech in den Backofen schieben.

Ober-/Unterhitze: etwa 180 °C (vorgeheizt)
Heißluft: etwa 160 °C (vorgeheizt)
Backzeit: etwa 25 Minuten.

9. Das Backblech auf einen Kuchenrost stellen. Das Gebäck etwa 20 Minuten abkühlen lassen.

10. Foto 5 Das Gebäck mit einem Messer in Quadrate (8 x 8 cm) schneiden. Die Quadrate diagonal halbieren, so dass Dreiecke entstehen.

11. Für den Guss die Schokolade in kleine Stücke brechen und mit dem Speiseöl in eine Metallschüssel geben. Einen kleinen Topf etwa 1/3 hoch mit Wasser füllen, die Schüssel in das Wasserbad setzen. Das Ganze bei schwacher Hitze erwärmen, bis die Schokolade geschmolzen ist. Nicht kochen lassen!

12. Foto 6 Die beiden spitzen Ecken des Gebäcks in die Schokolade tauchen, Schokolade etwas abtropfen lassen. Das Gebäck auf einen mit Backpapier belegten Kuchenrost legen, die Schokolade fest werden lassen.

Aprikosenkonfitüre auf den Teig streichen.

Nussmasse mit einer Teigkarte auf der Aprikosenkonfitüre verteilen und verstreichen.

Das Gebäck mit einem Messer in Quadrate (8 x 8 cm) schneiden. Die Quadrate diagonal halbieren, so dass Dreiecke entstehen.

Die beiden spitzen Ecken des Gebäcks in die Schokolade tauchen, Schokolade etwas abtropfen lassen.

Abwandlung vom Basisrezept:
Kokosstreifen

Etwa 60 Stück – 1 Backblech (30 x 40 cm), weiche Butter oder Margarine, Backpapier

Zubereitungszeit: etwa 60 Minuten, ohne Kühlzeit

Zutaten für 1 Basisrezept Knetteig

Für den Belag:
1 Bio-Limette (unbehandelt, ungewachst)
150 g Butter
150 g Zucker
1 Pck. Dr. Oetker Vanillin-Zucker
3 EL Wasser
200 g Kokosraspel
3 EL Wildpreiselbeeren (aus dem Glas)

1. Den Knetteig wie beschrieben zubereiten und kühl stellen.

2. Für den Belag die Limette heiß abspülen und abtrocknen. Limettenschale auf der Haushaltsreibe fein abreiben.

3. Butter, Zucker, Vanillin-Zucker und Wasser in einem kleinen Topf bei schwacher Hitze erwärmen, bis die Butter geschmolzen ist. Limettenschale und Kokosraspel unterrühren. Den Belag etwa 10 Minuten abkühlen lassen. Den Backofen auf 180 °C (Heißluft 160 °C) vorheizen.

4. Den Teig wie beschrieben ausrollen. Preiselbeeren daraufstreichen. Kokosmasse mit einer Teigkarte auf den Preiselbeeren verteilen und verstreichen. Das Ganze wie beschrieben backen und abkühlen lassen.

5. Das Gebäck in Streifen (3 x 6 cm) schneiden.

Basisrezept Blätterteigdreiecke

Für den Blätterteig:
1 Pck. TK-Blätterteig (450 g, 10 quadratische Scheiben)

Für die Füllung:
1 Eiweiß (Größe M)
250 g Speisequark (20 % Fett)
50 g Zucker
1 TL Dr. Oetker Finesse Geriebene Zitronenschale
1 Eigelb (Größe M)
1 EL Milch
40 g gehobelte Mandeln

Die Teigkanten mit Wasser bestreichen.

Kanten der offenen Seiten mit einer Gabel zusammendrücken. Gabel zwischendurch in Mehl tauchen.

Dreiecke mit verquirltem Eigelb bestreichen und mit Mandeln bestreuen.

Blätterteigdreiecke

10 Stück – 2 Backbleche (je 30 x 40 cm), weiche Butter oder Margarine, Backpapier

Zubereitungszeit: etwa 35 Minuten, ohne Auftauzeit

1. Backbleche in den Ecken und in der Mitte einfetten, mit Backpapier belegen.

2. Den Blätterteig nach Packungsanleitung auftauen lassen.

3. Für die Füllung Eiweiß, Quark, Zucker und Zitronenschale in einer Rührschüssel mit einem Schneebesen verrühren. Backofen auf 200 °C (Heißluft 180 °C) vorheizen.

4. Blätterteigplatten nebeneinander ausbreiten. Jeweils 1 Esslöffel der Quarkmasse in die Mitte jedes Quadrates geben.

5. Foto 1 Die Teigkanten mit Wasser bestreichen, Quadrate diagonal zusammenklappen, so dass Dreiecke entstehen.

6. Offene Seiten der Dreiecke mit den Händen leicht andrücken.

7. Foto 2 Kanten der offenen Seiten mit einer Gabel zusammendrücken. Gabel zwischendurch in Mehl tauchen.

8. Dreiecke auf die Backbleche legen. Blätterteig 10 Minuten ruhen lassen.

9. Eigelb und Milch verquirlen.

10. Foto 3 Dreiecke mit verquirltem Eigelb bestreichen und mit Mandeln bestreuen.

11. Die Backbleche nacheinander (bei Heißluft zusammen) in den Backofen schieben.

Ober-/Unterhitze: etwa 200 °C (vorgeheizt)
Heißluft: etwa 180 °C (vorgeheizt)
Backzeit: etwa 25 Minuten je Backblech.

12. Gebäck mit dem Backpapier auf Kuchenroste ziehen und erkalten lassen.

Abwandlung 1 vom Basisrezept: Hahnenkämme mit Pflaumenmus

10 Stück – 2 Backbleche (je 30 x 40 cm), weiche Butter oder Margarine, Backpapier

Zubereitungszeit: etwa 30 Minuten, ohne Auftauzeit

1 Pck. TK-Blätterteig (450 g, 10 quadratische Scheiben)

Für die Füllung:
250 g Pflaumenmus (aus dem Glas)

Zum Bestreichen und Bestreuen:
1 Eigelb (Größe M)
1 EL Milch
50 g Hagelzucker

1. Backbleche in den Ecken und in der Mitte einfetten, mit Backpapier belegen.

2. Die Blätterteigplatten nach Packungsanleitung auftauen lassen.

3. Backofen auf 200 °C (Heißluft 180 °C) vorheizen.

4. Für die Füllung jeweils 1 Esslöffel Pflaumenmus in die Mitte jedes Quadrates geben. Die Teigränder mit Wasser bestreichen, den Teig jeweils zur Hälfte zusammenklappen, so dass Rechtecke entstehen. Offene Seiten mit den Händen leicht andrücken.

5. Foto 4 Angedrückte Längskanten mit einem Messer in 1 cm großen Abständen etwa 1,5 cm tief wie einen Hahnenkamm einschneiden.

6. Jedes Rechteck zu einem Hahnenkamm, in eine leicht halbrunde Form ziehen und auf die Backbleche legen. Blätterteig 10 Minuten ruhen lassen.

Hahnenkämme

Angedrückte Längskanten mit einem Messer in 1 cm großen Abständen etwa 1,5 cm tief wie einen Hahnenkamm einschneiden.

Windmühlen

Von den 8 Spitzen jedes Quadrates im Uhrzeigersinn jede zweite Spitze zur Mitte klappen, so dass eine Windmühle entsteht.

7. Eigelb und Milch verquirlen. Hahnenkämme damit bestreichen und mit Hagelzucker bestreuen.

8. Wie beschrieben backen und erkalten lassen.

Abwandlung 2 vom Basisrezept: Blätterteig-Windmühlen

10 Stück – 2 Backbleche (je 30 x 40 cm), weiche Butter oder Margarine, Backpapier

Zubereitungszeit: etwa 30 Minuten, ohne Auftauzeit

1 Pck. TK-Blätterteig (450 g, 10 quadratische Scheiben)

Für die Füllung:
1 Dose Aprikosenhälften (135 g Abtropfgewicht)

Zum Bestreichen und Bestreuen:
1 Eigelb (Größe M)
1 EL Milch

Zum Aprikotieren:
3 EL Aprikosenkonfitüre
1 EL Wasser

1. Backbleche in den Ecken und in der Mitte einfetten, mit Backpapier belegen.

2. Die Blätterteigplatten nach Packungsanleitung auftauen lassen. Aprikosen zum Abtropfen in ein Sieb geben.

3. Backofen auf etwa 200 °C (Heißluft 180 °C) vorheizen.

4. Blätterteigquadrate auf die Backbleche legen. Die Ecken jedes Quadrates diagonal etwa 4 cm tief einschneiden. In die Mitte jedes Quadrates 1 Aprikosenhälfte legen.

5. Foto 5 Von den 8 Spitzen jedes Quadrates im Uhrzeigersinn jede zweite Spitze zur Mitte klappen, so dass eine Windmühle entsteht. Blätterteig 10 Minuten ruhen lassen.

6. Blätterteig-Windmühlen mit verquirltem Eigelb bestreichen. Teigstücke wie beschrieben backen und erkalten lassen.

7. Zum Aprikotieren Konfitüre mit Wasser in einem kleinen Topf pürieren und unter Rühren kräftig aufkochen lassen. Die Blätterteig-Windmühlen damit bestreichen und erkalten lassen.

Basisrezept Zitronenknoten

Für den Hefeteig:
200 ml Milch
75 g Butter oder Margarine
100 g Zitronat
375 g Weizenmehl
1 Pck. Dr. Oetker Trockenbackhefe
50 g Zucker
½ Pck. Dr. Oetker Finesse Geriebene Zitronenschale

Zum Bestreichen:
2 EL Milch
2 EL Hagelzucker

1 Zitronat im Zerkleinerer fein hacken.

2 Aus den Scheiben Rollen (je 32 cm Länge) formen.

3 In die Mitte jeder Rolle einen lockeren Knoten machen, Rollen-Enden unter den Knoten legen. Dabei den Knoten etwas auseinander ziehen.

Zitronenknoten

12 Stück – 2 Backbleche (je 30 x 40 cm), weiche Butter oder Margarine, Backpapier

Zubereitungszeit: etwa 60 Minuten, ohne Teiggehzeit

1. Backbleche in den Ecken und in der Mitte einfetten, mit Backpapier belegen.

2. Milch in einen kleinen Topf geben und bei schwacher Hitze erwärmen, Butter oder Margarine hinzufügen.

3. Foto 1 Zitronat im Zerkleinerer fein hacken.

4. Mehl, Hefe, Zucker, Zitronenschale und Zitronat in eine Rührschüssel geben und mit einem Schneebesen verrühren.

5. Milch-Butter-Mischung dazugeben. Die Zutaten mit Handrührgerät mit Knethaken erst auf niedrigster Stufe, dann auf höchster Stufe in etwa 5 Minuten zu einem glatten Teig verarbeiten.

6. Den Teig zugedeckt so lange an einem warmen Ort gehen lassen, bis er sich sichtbar vergrößert hat (etwa 20 Minuten).

7. Teig und Arbeitsfläche mit Mehl bestäuben. Teig aus der Schüssel nehmen, auf der Arbeitsfläche nochmals kurz durchkneten. Teig zu einer Rolle formen und in 12 Scheiben schneiden.

8. Foto 2 Aus den Scheiben Rollen (je 32 cm Länge) formen.

9. Foto 3 In die Mitte jeder Rolle einen lockeren Knoten machen, Rollen-Enden unter den Knoten legen. Dabei den Knoten etwas auseinander ziehen.

10. Zitronenknoten auf die Backbleche legen und zugedeckt so lange an einem warmen Ort stehen lassen, bis sie sich sichtbar vergrößert haben (etwa 15 Minuten). Den Backofen auf 200 °C (Heißluft 180 °C) vorheizen.

11. Foto 4 Zitronenknoten mit Milch bestreichen und mit Hagelzucker bestreuen.

12. Die Backbleche nacheinander (bei Heißluft zusammen) in den Backofen schieben.

Ober-/Unterhitze: etwa 200 °C (vorgeheizt)
Heißluft: etwa 180 °C (vorgeheizt)
Backzeit: etwa 25 Minuten je Backblech.

13. Die Zitronenknoten von den Backblechen auf Kuchenroste setzen und erkalten lassen.

4 Zitronenknoten mit Milch bestreichen und mit Hagelzucker bestreuen.

Zimtbrezeln

5 Die Stränge zu Brezeln schlingen und auf die Backbleche legen.

Abwandlung vom Basisrezept:
Zimtbrezeln

12 Stück – 2 Backbleche (je 30 x 40 cm), weiche Butter oder Margarine, Backpapier

Zubereitungszeit: etwa 60 Minuten, ohne Teiggeh- und Abkühlzeit

Zutaten für 1 Basisrezept Hefeteig, ohne Zitronat

Zusätzlich: 2 gestr. TL gemahlener Zimt

Zum Bestreichen:
2 EL Milch

Für den Guss:
100 g Puderzucker
1–2 EL Zitronensaft

1. Backbleche in den Ecken und in der Mitte einfetten, mit Backpapier belegen.

2. Den Hefeteig wie beschrieben zubereiten, dabei den Zimt mit zum Mehl geben und verrühren. Den Teig zugedeckt gehen lassen.

3. Aus dem Teig auf bemehlter Arbeitsfläche eine Rolle formen und in 12 gleiche Scheiben schneiden. Aus jeder Scheibe einen etwa 45 cm langen Strang rollen, der in der Mitte etwas dicker ist als an den Enden.

4. Foto 5 Die Stränge zu Brezeln schlingen und auf die Backbleche legen.

5. Die Brezeln zudecken und so lange an einem warmen Ort gehen lassen, bis sie sich sichtbar vergrößert haben (etwa 15 Minuten). Den Backofen auf 180 °C (Heißluft 160 °C) vorheizen.

6. Brezeln mit Milch bestreichen. Die Backbleche nacheinander (bei Heißluft zusammen) in den Backofen schieben.

Ober-/Unterhitze: etwa 180 °C (vorgeheizt)
Heißluft: etwa 160 °C (vorgeheizt)
Backzeit: etwa 15 Minuten je Backblech.

7. Die Brezeln mit dem Backpapier auf Kuchenroste ziehen, 5 Minuten abkühlen lassen.

8. Puderzucker und Zitronensaft mit einem Löffel zu einem Guss verrühren. Den Guss auf die warmen Brezeln streichen. Den Guss trocknen lassen.

Basisrezept Rosinenschnecken mit Marzipan

Für die Füllung:
100 g Marzipan-Rohmasse
50 g weiche Butter
1 Ei (Größe M)
1 Pck. Dr. Oetker Finesse Geriebene Zitronenschale
100 g Rosinen
50 g gehackte Haselnusskerne

Für den Quark-Öl-Teig:
300 g Weizenmehl
1 Pck. Dr. Oetker Backin
75 g Zucker
150 g Magerquark
6 EL Milch
6 EL Speiseöl, z.B. Rapsöl

Für den Guss:
100 g Puderzucker
1–2 EL Zitronensaft

1 Marzipan-Rohmasse mit Butter, Ei und Zitronenschale in einen Rührbecher geben und mit dem Schneidstab pürieren.

2 Zutaten zuerst mit Handrührgerät mit Knethaken verarbeiten.

Rosinenschnecken mit Marzipan

8 Stück – 1 Backblech (30 x 40 cm), weiche Butter oder Margarine, Backpapier

Zubereitungszeit: etwa 60 Minuten

1. Backblech in den Ecken und in der Mitte einfetten, mit Backpapier belegen.

2. Foto 1 Für die Füllung Marzipan-Rohmasse in Stücke schneiden. Zusammen mit Butter, Ei und Zitronenschale in einen Rührbecher geben und mit dem Schneidstab pürieren.

3. Für den Quark-Öl-Teig Mehl und Backpulver in eine Rührschüssel geben und mit dem Schneebesen verrühren. Restliche Zutaten für den Teig nacheinander in die Schüssel geben. Foto 2 Zutaten zuerst mit Handrührgerät mit Knethaken verarbeiten.

4. Dann den Teig und die Arbeitsfläche mit Mehl bestäuben. Den Teig aus der Schüssel nehmen und auf der Arbeitsfläche mit den Händen kurz zu einem glatten Teig verarbeiten. Den Backofen auf 180 °C (Heißluft 160 °C) vorheizen.

5. Den Teig zu einem Rechteck (32 x 40 cm) ausrollen.

6. Die Marzipanmasse auf dem Teig verteilen und verstreichen, dabei rundherum einen 1 cm breiten Rand lassen. Foto 3 Rosinen und Nüsse auf der bestrichenen Fläche verteilen. Foto 4 Den Teig von der kurzen Seite her aufrollen.

7. Foto 5 Die Teigrolle mit einem Sägemesser in 8 Scheiben schneiden. Die Scheiben auf das Backblech legen. Das Backblech in den Backofen schieben.

Ober-/Unterhitze: etwa 180 °C (vorgeheizt)
Heißluft: etwa 160 °C (vorgeheizt)
Backzeit: etwa 25 Minuten.

8. Puderzucker und Zitronensaft mit einem Löffel zu einem dickflüssigen Guss verrühren.

9. Das Backblech auf einen Kuchenrost stellen.

10. Foto 6 Den Guss auf das heiße Gebäck streichen, trocknen und erkalten lassen.

Rosinen und Nüsse auf der bestrichenen Fläche verteilen.

Den Teig von der kurzen Seite her aufrollen.

Die Teigrolle mit einem Sägemesser in 8 Scheiben schneiden.

Den Guss auf das heiße Gebäck streichen, trocknen und erkalten lassen.

Abwandlung vom Basisrezept:
Rote-Grütze-Muffins

12 Stück – 1 Muffinform (12 Muffins), weiche Butter oder Margarine zum Einfetten

Zubereitungszeit: etwa 50 Minuten, ohne Kühlzeit

Zutaten für 1 Basisrezept Quark-Öl-Teig

Für die Füllung:
250 g Dr. Oetker Rote Grütze (aus dem Kühlregal)
1 TL Weizenmehl
300 g Dr. Oetker Sahne-Pudding Vanille-Geschmack (aus dem Kühlregal)

1. Die Muffinform einfetten. Den Quark-Öl-Teig wie beschrieben zubereiten. Den Teig zu einer Rolle formen und in 12 gleiche Scheiben schneiden. Den Backofen auf 180 °C (Heißluft 160 °C) vorheizen.

2. Jede Teigscheibe auf der bemehlten Arbeitsfläche zu einer runden Platte (Ø 11 cm) ausrollen. Platten in die Muffinform legen, rundherum andrücken und die Teigränder überstehen lassen.

3. Für die Füllung Rote Grütze und Mehl mit einem Schneebesen verrühren. Rote Grütze in die Mulden füllen. Die Muffinform in den Backofen schieben.

Ober-/Unterhitze: etwa 180 °C (vorgeheizt)
Heißluft: etwa 160 °C (vorgeheizt)
Backzeit: etwa 20 Minuten.

4. Die Form auf einen Kuchenrost stellen, die Muffins 5 Minuten in der Form abkühlen lassen.

5. Muffins aus der Form lösen, auf einen mit Backpaper belegten Kuchenrost setzen und etwa 1 Stunde erkalten lassen. Pudding in die Vertiefungen der Muffins füllen.

Ratgeber
Schöne, bunte Plätzchenwelt

Nicht nur Weihnachtszeit ist Plätzchenzeit. Die kleinen Knusperhappen schmecken jeden Tag. Plätzchen versüßen den Genuss von Kakao oder Tee und passen besonders gut zu den leckeren österreichischen oder italienischen Kaffee-Spezialitäten. Beim Teig ausrollen und Kekse ausstechen kommt nicht nur bei Kindern Freude auf. Es gibt so viele Plätzchensorten, dass Sie sich nur schwer entscheiden können, welche Sie backen. Am besten gleich mehrere Sorten. Wir haben Ihnen köstliche Rezepte zusammengestellt, die auch noch leicht gelingen.

Knusprige Vielfalt – Plätzchensorten

Ausstech-Plätzchen: Dazu wird portionsweise Knet- oder Mürbeteig auf einer leicht bemehlten Arbeitsfläche ausgerollt. Um eine gleichmäßige Dicke des Teiges zu erzielen, die Teigrolle leicht bemehlen, damit der Teig nicht haftet. Die Ausstechform wird aufgedrückt und schon kann der geformte Teig auf das Backblech gelegt werden. Ausstecher erhalten Sie in den unterschiedlichsten Formen. Ganz klassisch, aber beliebt sind z.B. Herz, Stern, Tannenbaum, Engel und Halbmond. Außerdem gibt es auch viele modische oder anlassbezogene Formen, wie Tierfiguren, Blumen und Blüten, Füße, Taschen oder Sektkelche. Achten Sie beim Ausstechen darauf, den Platz gut auszunutzen, so dass möglichst wenig Teig zurückbleibt. Denn durch das erneute Zusammenkneten, Bemehlen und Ausrollen wird der verbleibende Knetteig immer trockener und brüchiger. Damit der Teig nicht innen an der Ausstechform kleben bleibt, die Ausstechform gelegentlich in Mehl tauchen.

Rollenkekse: Dafür bereiten Sie einen festen Knetteig vor, formen ihn zu einer Rolle und legen diesen mit Frischhaltefolie bedeckt so lange in den Kühlschrank, bis sie gut durchgekühlt ist. Dann schneiden Sie die Rolle mit einem Messer oder der Aufschnittmaschine in Scheiben und legen die runden Plätzchen auf ein Backblech. Aus den Rollen können Sie auch quadratische, rechteckige oder dreieckige Teigstangen formen und Scheiben davon abschneiden.

Löffelkekse: Lassen sich ganz einfach zuzubereiten. Sie rühren einen mittelfesten Teig und setzen mit einem oder zwei Löffeln Häufchen oder Kleckse auf das vorbereitete Backblech.

Spritzgebäck: Für die Herstellung benötigen Sie einen Spritzbeutel oder einen Fleischwolf mit einem speziellen Plätzchenvorsatz. Füllen Sie den geschmeidigen Teig hinein. Durch das Drücken bzw. Drehen wird der Teig durch die Öffnung „gespritzt" und erhält so seine typische geriffelte Form. Mit der Gepäckspritze lassen sich die Plätzchen direkt auf das Backblech setzen. Beim Fleischwolf trennen Sie den Teig in der gewünschten Länge ab und legen die Plätzchen dann auf das Blech. Zum Reinigen des Fleischwolfs knüllen Sie etwas Pergamentpapier zu einer Rolle und diese in den Fleischwolf. Das Papier schiebt verbliebene Teigreste durch die Schnecke. Anschließend das Papier entfernen und den Fleischwolf reinigen.

Handgeformte Kekse: Per Hand lässt sich Knetteig in viele Formen bringen. Der Teig sollte dafür nicht zu klebrig sein. Formen Sie mit bemehlten Händen aus kleinen Teigstücken erst eine Kugel und formen dann weiter daraus Vanillekipferl oder andere Sorten.

Spezialitäten: Plätzchen wie Springerle oder Spekulatius werden ausgemodelt. Dazu benötigen Sie eine Form (Model) aus Holz, die den Knetteig mit einem Motiv versieht. Besonders in der Weihnachtsbäckerei spielen Gewürze eine große Rolle, die z.B. Lebkuchen, Anisplätzchen oder Zimtsternen ihren typischen Geschmack verleihen.

Plätzchen backen

Wenn Sie erst einmal am Formen, Ausrollen und Ausstechen sind, werden Sie feststellen, wie schnell sich eine größere Anzahl Plätzchen zubereiten lässt. Viele Plätzchen oder mehrere Sorten müssen natürlich in mehreren Partien gebacken werden. So gelingt Ihnen das sogar mit nur einem Backblech: Schneiden Sie mehrere Backpapierstücke in der Größe des Backblechs zu. Belegen Sie die Bögen mit den ausgestochenen oder geformten Teigplätzchen. So lassen sich die einzelnen Partien für das Backblech ideal vorbereitet und nacheinander backen. Ziehen Sie einfach den Bogen mit den Teigplätzchen an der flachen Seite auf das Backblech.

Einschubhöhe: In der Mitte des Backofens sind Ihre Plätzchen am besten aufgehoben. Ausnahmen sind aber möglich. Daher sollten Sie die Hersteller-Anweisungen für Ihren Backofen beachten.

Garprobe: Beobachten Sie die Plätzchen besonders gegen Ende der Backzeit genau. Wenn die Oberfläche gelblich bis leicht braun, ist sind die Plätzchen gar. Prüfen Sie auch die Unterseite der Plätzchen. Sie sollte abgebacken sein und die Plätzchen leicht vom Papier lösen.

Plätzchen verzieren – setzen Sie I-Tüpfelchen

Das Verzieren der Plätzchen macht noch mal so viel Spaß wie das Backen. Lassen Sie Ihrer Fantasie einfach freien Lauf. Mit einem Puderzucker- oder Schokoladenguss sehen Ihre Kekse nicht nur toll aus, sondern schmecken sogar noch besser. Für besondere Anlässe können Sie Plätzchen sogar füllen.

Zuckerguss: Rühren Sie gesiebten Puderzucker nach und nach mit so viel Flüssigkeit glatt, bis ein dickflüssiger Guss entsteht. Den Puderzucker können Sie neben Wasser auch mit Tee, Likör Wein oder Saft anrühren. Farbige Flüssigkeiten wie Rotwein geben dem Zuckerguss nicht nur Aroma, sondern färben ihn in einen zarten Pastell-Ton. Für kräftigere Farben den Zuckerguss nach Belieben portionsweise mit Speisefarbe einfärben. Bestreichen Sie die Plätzchen mit dem Zuckerguss und verzieren Sie sie mit Schokoladenplättchen, Schokotröpfchen, Mokkabohnen, Zuckerblümchen, Schokoladenstreuseln, Liebesperlen, Schokolinsen oder Baisersternen. Kontraste von hellem Guss auf dunklem Gebäck oder umgekehrt wirken optisch auch sehr schön. Wenn der Zuckerguss getrocknet ist, können die Plätzchen in gut schließenden Dosen gelagert werden.
Mit Dekoren aus zweifarbigem Zuckerguss lassen sich besonders schöne Effekte erzielen. Rühren Sie dazu zusätzlich zum dickflüssigen Puderzuckerguss etwas Konfitüre oder Gelee glatt. Füllen Sie das Gelee in einen Gefrierbeutel und schneiden Sie eine kleine Ecke ab. Bestreichen Sie nacheinander die Kekse mit dem weißen Guss. Sofort im Anschluss spritzen Sie 2 längliche Streifen Konfitüre-Guss in die Mitte der Kekse und ziehen Sie sie mit einem Holzstäbchen auseinander. Für rote Kekse etwas weißen Guss in einem kleinen Gefrierbeutel beiseitelegen, übrigen Guss mit roter Speisefarbe färben. Bestreichen Sie die Kekse mit dem roten Guss und verzieren die Ränder der Kekse mit dem weißen Guss.

Schokoladenguss: Schmelzen Sie helle und dunkle Schokolade getrennt im Wasserbad bei schwacher Hitze. Bestreichen Sie die Kekse mit der weißen Schokolade. Die dunkle Schokolade füllen Sie in einen Gefrierbeutel, von dem Sie eine kleine Ecke abschneiden. So können Sie die Plätzchen mit fantasievollen Mustern verzieren.

Plätzchen aufbewahren – ab in die Dose

Nehmen Sie alle Plätzchen vom Backblech und lassen Sie diese auf dem Kuchenrost gut auskühlen. Erst wenn sie völlig erkaltet sind, können sie zur Aufbewahrung verpackt werden. Um ein Zusammenkleben zu vermeiden, können Sie zwischen die einzelnen Plätzchenlagen Alufolie oder Backpapier legen. Wenn Sie nicht möchten, dass sich die Aromen der Plätzchensorten vermischen, sollten Sie Ihre Plätzchen sortenweise verpacken. Alle Plätzchen müssen kühl und trocken aufbewahrt werden.

Knusprige Plätzchen können Sie sofort in gut schließende Dosen, idealerweise in Blechdosen, legen.

Weiche Plätzchen müssen nach dem Backen zunächst an der Luft stehen gelassen werden, bis sie die gewünschte Beschaffenheit haben. Erst dann sollten Sie die Plätzchen in Dosen mit losem Deckel legen. Das Gebäck bleibt weich, wenn Sie eine Scheibe Brot mit in die Dose legen. Um ein Zusammenkleben zu vermeiden, können Sie zwischen die einzelnen Plätzchenlagen Backpapier legen.

Eiweißgebäck hält sich am besten in Glas- oder Porzellangefäßen frisch. Wenn Sie nicht möchten, dass sich die Aromen der Plätzchensorten vermischen, sollten Sie Ihre Plätzchen sortenweise verpacken. Alle Plätzchen müssen kühl und trocken aufbewahrt werden.

Makronengebäck: Makronen dürfen nicht zu stark ausgebacken werden. Wenn sie vom Backblech genommen werden, müssen sie sich von unten noch weich und feucht anfühlen. Während des Auskühlens auf dem Kuchenrost trocknen die Makronen ausreichend nach und behalten ihre äußere Knusprigkeit in fest verschlossenen Dosen.

Basisrezept Shortbread-Scheiben

Für den Knetteig:
300 g Weizenmehl
30 g Hartweizengrieß
120 g Zucker
1 Pck. Dr. Oetker Vanillin-Zucker
2 Eigelb (Größe M)
200 g weiche Butter oder Margarine
2 EL kaltes Wasser

Wasser zum Bestreichen
2 EL Zucker zum Wälzen

1 Mehl und Grieß in eine Rührschüssel geben und mit einem Schneebesen verrühren.

2 Die Zutaten mit Handrührgerät mit Rührbesen zunächst kurz auf niedrigster, dann auf höchster Stufe gut durcharbeiten.

3 Anschließend auf einer leicht bemehlten Arbeitsfläche mit den Händen zu einem glatten Teig verkneten.

Shortbread-Scheiben

Etwa 50 Stück – 2 Backbleche (je 30 x 40 cm), weiche Butter oder Margarine, Backpapier

Zubereitungszeit: etwa 40 Minuten, ohne Kühlzeit

1. Backbleche in den Ecken und in der Mitte einfetten, mit Backpapier belegen.

2. Foto 1 Für den Teig Mehl und Grieß in eine Rührschüssel geben und mit einem Schneebesen verrühren. Zucker, Vanillin-Zucker, Eigelb, Butter oder Margarine und Wasser hinzufügen.

3. Foto 2 Die Zutaten mit Handrührgerät mit Rührbesen zunächst kurz auf niedrigster, dann auf höchster Stufe gut durcharbeiten.

4. Foto 3 Anschließend auf einer leicht bemehlten Arbeitsfläche mit den Händen zu einem glatten Teig verkneten.

5. Aus dem Teig 2 Rollen (je 25 cm Länge) formen.

6. Foto 4 Die Rollen auf ein Schneidbrett legen, mit Frischhaltefolie bedecken und mindestens 3 Stunden kalt stellen.

7. Zucker auf einen Streifen Backpapier streuen. Foto 5 Die Teigrollen nacheinander erst mit Wasser bestreichen, dann mit leichtem Druck im Zucker wälzen.

8. Den Backofen auf 180 °C (Heißluft 160 °C) vorheizen.

9. Foto 6 Die Teigrollen nacheinander mit einem Sägemesser in etwa 1 cm dicke Scheiben schneiden. Scheiben auf die Backbleche legen.

10. Foto 7 Scheiben mit einer Gabel mehrfach einstechen. Die Backbleche nacheinander (bei Heißluft zusammen) in den Backofen schieben.

Ober-/Unterhitze: etwa 180 °C (vorgeheizt)
Heißluft: etwa 160 °C (vorgeheizt)
Backzeit: 10–15 Minuten je Backblech.

11. Die Kekse mit dem Backpapier von den Backblechen auf Kuchenroste ziehen. Gebäck erkalten lassen.

4 Die Teigrollen auf ein Schneidbrett legen und mit Frischhaltefolie bedecken.

5 Die Teigrollen nacheinander erst mit Wasser bestreichen, dann mit leichtem Druck im Zucker wälzen.

6 Die Teigrollen nacheinander mit einem Sägemesser in etwa 1 cm dicke Scheiben schneiden.

7 Scheiben mit einer Gabel mehrfach einstechen.

Abwandlung vom Basisrezept: Gefüllte Orangenkekse

Etwa 50 Stück – 3 Backbleche (je 30 x 40 cm), weiche Butter oder Margarine, Backpapier

Zubereitungszeit: etwa 40 Minuten, ohne Kühlzeit

Zutaten für 1 Basisrezept Knetteig, ohne Vanillin-Zucker
Zusätzlich: ½ Pck. Dr. Oetker Finesse Orangenfrucht

Für die Füllung:
6 EL bittere Orangenmarmelade

1. Backbleche in den Ecken und in der Mitte einfetten, mit Backpapier belegen.

2. Für den Knetteig die Orangenfrucht zusammen mit Mehl und Grieß verrühren. Dann den Teig wie beschrieben zubereiten, Rollen formen und kalt stellen.

3. Eine Rolle weiter kühl lagern, die andere in ½ cm dicke Scheiben schneiden. Scheiben auf die Backbleche legen. Backofen auf 180 °C (Heißluft 160 °C) vorheizen.

4. Die zweite Teigrolle ebenfalls in ½ cm dicke Scheiben schneiden. Die Scheiben auf die Backbleche legen. Backen wie beschrieben, die Backzeit beträgt jedoch nur 5–10 Minuten.

5. Gebäck wie beschrieben erkalten lassen.

6. Für die Füllung Marmelade in einem kleinen Topf leicht pürieren und unter Rühren kräftig aufkochen lassen.

7. Auf die Hälfte der Kekse jeweils 1 Klecks Marmelade geben, mit einem zweiten Keks bedecken. Erkalten lassen.

Basisrezept Schwarz-Weiß-Brocken

Für den Rührteig:
120 g Weizenmehl
50 g Speisestärke
1 gestr. TL Dr. Oetker Backin
150 g weiche Butter
oder Margarine
120 g Zucker
1 Pck. Dr. Oetker
Vanillin-Zucker
1 Ei (Größe M)
1 EL Kakaopulver
1 EL Milch

1 Teig mit einem Teigschaber in der Rührschüssel in zwei Hälften teilen.

2 Eine Teighälfte in einen tiefen Teller geben und glattstreichen.

3 Kakao und Milch unter den übrigen Teig rühren.

Schwarz-Weiß-Brocken

Etwa 50 Stück – 2 Backbleche (je 30 x 40 cm), weiche Butter oder Margarine, Backpapier

Zubereitungszeit: etwa 40 Minuten

1. Backbleche in den Ecken und in der Mitte einfetten, mit Backpapier belegen.

2. Mehl, Speisestärke und Backpulver in eine Schüssel geben und mit dem Schneebesen verrühren.

3. Butter oder Margarine in eine Rührschüssel geben, mit Handrührgerät mit Rührbesen auf höchster Stufe geschmeidig rühren. Nach und nach Zucker und Vanillin-Zucker unterrühren. So lange rühren, bis eine gebundene Masse entstanden ist. Ei unterrühren (etwa ½ Minute).

4. Mehlgemisch in 2 Portionen auf mittlerer Stufe unterrühren.

5. Foto 1 Teig mit einem Teigschaber in der Rührschüssel in zwei Hälften teilen.

6. Foto 2 Eine Teighälfte in einen tiefen Teller geben und glattstreichen.

7. Foto 3 Kakao und Milch unter den übrigen Teig rühren.

8. Foto 4 Dunklen Teig auf die Teighälfte in den Teller geben und glattstreichen.

9. Backofen auf 180 °C (Heißluft 160 °C) vorheizen.

10. Foto 5 Von dem geschichteten Teig mit zwei langstieligen Kaffeelöffeln Häufchen abstechen und auf die Backbleche setzen, dabei genügend Abstand zwischen den Teighäufchen lassen. Die Backbleche nacheinander (bei Heißluft zusammen) in den Backofen schieben.

Ober-/Unterhitze: etwa 180 °C (vorgeheizt)
Heißluft: etwa 160 °C (vorgeheizt)
Backzeit: 10–15 Minuten je Backblech.

11. Die Kekse mit dem Backpapier von den Backblechen auf Kuchenroste ziehen. Gebäck erkalten lassen.

Dunklen Teig auf die Teighälfte in den Teller geben und glattstreichen.

Von dem geschichteten Teig Häufchen abstechen und auf die Backbleche setzen, dabei genügend Abstand zwischen den Teighäufchen lassen.

Abwandlung 1 vom Basisrezept:
Kürbis-Orangen-Brocken (Foto)

Etwa 50 Stück – 2 Backbleche (je 30 x 40 cm), weiche Butter oder Margarine, Backpapier

Zubereitungszeit: etwa 40 Minuten

Zutaten für 1 Basisrezept Rührteig,
ohne Kakao und ohne Milch
Zusätzlich: 30 g Kürbiskerne
1/2 Pck. Dr. Oetker Finesse Orangenfrucht

1. Kürbiskerne im Zerkleinerer oder mit dem Messer sehr fein hacken. Mit Orangenfrucht mischen.

2. Den Rührteig wie beschrieben zubereiten, dabei anstelle von Kakao und Milch die Kürbiskern-Orangenfrucht-Mischung verwenden. Den Teig wie beschrieben weiterverarbeiten, backen und erkalten lassen.

Abwandlung 2 vom Basisrezept:
Espresso-Brocken

Etwa 50 Stück – 2 Backbleche (je 30 x 40 cm), weiche Butter oder Margarine, Backpapier

Zubereitungszeit: etwa 40 Minuten

Zutaten für 1 Basisrezept Rührteig,
ohne Kakao und ohne Milch
Zusätzlich: 2 TL Instant Espresso-Pulver
1 TL heißes Wasser
1 TL Puderzucker

1. Espresso-Pulver, heißes Wasser und Puderzucker mit einem Teelöffel glattrühren.

2. Den Rührteig wie beschrieben zubereiten, dabei anstelle von Kakao und Milch das verrührte Espresso-Pulver verwenden. Den Teig wie beschrieben weiterverarbeiten, backen und erkalten lassen.

Basisrezept Spritzgebäck-Tupfen

Zum Garnieren:
70 g rote Belegkirschen

Für den Rührteig:
175 g Weizenmehl
175 g Speisestärke
250 g weiche Butter oder Margarine
175 g Zucker
1 Pck. Dr. Oetker Vanillin-Zucker
1 Ei (Größe M)
100 g abgezogene, gemahlene Mandeln

1 Ein Drittel des Teiges in einen Spritzbeutel mit Sterntülle (Ø mindestens 1 cm) füllen.

2 Den Teig im Spritzbeutel nach unten zur Spitze drücken, dabei den Beutel im oberen Viertel zusammendrehen.

3 Tupfen (Ø 4 cm) auf die Backbleche spritzen.

Spritzgebäck-Tupfen (im Foto rechts)

Etwa 70 Stück – 3 Backbleche (je 30 x 40 cm), weiche Butter oder Margarine, Backpapier (Spritzbeutel mit Sterntülle, Ø mindestens 1 cm)

Zubereitungszeit: etwa 50 Minuten

1. Backbleche in den Ecken und in der Mitte einfetten, mit Backpapier belegen.

2. Zum Garnieren die Kirschen in Viertel schneiden, dabei die Messerklinge immer wieder in heißes Wasser tauchen.

3. Mehl und Speisestärke in eine Schüssel geben und mit dem Schneebesen verrühren.

4. Butter oder Margarine in eine Rührschüssel geben und mit Handrührgerät mit Rührbesen auf höchster Stufe geschmeidig rühren. Nach und nach Zucker und Vanillin-Zucker unterrühren. So lange rühren, bis eine gebundene Masse entstanden ist. Ei etwa ½ Minute unterrühren. Mehlgemisch in 2 Portionen auf mittlerer Stufe unterrühren. Mandeln unterrühren.

5. Backofen auf 180 °C (Heißluft 160 °C) vorheizen.

6. Foto 1 Ein Drittel des Teiges in einen Spritzbeutel mit Sterntülle (Ø mindestens 1 cm) füllen.

7. Foto 2 Den Teig im Spritzbeutel nach unten zur Spitze drücken, dabei den Beutel im oberen Viertel zusammendrehen.

8. Foto 3 Tupfen (Ø 4 cm) auf die Backbleche spritzen und mit je einem Kirschstück belegen.

9. Restlichen Teig ebenso auf die Backbleche spritzen. Die Backbleche nacheinander (bei Heißluft zusammen) in den Backofen schieben.

Ober-/Unterhitze: etwa 180 °C (vorgeheizt)
Heißluft: etwa 160 °C (vorgeheizt)
Backzeit: etwa 15 Minuten je Backblech.

10. Die Kekse mit dem Backpapier von den Backblechen auf Kuchenroste ziehen. Gebäck erkalten lassen.

Tipp: Fertig gekaufte gemahlene Mandeln in 2 Portionen im Zerkleinerer noch feiner mahlen. So werden evtl. vorhandene größere Mandelstückchen zerteilt. Der Teig lässt sich dann besser durch die Spritztülle drücken.

Spritzgebäck-Streifen

4 Den Teig aus dem Fleischwolf direkt auf ein Schneidbrett gleiten lassen und in etwa 7 cm lange Streifen schneiden.

5 Gebäckstreifen mit den Enden in die Schokolade tauchen und abtropfen lassen.

Abwandlung 1 vom Basisrezept:
Spritzgebäck-Tupfen mit Nüssen (im Foto links)

Etwa 70 Stück – 3 Backbleche (je 30 x 40 cm), weiche Butter oder Margarine, Backpapier (Spritzbeutel mit Sterntülle, Ø mindestens 1 cm)

Zubereitungszeit: etwa 50 Minuten

Zutaten für 1 Basisrezept Rührteig, ohne gemahlene Mandeln
Zusätzlich: 100 g gemahlene Haselnusskerne
10 g Kakaopulver
1 Eigelb (Größe M)

Zum Garnieren:
1 Eiweiß (Größe M)
100 g Haselnusskerne

1. Backbleche in den Ecken und in der Mitte einfetten, mit Backpapier belegen.

2. Den Rührteig wie beschrieben zubereiten, dabei das Kakaopulver mit Mehl und Speisestärke verrühren. Eigelb nach dem Ei unterrühren und die Nüsse anstelle der Mandeln unterrühren.

3. Teig wie beschrieben auf die Bleche spritzen. Eiweiß mit einer Gabel verquirlen. Die Nüsse mit der flachen Seite darin eintauchen und mit der eingetauchten Seite nach unten auf die Teigtupfen setzen.

4. Teig wie beschrieben backen und erkalten lassen.

Tipp: Fertig gekaufte gemahlene Nüsse in 2 Portionen im Zerkleinerer noch feiner mahlen. So werden evtl. vorhandene größere Nussstückchen zerteilt. Der Teig lässt sich dann besser durch die Spritztülle drücken.

Abwandlung 2 vom Basisrezept:
Spritzgebäck-Streifen (Foto unten)

Etwa 150 Stück – 4 Backbleche (je 30 x 40 cm), weiche Butter oder Margarine, Backpapier (Fleischwolf mit Gebäcktülle für Spritzgebäck)

Zubereitungszeit: etwa 50 Minuten

Zutaten für 1 Basisrezept Rührteig, ohne Speisestärke
Zusätzlich: 100 g Weizenmehl
20 g Kakaopulver
½ Pck. Dr. Oetker Finesse Orangenfrucht

Für den Guss:
250 g weiße Schokolade
2 TL Speiseöl

5. Den Rührteig wie beschrieben zubereiten, dabei das Kakaopulver mit Mehl (insgesamt 275 g) verrühren. Orangenfrucht zusammen mit den Mandeln unter den Teig rühren.

6. Die Gebäcktülle für Spritzgebäck auf den Fleischwolf setzen und mit festschrauben. Vorher weder Messer noch Scheibe des Fleischwolfes einsetzen. Das gewünschte Muster mit dem Schieber an der Tülle einstellen.

7. Den Teig portionsweise in den Fleischwolf geben.

8. Foto 4 Den Teig aus dem Fleischwolf direkt auf ein Schneidbrett gleiten lassen, in etwa 7 cm lange Streifen schneiden und auf die Backbleche legen. Wie beschrieben backen und erkalten lassen.

9. Für den Guss die Schokolade in kleine Stücke brechen und mit dem Speiseöl in eine Metallschüssel geben. Einen kleinen Topf etwa ⅓ hoch mit Wasser füllen, die Schüssel in das Wasserbad setzen. Das Ganze bei schwacher Hitze erwärmen, bis die Schokolade geschmolzen ist. Nicht kochen lassen!

10. Foto 5 Gebäckstreifen mit den Enden in die Schokolade tauchen, abtropfen lassen und auf zwei mit Backpapier belegte Backbleche legen. Guss fest werden lassen.

Basisrezept Vanillekipferl

Für den Knetteig:
200 g Weizenmehl
1 Msp. Dr. Oetker Backin
100 g Zucker
1 Pck. Dr. Oetker Vanillin-Zucker
2 Eigelb (Größe M)
170 g weiche Butter oder Margarine
100 g abgezogene, gemahlene Mandeln

Zum Bestäuben:
50 g gesiebter Puderzucker
1 Pck. Dr. Oetker Vanillin-Zucker

Teig zu fingerdicken Rollen formen, in 6 cm lange Stücke schneiden.

Die Stücke an den Enden etwas dünner rollen.

Vanillekipferl

Etwa 60 Stück – 3 Backbleche (je 30 x 40 cm), weiche Butter oder Margarine, Backpapier

Zubereitungszeit: etwa 90 Minuten, ohne Kühlzeit

1. Backbleche in den Ecken und in der Mitte einfetten, mit Backpapier belegen.

2. Für den Teig Mehl und Backpulver in eine Rührschüssel geben, mit einem Schneebesen verrühren. Zucker, Vanillin-Zucker, Eigelb, Butter oder Margarine und Mandeln dazugeben. Die Zutaten mit Handrührgerät mit Rührbesen kurz auf höchster Stufe gut durcharbeiten.

3. Anschließend auf der bemehlten Arbeitsfläche mit den Händen zu einem glatten Teig verkneten. Die Hälfte des Teiges in Frischhaltefolie wickeln und kalt stellen.

4. Den Backofen auf 180 °C (Heißluft 160 °C) vorheizen.

5. Foto 1 Restlichen Teig zu fingerdicken Rollen formen, in 6 cm lange Stücke schneiden.

6. Foto 2 Die Stücke an den Enden etwas dünner rollen.

7. Foto 3 Rollen einzeln auf die Backbleche legen und zu Hörnchen formen.

8. Übrigen Teig auf die gleiche Weise verarbeiten.

9. Die Backbleche nacheinander (bei Heißluft zusammen) in den Backofen schieben.

Ober-/Unterhitze: etwa 180 °C (vorgeheizt)
Heißluft: etwa 160 °C (vorgeheizt)
Backzeit: etwa 10 Minuten je Backblech.

10. Puderzucker und Vanillin-Zucker in eine kleine Schüssel geben und mit einem Schneebesen verrühren.

11. Die Kipferl mit dem Backpapier von den Backblechen auf Kuchenroste ziehen. Puderzuckermischung in ein feines Sieb geben.

12. Foto 4 Puderzuckermischung auf das heiße Gebäck stäuben. Gebäck erkalten lassen.

Rollen einzeln auf die Backbleche legen und zu Hörnchen formen.

Puderzuckermischung auf das heiße Gebäck stäuben.

Abwandlung 1 vom Basisrezept:
Zimt-Stangen

Etwa 50 Stück – 2 Backbleche (je 30 x 40 cm), weiche Butter oder Margarine, Backpapier

Zubereitungszeit: etwa 70 Minuten, ohne Kühlzeit

Zutaten für 1 Basisrezept Knetteig, ohne Mandeln
Zusätzlich: 100 g geröstete, gesalzene Macadamianusskerne
1 gestr. TL gemahlener Zimt

Zum Bestäuben:
1 gestr. TL gemahlener Zimt
50 g Puderzucker

1. Backbleche in den Ecken und in der Mitte einfetten, mit Backpapier belegen.

2. Die Macadamianüsse im Zerkleinerer sehr fein hacken oder in der Mandelmühle mahlen.

3. Den Knetteig wie beschrieben zubereiten, dabei den Zimt mit Mehl und Backpulver verrühren, die gemahlenen Macadamianüsse anstelle der Mandeln verwenden.

4. ¾ des Teiges in Frischhaltefolie wickeln und kalt stellen. Restlichen Teig in fingerdicke Rollen formen und in 7 cm lange Stangen schneiden. Stangen auf die Backbleche legen.

5. Übrigen Teig auf die gleiche Weise verarbeiten. Stangen backen wie beschrieben.

6. Zimt und Puderzucker in eine kleine Schüssel geben und mit dem Schneebesen verrühren.

7. Die Stangen mit dem Backpapier von den Blechen auf Kuchenroste ziehen.

8. Puderzuckermischung in ein feines Sieb geben und auf das heiße Gebäck stäuben. Gebäck erkalten lassen.

Abwandlung 2 vom Basisrezept:
Gewürzkissen

Etwa 80 Stück – 3 Backbleche (je 30 x 40 cm), weiche Butter oder Margarine, Backpapier

Zubereitungszeit: etwa 90 Minuten, ohne Kühlzeit

Zutaten für 1 Basisrezept Knetteig
Zusätzlich: 20 g Kakaopulver
1 gestr. TL Lebkuchengewürz

Zum Bestäuben:
2 gestr. TL Kakaopulver

1. Backbleche in den Ecken und in der Mitte einfetten, mit Backpapier belegen.

2. Den Knetteig wie beschrieben zubereiten, dabei Kakao und Lebkuchengewürz zusammen mit Mehl und Backpulver verrühren.

3. Den Teig in 1,5 cm dicke Rollen formen. Die Rollen in 3 cm lange Stücke schneiden. Die Stücke mit bemehlten Fingern flachdrücken, so dass etwa 1 cm dicke Teigkissen entstehen. Teigkissen wie beschrieben backen.

4. Gewürzkissen mit dem Backpapier von den Blechen auf Kuchenroste ziehen. 10 Minuten abkühlen lassen.

5. Kakaopulver in ein feines Sieb geben und auf das lauwarme Gebäck stäuben. Gebäck erkalten lassen.

Basisrezept Choco-Cookies

Für den Knetteig:
100 g Vollmilch-Schokolade
200 g Weizenmehl
1 gestr. TL Dr. Oetker Backin
150 g weiche Butter oder Margarine
100 g Zucker
150 g brauner Zucker
1 Pck. Dr. Oetker Bourbon-Vanille-Zucker
1 Prise Salz
2 Eier (Größe M)
100 g gehackte Haselnusskerne
1 Pck. Schokotropfen (75 g)

1 Die Schokolade im Zerkleinerer fein hacken.

2 Den Teig mit 2 langstieligen Kaffeelöffeln in haselnussgroßen Häufchen auf die Backbleche setzen.

Choco-Cookies

Etwa 60 Stück – 3 Backbleche (je 30 x 40 cm), weiche Butter oder Margarine, Backpapier

Zubereitungszeit: etwa 45 Minuten

1. Backbleche in den Ecken und in der Mitte einfetten, mit Backpapier belegen.

2. Foto 1 Die Schokolade im Zerkleinerer fein hacken. Mehl und Backpulver in eine Schüssel geben und mit einem Schneebesen verrühren.

3. Butter oder Margarine in eine Rührschüssel geben, mit Handrührgerät mit Rührbesen auf höchster Stufe geschmeidig rühren. Nach und nach die drei Zuckersorten und Salz unterrühren. So lange rühren, bis eine gebundene Masse entstanden ist. Eier nach und nach unterrühren (jedes Ei etwa $^1/_2$ Minute).

4. Mehlgemisch in 2 Portionen auf mittlerer Stufe unterrühren. Nüsse, Schokolade und Schokotropfen unterrühren.

5. Backofen auf 180 °C (Heißluft 160 °C) vorheizen.

6. Foto 2 Den Teig mit 2 langstieligen Kaffeelöffeln in haselnussgroßen Häufchen auf die Backbleche setzen. Dabei genügend Platz lassen, da der Teig beim Backen etwas auseinander läuft. Die Backbleche nacheinander (bei Heißluft zusammen) in den Backofen schieben.

Ober-/Unterhitze: etwa 180 °C (vorgeheizt)
Heißluft: etwa 160 °C (vorgeheizt)
Backzeit: etwa 15 Minuten je Backblech.

7. Die Cookies mit dem Backpapier von den Backblechen auf Kuchenroste ziehen. Gebäck erkalten lassen.

Abwandlung 1 vom Basisrezept: White-Chocolate-Cookies (Foto)

Etwa 60 Stück – 2 Backbleche (je 30 x 40 cm), weiche Butter oder Margarine, Backpapier

Zubereitungszeit: etwa 50 Minuten, ohne Kühlzeit

Zutaten für 1 Basisrezept Rührteig mit nur 75 g Zucker und 75 g braunen Zucker und ohne Haselnusskerne, Vollmilch-Schokolade und Schokotropfen.
Zusätzlich: 200 g weiße Schokolade

Für den Guss:
50 g Edelbitter-Schokolade (mindestens 50 % Kakao)
½ TL Speiseöl

1. Backbleche in den Ecken und in der Mitte einfetten, mit Backpapier belegen.

2. Die weiße Schokolade grob hacken.

3. Den Rührteig mit den veränderten Zutaten wie beschrieben zubereiten. Die weiße Schokolade zum Schluss unter den Teig rühren. Den Teig wie beschrieben auf die Backbleche geben. Wie beschrieben backen und erkalten lassen.

4. Für den Guss die Schokolade in kleine Stücke brechen und mit dem Speiseöl in eine Metallschüssel geben. Einen kleinen Topf etwa ⅓ hoch mit Wasser füllen, die Schüssel in das Wasserbad setzen. Das Ganze bei schwacher Hitze erwärmen, bis die Schokolade geschmolzen ist. Nicht kochen lassen!

5. Die Schokolade in einen kleinen Gefrierbeutel füllen, den Beutel verschließen und eine kleine Ecke abschneiden. Die Kekse mit Schokolade verzieren. Den Guss fest werden lassen.

Abwandlung 2 vom Basisrezept: Hot-Choco-Cookies

Etwa 60 Stück – 2 Backbleche (je 30 x 40 cm), weiche Butter oder Margarine, Backpapier

Zubereitungszeit: 45 Minuten, ohne Kühlzeit

Zutaten für 1 Basisrezept Rührteig, ohne Haselnusskerne
Zusätzlich: 2 rote Chilischoten
100 g geröstete, gesalzene Cashewkerne

1. Backbleche in den Ecken und in der Mitte einfetten, mit Backpapier belegen.

2. Die Chilischoten der Länge nach aufschneiden, entkernen, waschen und sehr fein hacken. Cashewkerne im Zerkleinerer hacken.

3. Den Rührteig wie beschrieben zubereiten. Zum Schluss die gehackten Chilischoten und Cashewkerne anstelle der Haselnusskerne unterrühren.

4. Den Teig wie beschrieben auf die Backbleche geben, backen und erkalten lassen.

Tipp: Hände und Geräte nach dem Verarbeiten der Chilischoten gründlich waschen. Nicht mit den Händen in den Augen reiben, weil es sonst an/in den Augen brennt.

Basisrezept Haferflockenplätzchen

Für den Knetteig:
200 g blütenzarte Haferflocken
100 g abgezogene, gemahlene Mandeln
1 gestr. TL Dr. Oetker Backin
1 Pck. Dr. Oetker Finesse Geriebene Zitronenschale
150 g weiche Butter oder Margarine
150 g brauner Zucker
1 Ei (Größe M)

1 Haferflocken, Mandeln, Backpulver und Zitronenschale in eine Schüssel geben und mit einem Schneebesen verrühren.

2 Den Teig auf die Arbeitsfläche geben, Haferflockengemisch mit den Händen unterkneten.

3 Mit einer runden Ausstechform oder einem Glas (Ø 4–5 cm) Plätzchen ausstechen und auf die Backbleche legen.

Haferflockenplätzchen

Etwa 55 Stück – 3 Backbleche (je 30 x 40 cm), weiche Butter oder Margarine, Backpapier

Zubereitungszeit: etwa 45 Minuten, ohne Kühlzeit

1. Backbleche in den Ecken und in der Mitte einfetten, mit Backpapier belegen.

2. Foto 1 Haferflocken, Mandeln, Backpulver und Zitronenschale in eine Schüssel geben und mit einem Schneebesen verrühren.

3. Butter oder Margarine in eine Rührschüssel geben, mit Handrührgerät mit Rührbesen auf höchster Stufe geschmeidig rühren. Nach und nach den Zucker unterrühren. So lange rühren, bis eine gebundene Masse entstanden ist. Das Ei etwa ½ Minute unterrühren. ⅔ des Haferflockengemisches unterrühren.

4. Das restliche Drittel auf die Arbeitsfläche schütten. Foto 2 Den Teig auf die Arbeitsfläche geben, Haferflockengemisch mit den Händen unterkneten.

5. Den Teig zu einer Rolle formen, in Frischhaltefolie wickeln und mindestens 1 Stunde kalt stellen.

6. Backofen auf 180 °C (Heißluft 160 °C) vorheizen.

7. ⅓ des Teiges abnehmen, Restteig eingewickelt weiter kühl lagern. Teig auf der bemehlten Arbeitsfläche etwa ½ cm dick ausrollen.

8. Foto 3 Mit einer runden Ausstechform oder einem Glas (Ø 4–5 cm) Plätzchen ausstechen und auf die Backbleche legen. Übrigen Teig auf die gleiche Weise verarbeiten. Restteig immer wieder zusammenkneten und ausrollen, bis der Teig aufgebraucht ist.

9. Die Backbleche nacheinander (bei Heißluft zusammen) in den Backofen schieben.

Ober-/Unterhitze: etwa 180 °C (vorgeheizt)
Heißluft: etwa 160 °C (vorgeheizt)
Backzeit: etwa 12 Minuten je Backblech.

10. Die Plätzchen mit dem Backpapier von den Backblechen auf Kuchenroste ziehen. Gebäck erkalten lassen.

Haferflocken-Nuss-Plätzchen

4 Die Stangen mit einem Sägemesser in ½ cm dicke Scheiben schneiden. Die Scheiben auf die Backbleche legen.

Abwandlung 1 vom Basisrezept: Haferflocken-Nuss-Plätzchen

Etwa 60 Stück – 3 Backbleche (je 30 x 40 cm), weiche Butter oder Margarine, Backpapier

Zubereitungszeit: etwa 45 Minuten, ohne Kühlzeit

Zutaten für 1 Basisrezept Knetteig ohne Mandeln
und ohne Zitronenschale, mit nur 150 g Haferflocken
Zusätzlich: 1 EL Weizenmehl
100 g gemahlene Haselnusskerne
50 g Haselnussscheiben

Zum Bestreichen und Bestreuen:
2 EL Schlagsahne
50 g Haselnussscheiben

1. Backbleche in den Ecken und in der Mitte einfetten, mit Backpapier belegen.

2. Den Knetteig wie beschrieben zubereiten, dabei das Mehl und die gemahlenen Nüsse anstelle der Mandeln verwenden und zusammen mit Haselnussscheiben, Haferflocken und Backpulver verrühren.

3. Aus dem Teig mit bemehlten Händen zwei eckige Stangen (4 x 4 cm, je 20 cm Länge) formen. Die Stangen auf ein Schneidbrett legen, mit Frischhaltefolie bedecken und mindestens 3 Stunden kalt stellen.

4. Backofen auf 180 °C (Heißluft 160 °C) vorheizen.

5. Foto 4 Die Stangen nacheinander mit einem Sägemesser in ½ cm dicke Scheiben schneiden. Die Scheiben auf die Backbleche legen.

6. Die Teigscheiben mit Sahne bestreichen und mit Haselnussscheiben bestreuen. Wie beschrieben backen und erkalten lassen.

Abwandlung 2 vom Basisrezept: Haferflocken-Cranberry-Plätzchen

Etwa 60 Stück – 3 Backbleche (je 30 x 40 cm), weiche Butter oder Margarine, Backpapier

Zubereitungszeit: 45 Minuten, ohne Kühlzeit

Zutaten für 1 Basisrezept Knetteig, ohne gemahlene Mandeln und ohne Zitronenschale
Zusätzlich: 1 Pck. getrocknete, gesüßte Cranberries (125 g)
2 EL Weizenmehl

1. Backbleche in den Ecken und in der Mitte einfetten, mit Backpapier belegen.

2. Cranberries im Zerkleinerer oder mit dem Messer fein hacken.

3. Den Knetteig wie beschrieben zubereiten, dabei die Cranberries und das Mehl anstelle der Mandeln verwenden und mit Haferflocken und Backpulver verrühren.

4. Aus dem Teig mit bemehlten Händen zwei Rollen (je 20 cm Länge) formen, auf ein Schneidbrett legen, mit Frischhaltefolie bedecken und mindestens 3 Stunden kalt stellen.

5. Backofen auf 180 °C (Heißluft 160 °C) vorheizen.

6. Die Rollen nacheinander mit einem Sägemesser in ½ cm dicke Scheiben schneiden. Die Scheiben auf die Backbleche legen. Wie beschrieben backen und erkalten lassen.

Basisrezept Zitronenherzen

Für den Knetteig:
250 g Weizenmehl
1 Msp. Dr. Oetker Backin
100 g Puderzucker
1 Pck. Dr. Oetker Finesse Geriebene Zitronenschale
150 g weiche Butter oder Margarine
1 Eiweiß (Größe M)

Zum Bestreichen und Bestreuen:
1 Eigelb (Größe M)
1 EL kaltes Wasser
2 EL Hagelzucker

Für die Füllung:
5 EL Zitronenmarmelade
1 EL Wasser

1 Butter oder Margarine und Eiweiß dazugeben. Die Zutaten mit Handrührgerät mit Rührbesen auf mittlerer Stufe unterarbeiten.

2 Mit einer Ausstechform Herzen (Ø 4–5 cm) ausstechen und auf die Backbleche legen.

Zitronenherzen

Etwa 50 Stück – 3 Backbleche (je 30 x 40 cm), weiche Butter oder Margarine, Backpapier

Zubereitungszeit: etwa 45 Minuten, ohne Kühlzeit

1. Backbleche in den Ecken und in der Mitte einfetten, mit Backpapier belegen.

2. Mehl, Backpulver, Puderzucker und Zitronenschale in eine Rührschüssel geben und mit einem Schneebesen verrühren.

3. Foto 1 Butter oder Margarine und Eiweiß dazugeben. Die Zutaten mit Handrührgerät mit Rührbesen auf mittlerer Stufe unterarbeiten.

4. Den Teig auf die bemehlte Arbeitsfläche geben und mit den Händen zu einem glatten Teig verkneten. Den Teig zu einer Rolle formen, in Frischhaltefolie wickeln und mindestens 2 Stunden kalt stellen.

5. Backofen auf 180 °C (Heißluft 160 °C) vorheizen.

6. $^1/_3$ des Teig abnehmen, Restteig eingewickelt weiter kühl lagern.

7. Den Teig auf der bemehlten Arbeitsfläche etwa 3 mm dick ausrollen. Foto 2 Mit einer Ausstechform Herzen (Ø 4–5 cm) ausstechen und auf die Backbleche legen.

8. Übrigen Teig auf die gleiche Weise verarbeiten. Restteig immer wieder zusammenkneten und ausrollen, bis der Teig aufgebraucht ist.

9. Zum Bestreichen und Bestreuen Eigelb und Wasser verquirlen. Die Hälfte der Herzen damit bestreichen und mit Hagelzucker bestreuen. Die Backbleche nacheinander (bei Heißluft zusammen) in den Backofen schieben.

Ober-/Unterhitze: etwa 180 °C (vorgeheizt)
Heißluft: etwa 160 °C (vorgeheizt)
Backzeit: etwa 10 Minuten je Backblech.

10. Foto 3 Die gebackenen Herzen mit dem Backpapier von den Backblechen auf Kuchenroste ziehen. Gebäck mindestens 30 Minuten erkalten lassen.

11. Für die Füllung Marmelade mit Wasser in einem kleinen Topf unter Rühren kräftig aufkochen lassen.

12. Foto 4 Marmelade auf die Plätzchen ohne Hagelzucker streichen und etwas antrocknen lassen. Übrige Herzen mit der Unterseite darauflegen und leicht andrücken.

13. Fest werden lassen.

Die gebackenen Herzen mit dem Backpapier von den Backblechen auf Kuchenroste ziehen.

Marmelade auf die Plätzchen ohne Hagelzucker streichen und etwas antrocknen lassen. Übrige Herzen mit der Unterseite darauf legen und leicht andrücken.

Abwandlung 1 vom Basisrezept: Bunte Johannisbeerblüten

Etwa 50 Stück – 3 Backbleche (je 30 x 40 cm), weiche Butter oder Margarine, Backpapier

Zubereitungszeit: etwa 45 Minuten, ohne Kühlzeit

Zutaten für 1 Basisrezept Knetteig

Zum Bestreichen und Bestreuen:
1 Eigelb (Größe M)
1 EL kaltes Wasser
2 EL bunte Zuckerstreusel

Für die Füllung:
5 EL schwarzes Johannisbeergelee
1 EL Wasser

1. Backbleche in den Ecken und in der Mitte einfetten, mit Backpapier belegen.

2. Den Teig wie beschrieben zubereiten und kalt stellen.

3. Backofen auf 180 °C (Heißluft 160 °C) vorheizen.

4. Den Teig wie beschrieben ausrollen, anstelle der Herzen mit einer Ausstechform Blüten in gleicher Größe ausstechen und auf die Backbleche legen.

5. Zum Bestreichen und Bestreuen Eigelb und Wasser verquirlen. Die Hälfte der Blüten damit bestreichen und mit Zuckerstreuseln bestreuen. Die Blüten wie beschrieben backen und erkalten lassen.

6. Für die Füllung Gelee mit Wasser in einem kleinen Topf unter Rühren kräftig aufkochen lassen. Das Gelee unter Rühren so lange abkühlen lassen, bis es dickflüssig ist (etwa 10 Minuten). Gelee auf die Blüten ohne Zuckerstreusel streichen. Gelee etwas antrocknen lassen und die Blüten wie beschrieben zusammensetzen.

Abwandlung 2 vom Basisrezept: Schwarz-Weiß-Taler

Etwa 90 Stück – 3–4 Backbleche (je 30 x 40 cm), weiche Butter oder Margarine, Backpapier

Zubereitungszeit: etwa 45 Minuten, ohne Kühlzeit

Zutaten für 1 Basisrezept Zitronenherzen, ohne Eiweiß und ohne Zitronenschale
Zusätzlich: ½ Pck. Dr. Oetker Finesse Orangenfrucht

Für die Füllung:
100 g Edelbitter-Schokolade (mindestens 60 % Kakao)
1 TL Speiseöl

1. Backbleche in den Ecken und in der Mitte einfetten, mit Backpapier belegen.

2. Den Teig wie beschrieben zubereiten, dabei das Eiweiß weglassen und Orangenfrucht anstelle von Zitronenschale verwenden. Den Teig wie beschrieben kalt stellen.

3. Backofen auf 180 °C (Heißluft 160 °C) vorheizen.

4. Den Teig wie beschrieben ausrollen, anstelle der Herzen Taler (Ø 5 cm) ausstechen. In der Mitte jedes Talers mit einer Lochtülle oder einer Ausstechform ein Loch (Ø 1 cm) ausstechen. Ringe auf die Backbleche legen.

5. Die Ringe wie beschrieben backen und erkalten lassen.

6. Für die Füllung die Schokolade in kleine Stücke brechen und mit dem Speiseöl in eine Metallschüssel geben. Einen kleinen Topf etwa ⅓ hoch mit Wasser füllen, die Schüssel in das Wasserbad setzen. Das Ganze bei schwacher Hitze erwärmen, bis die Schokolade geschmolzen ist. Nicht kochen lassen!

7. Die Schokolade in einen kleinen Gefrierbeutel füllen, den Beutel verschließen und eine kleine Ecke abschneiden. Die Schokolade in die Mitte der Ringe spritzen. Erkalten lassen.

Basisrezept Kulleraugen

Für den Knetteig:
250 g Weizenmehl
1 gestr. TL Dr. Oetker Backin
100 g Zucker
1 Pck. Dr. Oetker Vanillin-Zucker
3 Eigelb (Größe M)
150 g weiche Butter oder Margarine

Außerdem:
2 Eiweiß (Größe M)
50 g gehackte Mandeln
6 EL rotes Johannisbeergelee

1 Die Teigrollen nacheinander in 1,5 cm dicke Scheiben schneiden. Die Scheiben zu Kugeln formen.

2 Mit einem Kochlöffelstiel in jede Kugel eine Vertiefung drücken.

3 Die Kugeln mit der Oberseite zuerst in das Eiweiß tauchen, abtropfen lassen.

Kulleraugen

Etwa 70 Stück – 3 Backbleche (je 30 x 40 cm), weiche Butter oder Margarine, Backpapier

Zubereitungszeit: etwa 45 Minuten, ohne Kühlzeit

1. Backbleche in den Ecken und in der Mitte einfetten, mit Backpapier belegen.

2. Mehl und Backpulver in eine Rührschüssel geben und mit einem Schneebesen verrühren. Zucker, Vanillin-Zucker, Eigelb und Butter oder Margarine dazugeben. Die Zutaten mit Handrührgerät mit Rührbesen zunächst kurz auf niedrigster, dann auf höchster Stufe gut durcharbeiten.

3. Anschließend auf einer leicht bemehlten Arbeitsfläche mit den Händen zu einem glatten Teig verkneten. Aus dem Teig 3 Rollen (je 25 cm Länge) formen. Die Rollen auf ein Schneidbrett legen, mit Frischhaltefolie bedecken und mindestens 1 Stunde kühl stellen.

4. Eiweiß in eine kleine Schüssel geben und mit einer Gabel verquirlen.

5. Foto 1 Die Teigrollen nacheinander in 1,5 cm dicke Scheiben schneiden. Die Scheiben zu Kugeln formen.

6. Foto 2 Mit einem Kochlöffelstiel in jede Kugel eine Vertiefung drücken. Den Stiel zwischendurch immer wieder in Mehl tauchen.

7. Den Backofen auf 180 °C (Heißluft 160 °C) vorheizen.

8. Foto 3 Die Kugeln mit der Oberseite zuerst in das Eiweiß tauchen, abtropfen lassen. Foto 4 Die Kugeln in die gehackten Mandeln drücken. Die Kugeln mit der Mandelseite nach oben auf die Backbleche setzen.

9. Gelee mit einem Schneebesen kräftig durchrühren. Foto 5 Gelee mit einem Teelöffel in die Vertiefungen füllen.

10. Die Backbleche nacheinander (bei Heißluft zusammen) in den Backofen schieben.

Ober-/Unterhitze: etwa 180 °C (vorgeheizt)
Heißluft: etwa 160 °C (vorgeheizt)
Backzeit: etwa 15 Minuten je Backblech.

11. Die Kekse mit dem Backpapier von den Backblechen auf Kuchenroste ziehen. Gebäck erkalten lassen.

Die Kugeln in die gehackten Mandeln drücken.

Gelee mit einem Teelöffel in die Vertiefungen füllen.

Abwandlung 1 vom Basisrezept:
Katzenaugen (Foto)

Etwa 70 Stück – 3 Backbleche (je 30 x 40 cm), weiche Butter oder Margarine, Backpapier

Zubereitungszeit: etwa 45 Minuten, ohne Kühlzeit

Zutaten für 1 Basisrezept Knetteig

Außerdem:
5 EL Kiwi- oder Stachelbeerkonfitüre
50 g Pinienkerne
2 Eiweiß (Größe M)

1. Backbleche in den Ecken und in der Mitte einfetten, mit Backpapier belegen.

2. Den Knetteig wie beschrieben zubereiten, formen und kühl stellen.

3. Konfitüre in einen Rührbecher geben und mit dem Schneidstab pürieren.

4. Pinienkerne grob hacken. Eiweiß in einer Schüssel verquirlen.

5. Den Backofen auf 180 °C (Heißluft 160 °C) vorheizen.

6. Den Teig wie beschrieben weiter verarbeiten und in die gehackten Pinienkerne drücken. Die Kugeln mit der Pinienkernseite nach oben auf die Backbleche setzen.

7. Konfitüre in einen Rührbecher geben und mit dem Schneidstab pürieren, mit einem Teelöffel in die Vertiefungen füllen.

8. Wie beschrieben backen und erkalten lassen.

Abwandlung 2 vom Basisrezept:
Dunkle Kulleraugen

Etwa 70 Stück – 3 Backbleche (je 30 x 40 cm), weiche Butter oder Margarine, Backpapier

Zubereitungszeit: etwa 45 Minuten, ohne Kühlzeit

Zutaten für 1 Basisrezept Knetteig

Außerdem:
2 Eiweiß (Größe M)
50 g gehackte Haselnusskerne
150 g Trauben-Nuss-Schokolade
1 TL Speiseöl

1. Den Teig wie beschrieben zubereiten, formen und kühl stellen.

2. Den Backofen auf 180 °C (Heißluft 160 °C) vorheizen.

3. Die Teig wie beschrieben weiterverarbeiten. Die Kugeln nicht in Mandeln, sondern in die gehackten Haselnusskerne drücken. Die Kugeln mit der Nussseite nach oben auf die Backbleche setzen.

4. Die ungefüllten Teigkugeln wie beschrieben backen und etwa 30 Minuten erkalten lassen.

5. Die Schokolade fein hacken und mit dem Speiseöl in eine Metallschüssel geben. Einen kleinen Topf etwa ⅓ hoch mit Wasser füllen, die Schüssel in das Wasserbad setzen. Das Ganze bei schwacher Hitze erwärmen, bis die Schokolade geschmolzen ist. Nicht kochen lassen!

6. Die Schokolade mit einem Teelöffel in die Vertiefungen füllen. Fest werden lassen.

Basisrezept Sonnenblumenspitzen

Für den Belag:
100 g Sonnenblumenkerne
70 g flüssiger Honig
40 g Zucker
1 Pck. Dr. Oetker Finesse
Geriebene Zitronenschale

Für den Rührteig:
200 g Weizenmehl
½ gestr. TL Dr. Oetker Backin
170 g weiche Butter
oder Margarine
100 g Zucker
1 Ei (Größe M)
1 Eigelb (Größe M)

Den Teig mit zwei langstieligen Kaffeelöffeln in Häufchen auf die Backbleche setzen, genügend Abstand lassen.

Sonnenblumenspitzen

Etwa 50 Stück – 2 Backbleche (je 30 x 40 cm), weiche Butter oder Margarine, Backpapier

Zubereitungszeit: etwa 45 Minuten

1. Backbleche in den Ecken und in der Mitte einfetten, mit Backpapier belegen.

2. Für den Belag Sonnenblumenkerne grob hacken, in eine Schüssel geben und mit Honig, Zucker und Zitronenschale verrühren.

3. Für den Teig Mehl und Backpulver in eine Schüssel geben und mit dem Schneebesen verrühren. Butter oder Margarine in eine Rührschüssel geben, mit Handrührgerät mit Rührbesen auf höchster Stufe geschmeidig rühren. Nach und nach Zucker unterrühren. So lange rühren, bis eine gebundene Masse entstanden ist. Ei und Eigelb nach und nach unterrühren (jeweils etwa ½ Minute).

4. Mehlgemisch in 2 Portionen auf mittlerer Stufe unterrühren.

5. Backofen auf 180 °C (Heißluft 160 °C) vorheizen.

6. Foto **1** Den Teig mit zwei langstieligen Kaffeelöffeln in Häufchen auf die Backbleche setzen, genügend Abstand lassen.

7. Foto **2** Mit einem Kaffeelöffel jedes Teighäufchen in der Mitte etwas eindrücken. Den Löffel zwischendurch immer wieder in Mehl tauchen.

8. Foto **3** Mit 2 Kaffeelöffeln jeweils etwas von dem Belag in die Vertiefungen der Teighäufchen geben. Die Backbleche nacheinander (bei Heißluft zusammen) in den Backofen schieben.

Ober-/Unterhitze: etwa 180 °C (vorgeheizt)
Heißluft: etwa 160 °C (vorgeheizt)
Backzeit: 10–15 Minuten je Backblech.

9. Die Kekse mit dem Backpapier von den Backblechen auf Kuchenroste ziehen. Gebäck erkalten lassen.

Mit einem Kaffeelöffel jedes Teighäufchen in der Mitte etwas eindrücken.

Mit 2 Kaffeelöffeln jeweils etwas von dem Belag in die Vertiefungen der Teighäufchen geben.

Abwandlung 1 vom Basisrezept:
Cashewkern-Spitzen (Foto)

Etwa 50 Stück – 2 Backbleche (je 30 x 40 cm), weiche Butter oder Margarine, Backpapier

Zubereitungszeit: etwa 45 Minuten

Zutaten für 1 Basisrezept Rührteig,
ohne Finesse Geriebene Zitronenschale
Zusätzlich: 1 Pck. Dr. Oetker Finesse Orangenfrucht

Für den Belag:
100 g Cashewkerne, geröstet und gesalzen
40 g Zucker
50 g Orangenmarmelade
etwa 25 Cashewkerne

1. Backbleche in den Ecken und in der Mitte einfetten, mit Backpapier belegen.

2. Für den Belag die Cashewkerne grob hacken. Mit Zucker und Orangenmarmelade in einer Schüssel verrühren.

3. Den Rührteig wie beschrieben zubereiten, dabei die Zitronenschale durch Orangenfrucht ersetzen.

4. Backofen auf 180 °C (Heißluft 160 °C) vorheizen.

5. Teighäufchen wie beschrieben auf die Backbleche setzen. Mit einem Kaffeelöffel jedes Teighäufchen in der Mitte etwas eindrücken. Jeweils etwas Belag in die Vertiefungen der Teighäufchen geben und mit je einer Cashewkernhälfte belegen. Backen und erkalten lassen wie beschrieben.

Abwandlung 2 vom Basisrezept:
Kokosspitzen

Etwa 50 Stück – 2 Backbleche (je 30 x 40 cm), weiche Butter oder Margarine, Backpapier

Zubereitungszeit: etwa 45 Minuten

Zutaten für 1 Basisrezept Rührteig

Für den Belag:
80 g Kokosraspel
40 g Zucker
70 g flüssiger Honig
1 Pck. Dr. Oetker Finesse Geriebene Zitronenschale

1. Backbleche in den Ecken und in der Mitte einfetten, mit Backpapier belegen.

2. Für den Belag die Kokosraspel mit Zucker und Honig und Zitronenschale in einer Schüssel verrühren.

3. Den Rührteig wie beschrieben zubereiten.

4. Backofen auf 180 °C (Heißluft 160 °C) vorheizen.

5. Teighäufchen wie beschrieben auf die Backbleche setzen. Mit einem Kaffeelöffel jedes Teighäufchen in der Mitte etwas eindrücken. Jeweils etwas Belag in die Vertiefungen der Teighäufchen geben. Backen und erkalten lassen wie beschrieben.

Ratgeber
Brot & Brötchen

Knusperfrisch genießen – Brot & Brötchen aus dem eigenen Ofen

Von wegen leckeres Brot und Brötchen gibt's nur beim Bäcker. Mit unseren Rezepten für knuspriges Brot, goldbraune Brötchen und lockeres Kleingebäck werden Sie schnell zum begeisterten Selbstbäcker. Brot backen ist gar nicht so schwer, auch ohne Backautomat. Probieren Sie es einfach aus. Denn selbst gemachtes Brot ist ein ganz besonderer Genuss. Es gibt so viele Herstellungstechniken und Zutatenvarianten, dass Sie schon bald Ihr neues Lieblingsbrot oder die schönsten Sonntagsbrötchen für sich entdecken werden.

Gesund und gut

Brot ist gesund. Es enthält nur wenig Fett, ist ein guter Ballaststofflieferant und enthält viele Vitamine sowie Mineralstoffe. Die beiden wichtigsten Getreidearten in der Brot- und Brötchenbäckerei sind Weizen und Roggen. Von allen Mehlsorten lässt sich Weizenmehl am einfachsten backen, da es viel Kleber-Eiweiß enthält. Daher eignen sich die hellen, lockeren Mehle mit niedriger Typenzahl sehr gut für Brötchen und Kleingebäck. Aus den dunkleren und schwereren Mehlen entstehen die herzhaften Brote.

Ganz einfach und schnell geht es mit fertigen Backmischungen die in vielen Rezepturen angeboten werden. Die Haltbarkeit eines Mehles richtet sich nach dem Ausmahlungsgrad. Mehle mit niedriger Typenzahl können Sie ein Jahr und länger aufbewahren. Dagegen sind Vollkornmehl und Vollkornschrot nur begrenzt, 4–6 Wochen haltbar. Durch den Fettgehalt des Keimlings kann Vollkornmehl schneller ranzig werden.

Ganzes Korn – voller Geschmack

Vollkorn, Vollkornschrot und Vollkornmehle spielen beim Brotbacken eine wichtige Rolle. In ihnen stecken alle wichtigen Bestandteile für ein gesundes Brot. Unter Vollkorn versteht man das ganze, spelzfreie, keimfähige Samenkorn unterschiedlicher Getreidearten. Vollkornschrot entsteht durch das Schroten, Quetschen und Zermahlen von Getreide. Je nach Feinheitsgrad unterscheidet man Grob-, Mittel- und Feinschrot. Vollkornmehl ist das mehlfein zermahlene Getreide. Backen Sie mit Vollkornmehl, kann die Menge an benötigtem Wasser für den Teig leicht schwanken. Je nachdem, wie fein das Vollkornmehl vermahlen ist, das Sie verwenden, kann es etwas mehr oder weniger Wasser aufnehmen. Die im Rezept angegebenen Wassermengen sind deshalb ungefähre Angaben.

Gut geknetet ist schon halb gewonnen

Für Brot und Brötchen mit gleichmäßig lockerer Krume ist das Vermengen aller Zutaten wichtige Voraussetzung. Das Kneten unterstützt das Aufgehen des Brotes und die geschmackliche Entfaltung aller Zutaten. Durch den Lufteinschluss in den Teig wird das Brot schön locker. Das Kneten ist nicht jedermanns Sache, daher kann Ihnen ein Brotbackautomat diese Arbeit abnehmen.

Kraftvolle Backhelfer

Brotbackautomat: Er kann natürlich viel mehr, als nur Kneten. Mit einem Brotbackautomaten können Sie sich in Ruhe anderen Dingen widmen, während Ihr Brot entsteht. Das ist praktisch. Die gängigen Backautomaten bieten mehrere Backprogramme und Bräunungsgrade für unterschiedliche Brotsorten und Gewichte. Über einen Zeitschaltuhr lassen sich die Programme im voraus programmieren. Manche Geräte verfügen zusätzlich über ein Schnellbackprogramm und eine Warmhaltefunktion. Über ein Sichtfenster haben Sie das Brot immer im Blick. Den beschichteten Brotbehälter und Knethaken können Sie herausnehmen und in der Spülmaschine reinigen.

Getreidemühlen: Sie können sogar das Mehl oder Schrot für Ihr Brot selber herstellen. Das ist besonders gesund und vollwertig. Mithilfe einer Getreidemühle können Sie ganz nach benötigter Menge frische Getreideflocken, Mehl oder Schrot herstellen.

Schöne Kruste, saftige Krume – Brot

Von der Konsistenz des Teiges sollten Sie abhängig machen, ob Sie ein Kastenbrot oder besser einen runden Brotlaib backen. Weiche Teige werden in Kastenformen gebacken. Feste Teige können „frei geschoben", also auf dem Backblech gebacken werden. In einer Kastenform (30 x 11 cm) können Sie gut Brote mit einem Gewicht von 500 g oder 750 g backen. Spezielle Backformen für Brote werden in unterschiedlichen Größen und Formen angeboten. Geben Sie den Teig in die gefettete Form. Den Boden der Form können Sie z. B. auch mit Sonnenblumenkernen, Sesamen oder Haferflocken ausstreuen. Das ergibt eine attraktive und leckere Kruste. Lassen Sie den Teig in der Form vor dem Backen noch etwas ruhen bzw. ein weiteres Mal gehen. Feste Teige sollten Sie während der Teigbereitung nochmals mit den Händen geknetet werden, damit die Krume beim Backen nicht zu fest wird.
So stellen Sie fest, ob das Brot gar ist: Klopfen Sie das Brot an der Ober- und Unterseite mit der Hand ab. Klingt es hohl, ist das Brot fertig gebacken.
Brotteig können Sie mit vielen Zutaten kombinieren und eigene Geschmacksnoten geben.
Probieren Sie doch zum Beispiel mal:

- Getrocknete Feigen
- Vierkornflocken (Hafer, Gerste, Weizen, Roggen)
- Nussmüsli
- Kräuter der Provence
- Röstzwiebeln
- Ajwar
- schwarze und grüne Oliven
- Kümmel
- Malzbier
- helles Bier
- Hagelsalz
- blütenzarte und kernige Haferflocken
- gehackte TK-Kräuter
- Frischkäse
- Trockenobst
- getrocknete Tomaten

Von Semmel bis Hörnchen – Brötchen

Ob groß, klein, rund oder eckig: Brötchenteig können Sie ganz nach Belieben formen. Teilen Sie den Teig mit der Teigkarte oder einem Messer in Stücke. Nehmen Sie ein Teigstück in die bemehlten Hände, kneten es leicht durch und formen Sie es wie gewünscht. Die Teigstücke so auf dem mit Backpapier belegten Backblech anordnen, dass genügend Abstand bleibt. Ritzen Sie die Teiglinge an der Oberfläche mit einem spitzen Messer kreuzweise ein. So geht der Teig schön gleichmäßig auf.

Bestreichen Sie die Oberfläche mit Wasser oder verquirltem Ei und bestreuen Sie die Teiglinge, z. B. mit Mohnsamen oder Sesamsamen.

Eine Hilfe beim Formen können Brötchendrücker sein. Mit den „Stempeln" aus Kunststoff können Sie den Teig für Brötchen oder Kleingebäck leicht in Kaiserbrötchen- oder Schneckenform bringen. Formen Sie aus dem Brötchenteig Kugeln und legen diese aufs Blech. Dann den Brötchendrücker in Mehl tauchen und fest auf die Teigkugel drücken.

Backtipps für Brot & Brötchen

Hefeteig: Lassen Sie Brotteig mit Hefe bis zu dreimal gehen. Beim Gehen sollte sich das Volumen des Teigs mindestens um ein Drittel erhöht haben. Dadurch wird das Brot besonders locker. Geht der Teig dagegen zu lange, enthält die Krume zu viel Luft. Beim Backen fällt das Brot zusammen. Um das richtige Maß zu finden, können Sie anfänglich die Höhe des Teiges vor und nach der Gehzeit messen.

Temperatur/Zutatenmenge: Alle Zutaten für's Brot sollten die gleiche Temperatur haben. Wasser und Mehl sollten so dosiert sein, dass sich der Teig locker und geschmeidig anfühlt. Er sollte gerade so feucht sein, dass er nicht mehr an den Fingern klebt.

Krosse Kruste: Der Geschmack eines Brotes oder von Brötchen wird wesentlich von der Kruste bestimmt. Damit sie schön kross wird, muss der Backofen gut abbacken, damit sich die äußere Porenschicht schließt. Ist der Teig zu trocken, bekommt das Brot eine sehr helle, harte Kruste.

Basisrezept Quarkbrötchen

Für den Hefeteig:
200 ml lauwarmes Wasser
50 g weiche Butter
oder Margarine
500 g Weizenmehl (Type 550)
1 Pck. Dr. Oetker
Trockenbackhefe
1 TL Zucker
1½ TL Salz
250 g Magerquark

Zum Bestreichen und Bestreuen:
2 EL Wasser oder Milch
20 g Kürbiskerne
20 g geschälte Sesamsamen
20 g Mohnsamen

Zum Bestäuben:
etwas Mehl

1 Butter zum Wasser in das Litermaß geben.

2 Mehl, Hefe, Zucker und Salz in eine Rührschüssel geben, mit dem Schneebesen verrühren.

Quarkbrötchen

Für 16 Stück – 1 Backblech (30 x 40 cm), weiche Butter oder Margarine, Backpapier

Zubereitungszeit: etwa 35 Minuten, ohne Teiggehzeit

1. Backblech in den Ecken und in der Mitte einfetten, mit Backpapier belegen.

2. Foto 1 Butter zum Wasser in das Litermaß geben.

3. Foto 2 Für den Teig Mehl, Hefe, Zucker und Salz in eine Rührschüssel geben, mit dem Schneebesen verrühren.

4. Wasser-Fett-Gemisch und Quark in die Schüssel geben. Zutaten mit Handrührgerät mit Knethaken zunächst auf niedrigster, dann auf höchster Stufe in etwa 5 Minuten zu einem glatten Teig verarbeiten.

5. Den Teig zugedeckt an einem warmen Ort so lange gehen lassen, bis er sich sichtbar vergrößert hat (etwa 30 Minuten).

6. Den Teig und die Arbeitsfläche mit Mehl bestäuben. Den Teig auf der Arbeitsfläche kurz kneten.

7. Aus dem Teig eine Rolle formen, mit der Teigkarte in 16 Scheiben teilen.

8. Foto 3 Aus den Scheiben Brötchen formen. Dafür eine Hand kuppelartig über eine Teigscheibe legen, die Hand und den Teig darin kreisen lassen, bis aus dem Teig eine Kugel entstanden ist.

9. Teigkugeln auf das Backblech legen. Teigkugeln zugedeckt so lange an einem warmen Ort gehen lassen, bis sie sich sichtbar vergrößert haben (15 Minuten). Den Backofen auf 200 °C (Heißluft 180 °C) vorheizen.

10. Foto 4 Teigstücke mit Wasser oder Milch bestreichen und mit Kürbiskernen, Sesam oder Mohn bestreuen.

11. Das Backblech in den Backofen schieben.

Ober-/Unterhitze: etwa 200 °C (vorgeheizt)
Heißluft: etwa 180 °C (vorgeheizt)
Backzeit: etwa 25 Minuten.

12. Die Brötchen vom Backpapier nehmen und auf einem Kuchenrost erkalten lassen.

Aus den Scheiben Brötchen formen.

Teigstücke mit Kürbiskernen, Sesam oder Mohn bestreuen.

Abwandlung 1 vom Basisrezept:
Kräuter-Haferbrötchen, Partysonne

Für 15 Stück (1 Partysonne) – 1 Backblech (30 x 40 cm), weiche Butter oder Margarine, Backpapier

Zubereitungszeit: etwa 35 Minuten, ohne Teiggehzeit

Zutaten für 1 Basisrezept Quarkbrötchen,
mit nur 320 g Weizenmehl (Type 550)
Zusätzlich: 150 g blütenzarte Haferflocken,
1 Pck. TK-8-Kräuter, gehackt (25 g)

Zum Bestreichen und Bestreuen:
2 EL Wasser oder Milch
2 EL blütenzarte Haferflocken

1. Backblech in den Ecken und in der Mitte einfetten, mit Backpapier belegen.

2. Den Hefeteig wie beschrieben zubereiten. Dabei die Haferflocken mit dem Mehl (320 g), Hefe, Zucker und Salz mischen. Quark und tiefgefrorene Kräuter mit den restlichen Zutaten dazugeben.

3. Den Teig wie beschrieben 30 Minuten gehen lassen und zu einer Rolle formen. Die Rolle in nur 15 anstelle von 16 Scheiben teilen.

4. Die Teigscheiben wie beschrieben zu Kugeln formen.

5. Für die Partysonne eine Teigkugel in die Mitte des Backbleches legen. 7 Kugeln als Ring darumlegen, die restlichen Kugeln als zweiten Ring darumlegen, dabei zwischen den Kugeln jeweils eine Lücke lassen. Die Teigkugeln zugedeckt wie beschrieben nochmals gehen lassen.

6. Den Backofen auf 200 °C (Heißluft 180 °C) vorheizen.

7. Die Teigkugeln mit Wasser oder Milch bestreichen, mit Haferflocken bestreuen und wie beschrieben backen und erkalten lassen.

Abwandlung 2 vom Basisrezept:
Dinkelbrötchen mit Rosinen (Foto)

Für 16 Stück – 1 Backblech (30 x 40 cm), weiche Butter oder Margarine, Backpapier

Zubereitungszeit: etwa 35 Minuten, ohne Teiggehzeit

Zutaten für 1 Basisrezept Quarkbrötchen, ohne Weizenmehl
Zusätzlich: 500 g Dinkel-Vollkornmehl
100 g Rosinen
4 EL flüssiger Honig (60 g)

Zum Bestreichen:
2 EL Wasser oder Milch

1. Backblech in den Ecken und in der Mitte einfetten, mit Backpapier belegen.

2. Den Hefeteig wie beschrieben zubereiten, dabei Dinkel-Vollkornmehl anstelle von Weizenmehl verwenden. Die Rosinen und den Honig mit den übrigen Zutaten zum Mehlgemisch geben.

3. Den Teig wie beschrieben gehen lassen, Brötchen formen und wie beschrieben nochmals gehen lassen. Den Backofen auf 200 °C (Heißluft 180 °C) vorheizen.

4. Herausstehende Rosinen in den Teig drücken. Die Teigkugeln mit Wasser oder Milch bestreichen. Teigkugeln wie beschrieben backen und erkalten lassen.

Basisrezept Bagels

Für den Hefeteig:
450 g Weizenmehl
50 g Speisestärke
1 Pck. Dr. Oetker Trockenbackhefe
3 TL brauner Zucker
1 TL Salz
300 ml lauwarmes Wasser

Zum Bestreichen und Bestreuen:
1 Eigelb (Größe M)
20 g Hagelsalz
20 g Sesamsamen
20 g Mohnsamen

Zum Bestäuben:
etwas Mehl

1

Aus dem Teig eine Rolle formen, mit der Teigkarte in 12 Scheiben teilen, die Scheiben zu Kugeln formen.

Bagels

Für 12 Stück – 2 Backbleche (je 30 x 40 cm), Speiseöl zum Bestreichen

Zubereitungszeit: etwa 60 Minuten, ohne Teiggehzeit

1. Backbleche mit Öl bestreichen.

2. Für den Teig Mehl, Speisestärke, Hefe, Zucker und Salz in eine Rührschüssel geben, mit einem Schneebesen verrühren.

3. Wasser dazugeben. Zutaten mit Handrührgerät mit Knethaken zunächst auf niedrigster, dann auf höchster Stufe in etwa 5 Minuten zu einem glatten Teig verarbeiten. Den Teig zugedeckt an einem warmen Ort so lange gehen lassen, bis er sich sichtbar vergrößert hat (etwa 30 Minuten).

4. Den Teig und die Arbeitsfläche mit Mehl bestäuben. Den Teig auf der Arbeitsfläche kurz kneten.

5. Foto 1 Aus dem Teig eine Rolle formen, mit der Teigkarte in 12 Scheiben teilen, die Scheiben zu Kugeln formen. Dafür eine Hand kuppelartig über eine Teigscheibe legen, die Hand und den Teig darin kreisen lassen, bis aus dem Teig eine Kugel entstanden ist.

6. Die Teigkugeln auf der Arbeitsfläche mit einem feuchten Tuch bedecken. Einen breiten Kochtopf zu $^{2}/_{3}$ mit Wasser füllen. Das Wasser zum Kochen bringen.

7. Foto 2 Jede Teigkugel mit dem bemehlten Zeigefinger in der Mitte bis auf die Arbeitsfläche eindrücken. Den Finger kreisförmig in dem Teigring bewegen, um das Loch zu vergrößern (Ø 2–3 cm). Immer nur 1 Teigkugel bearbeiten, die restlichen unter dem Tuch lassen, damit der Teig geschmeidig bleibt.

8. Foto 3 Mehrere Teigringe in das schwach kochende Wasser geben und etwa 1 Minute im offenen Topf darin ziehen lassen, bis sich die Ringe aufzublähen beginnen (nur so viele Teigringe in das Wasser geben, dass sie darin „schwimmen" können).

Jede Teigkugel mit dem bemehlten Zeigefinger in der Mitte bis auf die Arbeitsfläche eindrücken.

Teigringe in schwach kochendem Wasser 1 Minute ziehen lassen, bis sich die Ringe aufzublähen beginnen.

9. Teigringe mit einem Schaumlöffel herausnehmen, abtropfen lassen und jeweils 6 auf ein Backblech legen. Den Backofen auf 200 °C (Heißluft 180 °C) vorheizen.

10. Eigelb verquirlen, die Teigringe damit bestreichen und mit Hagelsalz, Sesamsamen oder Mohnsamen bestreuen.

11. Die Backbleche nacheinander (bei Heißluft zusammen) in den Backofen schieben und sofort backen.

Ober-/Unterhitze: 200–220 °C (vorgeheizt)
Heißluft: 180–200 °C (vorgeheizt)
Backzeit: etwa 15 Minuten.

12. Die Bagels von den Backblechen lösen und auf einem Kuchenrost erkalten lassen.

Tipp: Bagels schmecken am besten frisch. Servieren Sie sie z. B. mit geräuchertem Lachs und Hüttenkäse oder als süße Variante mit Quark und Konfitüre.

Abwandlung vom Basisrezept: Vollkornbagels

Für 12 Stück – 2 Backbleche (je 30 x 40 cm), Speiseöl zum Bestreichen

Zubereitungszeit: etwa 60 Minuten, ohne Teiggehzeit

Zutaten für 1 Basisrezept Bagels, ohne Weizenmehl und Speisestärke
Zusätzlich: 500 g Vollkorn-Weizenmehl, etwa 50 ml lauwarmes Wasser

Zum Bestreichen und Bestäuben:
1 Eigelb (Größe M)
etwas Weizenmehl

1. Backbleche mit Öl bestreichen.

2. Den Hefeteig wie beschrieben zubereiten, dabei Vollkorn-Weizenmehl und das zusätzliche Wasser verwenden.

3. Den Backofen auf 200 °C (Heißluft 180 °C) vorheizen.

4. Den Teig wie beschrieben weiterverarbeiten. Teigringe mit verquirltem Eigelb bestreichen. Teig wie beschrieben backen und erkalten lassen.

Tipp: Bagels waagerecht aufschneiden, Frischkäse auf die Schnittflächen streichen. Die unteren Hälften der Bagels mit bunten Paprikastreifen und in Streifen geschnittenen Petersilienblättern bestreuen. Obere Hälften der Bagels darauflegen.

Basisrezept Hörnchen

Für den Quark-Öl-Teig:
300 g Weizenmehl
1 Pck. Dr. Oetker Backin
1 Pck. Dr. Oetker Finesse
Geriebene Zitronenschale
1 Prise Salz
150 g Magerquark
100 ml Milch
100 ml Speiseöl
80 g Zucker

Zum Bestreichen und Bestreuen:
1 Eigelb (Größe M)
1 EL Wasser oder Milch
2 EL Mohnsamen
2 EL geschälte Sesamsamen

Zum Bestäuben:
etwas Mehl

Die Rolle mit der Teigkarte in 12 Scheiben teilen.

Aus jeder Scheibe eine Stange (etwa 18 cm Länge) formen, dabei die Stangenenden etwas dünner formen.

Hörnchen

Für 12 Stück – 1 Backblech (30 x 40 cm), weiche Butter oder Margarine, Backpapier

Zubereitungszeit: etwa 45 Minuten

1. Backblech in den Ecken und in der Mitte einfetten, mit Backpapier belegen.

2. Mehl und Backpulver in eine Rührschüssel geben und mit einem Schneebesen verrühren.

3. Zitronenschale, Salz, Quark, Milch, Öl und Zucker dazugeben. Zutaten zuerst mit Handrührgerät mit Knethaken verarbeiten.

4. Dann den Teig und die Arbeitsfläche mit Mehl bestäuben. Den Teig aus der Schüssel nehmen und auf der Arbeitsfläche mit den Händen kurz zu einem glatten Teig verarbeiten.

5. Den Teig auf der Arbeitsfläche zu einer Rolle formen. Den Backofen auf 200 °C (Heißluft 180 °C) vorheizen.

6. Foto 1 Die Rolle mit der Teigkarte in 12 Scheiben teilen.

7. Foto 2 Aus jeder Scheibe eine Stange (etwa 18 cm Länge) formen, dabei die Stangenenden etwas dünner formen.

8. Die Stangen zu Hörnchen formen und auf das Backblech legen.

9. Eigelb und Wasser oder Milch verquirlen, die Hörnchen damit bestreichen. 6 Hörnchen mit Mohn, die restlichen mit Sesam bestreuen.

10. Das Backblech in den Backofen schieben.

Ober-/Unterhitze: etwa 200 °C (vorgeheizt)
Heißluft: etwa 180 °C (vorgeheizt)
Backzeit: etwa 20 Minuten.

11. Die Hörnchen vom Backpapier lösen und auf einem Kuchenrost erkalten lassen.

Schnelle Brötchen

Die Kugeln mit der Unterseite in die Sonnenblumenkerne drücken.

Restliche Sonnenblumenkerne auf die Kugeln streuen.

Abwandlung 1 vom Basisrezept:
Schnelle Brötchen (Foto)

Ergibt 12 Stück – 1 Backblech (30 x 40 cm), weiche Butter oder Margarine, Backpapier

Zubereitungszeit: etwa 30 Minuten

Zutaten für 1 Basisrezept Quark-Öl-Teig

Zum Bestreichen, Eindrücken und Bestreuen:
1 Ei (Größe M)
1 EL Wasser oder Milch
100 g Sonnenblumenkerne

1. Backblech in den Ecken und in der Mitte einfetten, mit Backpapier belegen.
2. Den Quark-Öl-Teig wie beschrieben zubereiten und in Scheiben teilen.
3. Aus den 12 Teigscheiben Kugeln anstelle von Stangen formen. Den Backofen auf 200 °C (Heißluft 180 °C) vorheizen.
4. Zum Bestreichen Ei mit Wasser oder Milch verquirlen.
5. Foto 3 Die Kugeln auf der Unterseite damit bestreichen und mit der Unterseite in die Sonnenblumenkerne drücken.
6. Die Kugeln mit der Kern-Seite nach unten auf das Backblech legen und mit restlichem verquirlten Ei bestreichen.
7. Foto 4 Restliche Sonnenblumenkerne auf die Kugeln streuen.
8. Teigkugeln wie beschrieben backen und erkalten lassen.

Abwandlung 2 vom Basisrezept:
Müsli-Stangen

Ergibt 12 Stück – 1 Backblech (30 x 40 cm), weiche Butter oder Margarine, Backpapier

Zubereitungszeit: etwa 30 Minuten

Zutaten für 1 Basisrezept Quark-Öl-Teig, ohne Zitronenschale
Zusätzlich: 100 g Dr. Oetker Vitalis Knuspermüsli

Zum Bestreichen und Bestreuen:
1 Eigelb (Größe M)
1 EL Wasser oder Milch
50 g Dr. Oetker Vitalis Knuspermüsli

1. Backblech in den Ecken und in der Mitte einfetten, mit Backpapier belegen.
2. Das Müsli mit den Händen fein zerkrümeln. Den Quark-Öl-Teig wie beschrieben zubereiten, dabei das Müsli mit unter den Teig arbeiten. Den Teig wie beschrieben in Scheiben teilen. Den Backofen auf 200 °C (Heißluft 180 °C) vorheizen.
3. Aus den 12 Teigscheiben Stangen (je 12 cm Länge) formen und auf das Backblech legen.
4. Zum Bestreichen Eigelb und Wasser oder Milch verquirlen. Die Stangen damit bestreichen. Müsli mit den Händen zerkrümeln und auf die Stangen streuen. Die Stangen wie beschrieben backen und erkalten lassen.

Basisrezept Butterhörnchen

Für den Hefeteig:
70 g weiche Butter
oder Margarine
175 ml lauwarmes Wasser
375 g Weizenmehl (Type 550)
1 Pck. Dr. Oetker
Trockenbackhefe
½ TL Salz
1 EL flüssiger Honig

Zum Bestreichen und Bestäuben:
50 g Butter oder Margarine
1 Eigelb (Größe M)
1 EL Wasser oder Milch
etwas Weizenmehl

1 Den Teig zu einem Rechteck (40 x 45 cm) ausrollen.

2 Den Teig mit einem Messer der Länge nach halbieren.

Butterhörnchen

Für 10 Stück (plus 4 kleine) – 1 Backblech (30 x 40 cm), weiche Butter oder Margarine, Backpapier

Zubereitungszeit: etwa 45 Minuten, ohne Teiggehzeit

1. Backblech in den Ecken und in der Mitte einfetten, mit Backpapier belegen.

2. Butter oder Margarine zum Wasser in das Litermaß geben.

3. Für den Teig Mehl, Hefe und Salz in eine Rührschüssel geben, mit dem Schneebesen verrühren.

4. Wasser-Fett-Gemisch und Honig in die Schüssel geben. Zutaten mit Handrührgerät mit Knethaken zunächst auf niedrigster, dann auf höchster Stufe in etwa 5 Minuten zu einem glatten Teig verarbeiten.

5. Den Teig zugedeckt an einem warmen Ort so lange gehen lassen, bis er sich sichtbar vergrößert hat (etwa 30 Minuten).

6. Butter oder Margarine zum Bestreichen zerlassen.

7. Den Teig und die Arbeitsfläche mit Mehl bestäuben. Den Teig auf der Arbeitsfläche kurz kneten. Aus dem Teig eine Rolle formen.

8. Foto 1 Den Teig zu einem Rechteck (40 x 45 cm) ausrollen.

9. Foto 2 Den Teig mit einem Messer der Länge nach halbieren.

10. Foto 3 Jede Teighälfte in 5 Dreiecke (je 15 cm Breite) und zwei schmale Dreiecke (je 7,5 cm Breite) schneiden.

11. Foto 4 Dreiecke mit Butter oder Margarine bestreichen und von der kurzen Seite zur Spitze hin locker aufrollen, zu Hörnchen formen und auf das Backblech legen.

12. Hörnchen zugedeckt nochmals 15 Minuten gehen lassen, bis sie sich sichtbar vergrößert haben. Den Backofen auf 200 °C (Heißluft 180 °C) vorheizen.

3

Jede Teighälfte in 5 Dreiecke (je 15 cm Breite) und zwei schmale Dreiecke (je 7,5 cm Breite) schneiden.

4

Dreiecke mit Butter bestreichen und von der kurzen Seite zur Spitze hin locker aufrollen, zu Hörnchen formen und auf das Backblech legen.

Hörnchen mit Schoko- oder Marzipanfüllung

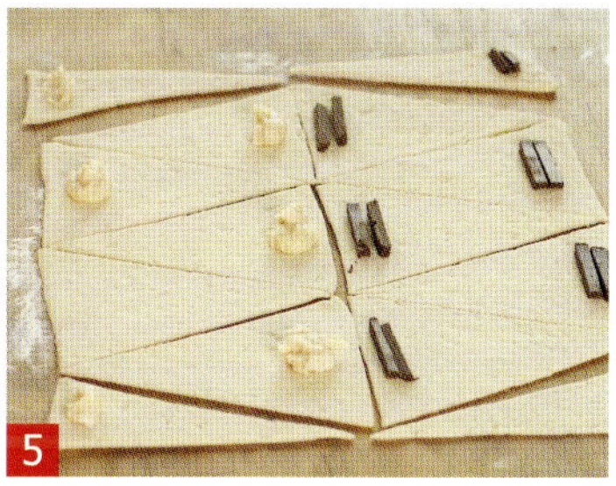

5

An die untere, kurze Kante von 5 großen und 2 kleinen Dreiecken die Schokolade legen. Auf die restlichen Dreiecke auf die gleiche Weise die Marzipanrohmasse geben.

13. Eigelb mit Wasser oder Milch verquirlen und auf die Hörnchen streichen.

14. Das Backblech in den Backofen schieben.

Ober-/Unterhitze: etwa 200 °C (vorgeheizt)
Heißluft: etwa 180 °C (vorgeheizt)
Backzeit: etwa 25 Minuten.

15. Die Hörnchen vom Backpapier lösen und auf einem Kuchenrost erkalten lassen.

Abwandlung vom Basisrezept: Hörnchen mit Schoko- oder Marzipanfüllung

Für 10 Stück (plus 4 kleine) – 1 Backblech (30 x 40 cm), weiche Butter oder Margarine, Backpapier

Zubereitungszeit: etwa 45 Minuten, ohne Teiggehzeit

Zutaten für 1 Basisrezept Hefeteig

Für die Füllung:
70 g Edelbitter-Schokolade (mindestens 50 % Kakao)
100 g Marzipan-Rohmasse
1 Eiweiß (Größe M)

Zum Bestreichen:
1 Eigelb (Größe M)
1 EL Milch

1. Den Hefeteig wie beschrieben zubereiten und gehen lassen.

2. Für die Füllung die Schokolade in Streifen schneiden. Marzipan-Rohmasse und Eiweiß in eine Schüssel geben und mit einer Gabel verkneten.

3. Den Teig wie beschrieben ausrollen und in Dreiecke schneiden.

4. Foto 5 An die untere, kurze Kante von 5 großen und 2 kleinen Dreiecken die Schokolade legen. Auf die restlichen Dreiecke auf die gleiche Weise die Marzipanmasse geben.

5. Die Dreiecke wie beschrieben aufrollen, zu Hörnchen formen und auf das Backblech legen. Wie beschrieben zudecken und gehen lassen.

6. Zum Bestreichen Eigelb mit Milch verquirlen und auf die Hörnchen streichen. Hörnchen wie beschrieben backen und erkalten lassen.

Basisrezept Weißbrot

Für den Hefeteig:
250 ml (1/4 l) lauwarmes Wasser
100 ml Milch
500 g Weizenmehl (Type 550)
1 Pck. Dr. Oetker Trockenbackhefe
1 TL Zucker
2 gestr. TL Salz

Zum Bestreichen und Bestäuben:
1 EL Wasser oder Milch
etwas Mehl

1 Den Teig mit Mehl bestäuben.

2 Den Teig zu einem schmalen Laib (etwa 28 cm Länge) formen.

3 Den Teig in die Form legen.

Weißbrot

Für 1 Brot (etwa 800 g) – 1 Kastenform (30 x 11 cm), weiche Butter oder Margarine zum Einfetten

Zubereitungszeit: etwa 30 Minuten, ohne Teiggehzeit

1. Kastenform einfetten. Wasser und Milch mischen. Mehl, Hefe, Zucker und Salz in eine Rührschüssel geben, mit dem Schneebesen verrühren.

2. Wasser-Milch-Gemisch in die Schüssel geben. Zutaten mit Handrührgerät mit Knethaken zunächst auf niedrigster, dann auf höchster Stufe in etwa 5 Minuten zu einem glatten Teig verarbeiten.

3. Foto 1 Den Teig mit Mehl bestäuben. Den Teig zugedeckt an einem warmen Ort so lange gehen lassen, bis er sich sichtbar vergrößert hat (etwa 30 Minuten).

4. Den Teig und die Arbeitsfläche mit Mehl bestäuben. Den Teig auf der Arbeitsfläche kurz kneten.

5. Foto 2 Den Teig zu einem schmalen Laib (etwa 28 cm Länge) formen.

6. Foto 3 Den Teig in die Form legen.

7. Den Teig zugedeckt so lange an einem warmen Ort gehen lassen, bis er sich sichtbar vergrößert hat (etwa 15 Minuten). Den Backofen auf 200 °C vorheizen (Heißluft nicht vorheizen).

8. Foto 4 Die Teigoberfläche mit einem scharfen Messer der Länge nach etwa 1 cm tief einschneiden.

9. Den Teig mit Wasser oder Milch bestreichen. Die Form auf dem Rost in den Backofen schieben.

Ober-/Unterhitze: etwa 180 °C (vorgeheizt)
Heißluft: 160 °C (nicht vorgeheizt)
Backzeit: etwa 40 Minuten.

10. Das Brot aus der Form auf einen Kuchenrost stürzen, umdrehen und erkalten lassen.

Die Teigoberfläche mit einem scharfen Messer der Länge nach etwa 1 cm tief einschneiden.

Die Speck-Kräuter-Masse darauf verteilen, dabei rundherum einen 1 cm breiten Rand lassen.

Die Teigrolle mit der offenen Längsseite nach unten in die Kastenform legen.

Abwandlung vom Basisrezept:
Weißbrot mit Kräuter-Nuss-Füllung

Für 1 Brot (etwa 950 g) – 1 Kastenform (30 x 11 cm), weiche Butter oder Margarine zum Einfetten

Zubereitungszeit: etwa 30 Minuten, ohne Teiggehzeit

Zutaten für 1 Basisrezept Hefeteig

Für die Füllung:
100 g Haselnusskerne
1 Zwiebel
1 Bund glatte Petersilie
2 EL Speiseöl
50 g durchwachsener Speck in Würfeln

Zum Bestreichen und Bestäuben:
1 EL Wasser oder Milch
etwas Mehl

1. Kastenform einfetten.

2. Hefeteig wie beschrieben zubereiten und gehen lassen.

3. Die Nüsse mit einem Messer oder im Zerkleinerer grob hacken. Zwiebel abziehen und in kleine Würfel schneiden. Petersilie abspülen und trockentupfen, die Blättchen abzupfen und fein hacken. Speiseöl in einer Pfanne erhitzen, Speckwürfel darin anbraten. Zwiebelwürfel hinzugeben und andünsten. Haselnusskerne und Petersilie unterrühren, die Masse abkühlen lassen.

4. Den Teig und die Arbeitsfläche mit Mehl bestäuben. Den Teig auf der Arbeitsfläche kurz kneten. Zu einem Rechteck (20 x 28 cm) ausrollen.

5. Foto 5 Die Speck-Kräuter-Masse darauf verteilen, dabei rundherum einen 1 cm breiten Rand lassen. Teig von der längeren Seite her aufrollen.

6. Foto 6 Die Teigrolle mit der offenen Längsseite nach unten in die Kastenform legen.

7. Den Teig wie beschrieben zugedeckt gehen lassen. Den Backofen auf 200 °C vorheizen (Heißluft nicht vorheizen).

8. Den Teig wie beschrieben einschneiden, bestreichen, backen und erkalten lassen.

Basisrezept Fladenbrot

Für den Hefeteig:
250 g Weizenmehl (Type 550)
1 Pck. Dr. Oetker Trockenbackhefe
1 gestr. TL Salz
1–2 TL getrocknete Kräuter der Provence
125 ml (1/8 l) lauwarmes Wasser
1 TL flüssiger Honig
6 EL Olivenöl

Zum Bestreichen und Bestäuben:
2 EL Olivenöl
etwas Mehl

Jede Teighälfte zu einem Oval (15 x 25 cm) ausrollen.

Fladenbrot

Für 2 Fladenbrote (je etwa 200 g) – 2 Backbleche (je 30 x 40 cm), weiche Butter oder Margarine, Backpapier

Zubereitungszeit: etwa 30 Minuten, ohne Teiggehzeit

1. Backbleche in den Ecken und in der Mitte einfetten, mit Backpapier belegen.

2. Mehl, Hefe, Salz und Kräuter in eine Rührschüssel geben, mit dem Schneebesen verrühren.

3. Wasser, Honig und Öl hinzufügen. Zutaten mit Handrührgerät mit Knethaken zunächst auf niedrigster, dann auf höchster Stufe in etwa 5 Minuten zu einem glatten Teig verarbeiten. Den Teig mit Mehl bestäuben und zugedeckt an einem warmen Ort so lange gehen lassen, bis er sich sichtbar vergrößert hat (etwa 30 Minuten).

4. Den Teig und die Arbeitsfläche mit Mehl bestäuben. Den Teig auf der Arbeitsfläche kurz kneten. Den Teig halbieren.

5. Foto 1 Jede Teighälfte zu einem Oval (15 x 25 cm) ausrollen.

6. Ovale auf die Backbleche legen. Die Teigstücke zugedeckt so lange an einem warmen Ort gehen lassen, bis sie sich sichtbar vergrößert haben (etwa 15 Minuten).

7. Den Backofen auf 220 °C (Heißluft 200 °C) vorheizen.

8. Foto 2 Mit den Fingern Vertiefungen in den Teig drücken.

9. Foto 3 Den Teig mit Olivenöl bestreichen.

10. Die Backbleche nacheinander (bei Heißluft zusammen) in den Backofen schieben.

Ober-/Unterhitze: etwa 220 °C (vorgeheizt)
Heißluft: etwa 200 °C (vorgeheizt)
Backzeit: 15–20 Minuten je Backblech.

11. Die Fladenbrote vom Backpapier nehmen und auf einem Kuchenrost erkalten lassen.

Mit den Fingern Vertiefungen in den Teig drücken.

Den Teig mit Olivenöl bestreichen.

Abwandlung vom Basisrezept: Fladenbrot mit Ajvar

Für 2 Fladenbrote (je etwa 200 g) – 2 Backbleche (je 30 x 40 cm), weiche Butter oder Margarine, Backpapier

Zubereitungszeit: etwa 30 Minuten, ohne Teiggehzeit

Zutaten für 1 Basisrezept Hefeteig mit nur 50 ml Wasser, ohne Kräuter der Provence
Zusätzlich: 70 g Ajvar (Paprika-Gemüsemus aus dem Glas)
1 TL gerebelter Thymian

Zum Bestreichen und Bestreuen:
2 EL Olivenöl
2–3 TL grobes Meersalz

1. Backbleche in den Ecken und in der Mitte einfetten, mit Backpapier belegen.
2. Den Hefeteig wie beschrieben zubereiten, dabei nur 50 ml Wasser verwenden und mit Ajvar mischen. Thymian anstelle der Kräuter der Provence verwenden.
3. Den Teig wie beschrieben gehen lassen.
4. Den Teig kurz kneten, wie beschrieben formen und zugedeckt gehen lassen.
5. Den Backofen auf 220 °C (Heißluft 200 °C) vorheizen.
6. Wie beschrieben Löcher in den Teig drücken. Den Teig mit Öl bestreichen und mit Salz bestreuen. Den Teig wie beschrieben backen und erkalten lassen.

Basisrezept Ciabatta

Für den Hefeteig:
900 g Weizenmehl (Type 550)
2 Pck. Dr. Oetker Trockenbackhefe
500 ml (½ l) lauwarmes Wasser
5 EL (75 ml) lauwarme Milch
1 EL Olivenöl
1 gestr. EL Salz

Zum Bestreichen und Bestäuben:
lauwarmes Wasser
etwas Mehl

1 Zutaten mit Handrührgerät mit Knethaken zunächst auf niedrigster, dann auf höchster Stufe in etwa 5 Minuten zu einem dickflüssigen Teig verarbeiten.

2 Übriges Mehl zum Teig geben und mit den Knethaken etwa 3 Minuten unterkneten.

3 Den Teig auf die Arbeitsfläche legen und in vier Teile teilen, aber nicht kneten.

Ciabatta

Für 4 Brote (je etwa 330 g) – 2 Backbleche (je 30 x 40 cm), Backpapier

Zubereitungszeit: etwa 45 Minuten, ohne Teiggeh- und Ruhezeit

1. Für den Teig 500 g Mehl und Hefe in eine Rührschüssel (etwa 4-Liter-Inhalt) geben und mit dem Schneebesen verrühren. Wasser, Milch, Öl und Salz hinzufügen.

2. Foto 1 Zutaten mit Handrührgerät mit Knethaken zunächst auf niedrigster, dann auf höchster Stufe in etwa 5 Minuten zu einem dickflüssigen Teig verarbeiten.

3. Den Teig mit Mehl bestäuben und zugedeckt an einem warmen Ort so lange gehen lassen, bis er sich sichtbar vergrößert hat (etwa 30 Minuten).

4. Foto 2 Übriges Mehl zum Teig geben und mit den Knethaken etwa 3 Minuten unterkneten.

5. Teig zudecken und nochmals so lange gehen lassen, bis er sich sichtbar vergrößert hat (etwa 30 Minuten).

6. Den Teig und die Arbeitsfläche mit Mehl bestäuben.

7. Foto 3 Den Teig auf die Arbeitsfläche legen und in vier Teile teilen, aber nicht kneten.

8. Foto 4 Jedes Teigviertel auf ein Stück Backpapier (etwa 16 x 40 cm) legen und mit den Fingern zu einem Fladen (etwa 10 x 25 cm) formen.

9. Fladen zugedeckt etwa 90 Minuten gehen lassen. Der Teig geht nur wenig auf.

10. Den Backofen auf 220 °C (Heißluft 200 °C) vorheizen. Ein Backblech für etwa 5 Minuten zum Erhitzen in den vorgeheizten Backofen schieben.

11. Foto 5 Das heiße Backblech auf einen Kuchenrost legen. 2 Fladen mit dem Backpapier darauflegen.

12. Die Fladen vorsichtig mit Wasser bestreichen und mit etwas Mehl bestäuben. Das Backblech in den Backofen schieben. Verbliebene Teigfladen bis zum Backen zugedeckt lassen, dann ebenfalls auf ein heißes Backblech legen. (Bei Heißluft 2 Backbleche aufheizen, je 2 Teigfladen darauf legen, die Backbleche zusammen in den Backofen schieben.)

Ober-/Unterhitze: etwa 220 °C (vorgeheizt)
Heißluft: etwa 200 °C (vorgeheizt)
Backzeit: 20–25 Minuten je Backblech.

13. Brote vom Backpapier nehmen und auf einem Kuchenrost erkalten lassen.

Jedes Teigviertel auf ein Stück Backpapier (etwa 16 x 40 cm) legen und mit den Fingern zu einem Fladen (etwa 10 x 25 cm) formen.

Das heiße Backblech auf einen Kuchenrost legen. 2 Fladen mit dem Backpapier darauf legen.

Tipp: Wenn sie aus einem Basisrezept Hefeteig beide Sorten Ciabatta backen möchten, teilen Sie den Teig vor der zweiten Teiggehzeit (Basisrezept Punkt 5) in 2 Portionen. Unter eine Portion kneten Sie die halbe Menge Olivenstücke und Tomatenwürfel und formen daraus wie beschrieben auf Backpapier 2 Fladen. Die andere Teighälfte bleibt pur, wird aber wie beschrieben auf Backpapier zu zwei Fladen geformt. Die Fladen wie beschrieben ruhen lassen, mit Wasser bestreichen, mit Mehl bestäuben. Backen und erkalten lassen wie beschrieben.

Abwandlung vom Basisrezept: Ciabatta mit Oliven und Tomaten

Für 4 Brote (je etwa 360 g) –
2 Backbleche (30 x 40 cm), Backpapier

Zubereitungszeit: etwa 45 Minuten, ohne Teiggeh- und Ruhezeit

Zutaten für 1 Basisrezept Hefeteig
Zusätzlich: je 80 g schwarze und grüne Oliven ohne Stein
4 getrocknete, in Öl eingelegte Tomaten

Zum Bestreichen und Bestäuben:
lauwarmes Wasser
etwas Mehl

1. Hefeteig wie beschrieben herstellen und gehen lassen.

2. Inzwischen Oliven und Tomaten abtropfen lassen. Oliven in kleine Stücke, Tomaten in kleine Würfel schneiden.

3. Übriges Mehl, Oliven und Tomaten zum Teig geben und mit den Knethaken unterkneten. Den Teig zudecken und nochmals so lange gehen lassen, bis er sich sichtbar vergrößert hat (etwa 30 Minuten).

4. Den Teig vierteln und wie beschrieben 4 Fladen herstellen. Fladen wie beschrieben zugedeckt gehen lassen. Den Backofen auf 220 °C (Heißluft 200 °C) vorheizen. 1 Backblech wie beschrieben etwa 5 Minuten erhitzen.

5. Anschließend wie beschrieben 2 Fladen mit dem Backpapier darauflegen, vorsichtig mit Wasser bestreichen und mit Mehl bestäuben. Wie beschrieben Backen und erkalten lassen.

6. Verbliebene Teigfladen bis zum Backen zugedeckt lassen, dann ebenfalls auf ein heißes Backblech legen. (Bei Heißluft 2 Backbleche aufheizen, je 2 Teigfladen darauflegen, die Backbleche zusammen in den Backofen schieben.)

7. Fladen wie beschrieben erkalten lassen.

Basisrezept Sesamringe

Für den Hefeteig:
375 g Weizenmehl (Type 550)
1 Pck. Dr. Oetker Trockenbackhefe
1 gestr. TL Salz
250 ml (1/4 l) lauwarmes Wasser
1 TL flüssiger Honig
4 EL Speiseöl

Zum Bestreichen und Bestreuen:
2 EL Wasser
30 g geschälte Sesamsamen

Zum Bestäuben:
etwas Mehl

1 Den Teig vierteln, aus jedem Viertel eine Kugel formen.

2 In jede Kugel mit dem Handballen ein Loch drücken.

Sesamringe

Für 4 Ringe – 2 Backbleche (je 30 x 40 cm), weiche Butter oder Margarine, Backpapier

Zubereitungszeit: etwa 40 Minuten, ohne Teiggehzeit

1. Backbleche in den Ecken und in der Mitte einfetten, mit Backpapier belegen.

2. Mehl, Hefe und Salz in eine Rührschüssel geben, mit dem Schneebesen verrühren.

3. Wasser, Honig und Öl hinzufügen. Zutaten mit Handrührgerät mit Knethaken zunächst auf niedrigster, dann auf höchster Stufe in etwa 5 Minuten zu einem glatten Teig verarbeiten.

4. Den Teig mit Mehl bestäuben und zugedeckt an einem warmen Ort so lange gehen lassen, bis er sich sichtbar vergrößert hat (etwa 30 Minuten).

5. Den Teig und die Arbeitsfläche mit Mehl bestäuben. Den Teig auf der Arbeitsfläche kurz kneten.

6. Foto 1 Den Teig vierteln, aus jedem Viertel eine Kugel formen.

7. Foto 2 In jede Kugel mit dem Handballen ein Loch drücken.

8. Foto 3 Jeden Teigring von der Mitte aus mit den Händen auseinanderziehen.

9. Durch Drehen des Teiges gleichmäßige Ringe formen, (Ø innen etwa 9 cm).

10. Jeweils 2 Ringe auf ein Backblech legen. Die Ringe zugedeckt so lange an einem warmen Ort gehen lassen, bis sie sich sichtbar vergrößert haben (etwa 15 Minuten). Den Backofen auf 200 °C (Heißluft auf 180 °C) vorheizen.

11. Foto 4 Ringe nacheinander mit Wasser bestreichen und mit Sesam bestreuen.

12. Die Backbleche nacheinander (bei Heißluft zusammen) in den Backofen schieben.

Ober-/Unterhitze: etwa 200 °C (vorgeheizt)
Heißluft: etwa 180 °C (vorgeheizt)
Backzeit: etwa 20 Minuten.

13. Die Sesamringe vom Backblech nehmen. Gebäck auf einem Kuchenrost erkalten lassen.

Jeden Teigring von der Mitte aus mit den Händen auseinanderziehen.

Ringe nacheinander mit Wasser bestreichen und mit Sesam bestreuen.

Abwandlung vom Basisrezept:
Kümmel-Bierstangen

Für 8 Stangen – 1 Backblech (30 x 40 cm), Butter oder Margarine, Backpapier

Zubereitungszeit: etwa 40 Minuten, ohne Teiggehzeit

Zutaten für 1 Basisrezept Hefeteig, ohne Wasser
Zusätzlich: 1 TL Kümmelsamen, 250 ml (¹/₄ l) Bier, z. B. Pils

Zum Bestreichen und Bestreuen:
2 EL Bier
1–2 EL Kümmelsamen

Zum Bestäuben:
etwas Mehl

1. Backblech in den Ecken und in der Mitte einfetten, mit Backpapier belegen.

2. Den Hefeteig wie beschrieben zubereiten, dabei den Kümmel mit Mehl und Hefe verrühren. Das Bier anstelle von Wasser verwenden.

3. Den Teig mit Mehl bestäuben und zugedeckt an einem warmen Ort so lange gehen lassen, bis er sich sichtbar vergrößert hat (etwa 30 Minuten).

4. Den Teig und die Arbeitsfläche mit Mehl bestäuben. Den Teig auf der Arbeitsfläche kurz kneten und zu einer Rolle formen. Die Rolle mit der Teigkarte in 8 Scheiben teilen. Jede Scheibe zu einer Stange (etwa 15 cm Länge) formen, die Stangen auf das Backblech legen.

5. Die Teigstangen zugedeckt so lange an einem warmen Ort gehen lassen, bis sie sich sichtbar vergrößert haben (etwa 15 Minuten). Den Backofen auf 200 °C (Heißluft 180 °C) vorheizen.

6. Die Stangen mit einem Messer jeweils 3-mal schräg einritzen. Teig mit Bier bestreichen und mit Kümmel bestreuen. Die Stangen wie beschrieben backen und erkalten lassen.

Tipp: Anstelle von Kümmelsamen 100 g geriebenen Emmentaler-Käse auf die Stangen streuen. Stangen dann nicht mit Bier bestreichen.

Basisrezept Weizenmischbrot

Für den Hefeteig:
150 g Roggenmehl
(Type 1150)
350 g Weizen-Vollkornmehl
1 Pck. Dr. Oetker
Trockenbackhefe
2 gestr. TL Salz
300 ml lauwarmes Wasser
1 TL flüssiger Honig
50 ml Speiseöl

Zum Bestäuben:
etwas Mehl

1 Den Teig mit Wasser bestreichen und mit Mehl bestäuben.

2 Den Teig mit einem scharfen Messer erst längs, dann quer etwa 1 cm tief einschneiden, so dass kleine Quadrate entstehen.

Weizenmischbrot

Für 1 Brot (etwa 800 g) – 1 Kastenform (30 x 11 cm), weiche Butter oder Margarine zum Einfetten

Zubereitungszeit: etwa 30 Minuten, ohne Teiggehzeit

1. Kastenform einfetten.

2. Roggenmehl, Weizen-Vollkornmehl, Hefe und Salz in eine Rührschüssel geben, mit dem Schneebesen verrühren.

3. Wasser, Honig und Öl hinzufügen. Zutaten mit Handrührgerät mit Knethaken zunächst auf niedrigster, dann auf höchster Stufe in etwa 5 Minuten zu einem glatten Teig verarbeiten. Den Teig mit Mehl bestäuben und zugedeckt an einem warmen Ort so lange gehen lassen, bis er sich sichtbar vergrößert hat (etwa 30 Minuten).

4. Den Teig und die Arbeitsfläche mit Mehl bestäuben. Den Teig auf der Arbeitsfläche kurz kneten. Den Teig zu einer Rolle (etwa 28 cm Länge) formen und in die Form legen.

5. Foto 1 Den Teig mit Wasser bestreichen und mit Mehl bestäuben.

6. Den Teig mit einem Geschirrtuch bedecken.

7. Den Teig an einem warmen Ort so lange gehen lassen, bis er sich sichtbar vergrößert hat (etwa 20 Minuten).

8. Den Backofen auf 200 °C vorheizen (Heißluft nicht vorheizen).

9. Foto 2 Den Teig mit einem scharfen Messer mehrfach erst längs, dann quer etwa 1 cm tief einschneiden, so dass kleine Quadrate entstehen.

10. Die Form auf dem Rost in den Backofen schieben.

Ober-/Unterhitze: etwa 200 °C (vorgeheizt)
Heißluft: etwa 180 °C (nicht vorgeheizt)
Backzeit: 40–50 Minuten.

11. Das Brot aus der Form stürzen, umdrehen und auf einem Kuchenrost erkalten lassen.

Abwandlung vom Basisrezept:
Weizenmischbrot mit Sesam

Für 1 Brot (etwa 850 g) – 1 Kastenform (30 x 11 cm), weiche Butter oder Margarine zum Einfetten, 2 EL geschälte Sesamsamen zum Bestreuen

Zubereitungszeit: etwa 30 Minuten, ohne Teiggehzeit

Zutaten für 1 Basisrezept Hefeteig,
Zusätzlich: 20 g geschälte Sesamsamen

Zum Bestreuen und Bestäuben:
20 g geschälte Sesamsamen
etwas Mehl

1. Kastenform einfetten und mit Sesam bestreuen.

2. Den Hefeteig wie beschrieben zubereiten, dabei zusätzlich den Sesam unter den Teig kneten.

3. Den Teig mit Mehl bestäuben und zugedeckt an einem warmen Ort so lange gehen lassen, bis er sich sichtbar vergrößert hat (etwa 30 Minuten).

4. Den Teig wie beschrieben kurz kneten, formen, in die Form legen, mit Wasser bestreichen und mit Sesam bestreuen. Den Teig wie beschrieben zugedeckt gehen lassen. Den Backofen auf 200 °C vorheizen (Heißluft nicht vorheizen).

5. Den Teig mit einem scharfen Messer mehrfach schräg, etwa 1 cm tief einschneiden. Backen und erkalten lassen wie beschrieben.

Basisrezept Flockenbrot

Für den Hefeteig:
450 g Dinkel-Vollkornmehl
80 g 4-Korn-Vollkornflocken (Weizen, Roggen, Hafer, Gerste)
1 gestr. TL Brotgewürz (erhältlich in Reformhäusern)
1 Pck. Dr. Oetker Trockenbackhefe
2 gestr. TL Salz
300 ml lauwarmes Wasser
2 EL dunkler Zuckerrübensirup (30 g)
3 EL Speiseöl

Zum Bestreichen und Bestreuen:
2 EL Wasser
2 EL 4-Korn-Vollkornflocken (Weizen, Roggen, Hafer, Gerste)

Zum Bestäuben:
etwas Mehl

Den Teig zu einem runden Laib (Ø etwa 15 cm) formen.

Flockenbrot

Für 1 Brot (etwa 800 g) – 1 Backblech (30 x 40 cm), weiche Butter oder Margarine, Backpapier

Zubereitungszeit: etwa 35 Minuten, ohne Teiggehzeit

1. Backblech in den Ecken und in der Mitte einfetten und mit Backpapier belegen.

2. Dinkel-Vollkornmehl, 4-Korn-Flocken, Brotgewürz, Hefe und Salz in eine Rührschüssel geben, mit dem Schneebesen verrühren.

3. Wasser, Zuckerrübensirup und Öl hinzufügen. Zutaten mit Handrührgerät mit Knethaken zunächst auf niedrigster, dann auf höchster Stufe in etwa 5 Minuten zu einem glatten Teig verarbeiten. Den Teig mit Mehl bestäuben und zugedeckt an einem warmen Ort so lange gehen lassen, bis er sich sichtbar vergrößert hat (etwa 30 Minuten).

4. Den Teig und die Arbeitsfläche mit Mehl bestäuben. Den Teig auf der Arbeitsfläche kurz kneten.

5. Foto 1 Den Teig zu einem runden Laib (Ø etwa 15 cm) formen.

6. Den Teig auf das Backblech legen. Mit einem Geschirrtuch zudecken und so lange an einem warmen Ort gehen lassen, bis er sich sichtbar vergrößert hat (etwa 20 Minuten).

7. Den Backofen auf 200 °C vorheizen (Heißluft nicht vorheizen).

8. Foto 2 Den Teig mit einem Sägemesser 3-mal etwa 2 cm tief einschneiden.

9. Foto 3 Teig mit Wasser bestreichen und mit Flocken bestreuen. Das Backblech in den Backofen schieben.

Ober-/Unterhitze: etwa 200 °C (vorgeheizt)
Heißluft: etwa 180 °C (nicht vorgeheizt)
Backzeit: 40–50 Minuten.

10. Das Brot vom Backpapier lösen und auf einem Kuchenrost erkalten lassen.

Den Teig mit einem Sägemesser 3-mal etwa 2 cm tief einschneiden.

Teig mit Flocken bestreuen.

Abwandlung vom Basisrezept:
Brot mit Feigen

Für 1 Brot (etwa 900 g) – 1 Backblech (30 x 40 cm), weiche Butter oder Margarine, Backpapier

Zubereitungszeit: etwa 35 Minuten, ohne Teiggehzeit

Zutaten für 1 Basisrezept Hefeteig, ohne Flocken, Brotgewürz und Sirup, mit nur 250 ml (1/4 l) Wasser
Zusätzlich: 1 Pck. (200 g) getrocknete Feigen (Softfeigen), 1 gestr. TL Zimt, 2 EL flüssiger Honig (30 g)

Zum Bestreichen und Bestäuben:
2 EL Wasser
etwas Dinkel-Vollkornmehl

1. Backblech in den Ecken und in der Mitte einfetten und mit Backpapier belegen.

2. Von den Feigen die harten Stängel abschneiden. Feigen in große Stücke schneiden.

3. Den Teig wie beschrieben zubereiten, dabei den Zimt unter das Mehl rühren. Honig anstelle von Sirup verwenden und die Feigen mit unter den Teig kneten. Den Teig wie beschrieben an einem warmen Ort gehen lassen.

4. Den Teig kurz kneten. Den Teig zu einem ovalen Laib (etwa 20 cm Länge) formen, auf das Backblech legen und wie beschrieben zugedeckt gehen lassen. Den Backofen auf 200 °C vorheizen (Heißluft nicht vorheizen).

5. Den Laib wie beschrieben einschneiden, mit Wasser bestreichen und mit Mehl bestäuben. Backen und erkalten lassen wie beschrieben.

Basisrezept Pesto-Schnecke

Für den Hefeteig:
375 g Weizenmehl (Type 550)
1 Pck. Dr. Oetker Trockenbackhefe
1 TL Zucker
1 gestr. TL Salz
225 ml lauwarmes Wasser
2 EL Olivenöl

Für die Füllung:
1 Glas grünes Pesto (90 g Inhalt)

Zum Bestreichen und Bestreuen:
1 EL Wasser
grobes Meersalz

Zum Bestäuben:
etwas Mehl

1 Pesto mit einem Teelöffel klecksweise auf das Rechteck verteilen, dabei rundherum einen 1 cm breiten Rand lassen.

2 Rolle zur Schnecke aufwickeln.

Pesto-Schnecke

Für 1 Schnecke (etwa 650 g) – 1 Backblech (30 x 40 cm), weiche Butter oder Margarine, Backpapier

Zubereitungszeit: etwa 40 Minuten, ohne Teiggehzeit

1. Backblech in den Ecken und in der Mitte einfetten, mit Backpapier belegen.

2. Mehl, Hefe, Zucker und Salz in eine Rührschüssel geben, mit dem Schneebesen verrühren.

3. Wasser und Olivenöl hinzufügen. Zutaten mit Handrührgerät mit Knethaken zunächst auf niedrigster, dann auf höchster Stufe in etwa 5 Minuten zu einem glatten Teig verarbeiten. Den Teig mit Mehl bestäuben und zugedeckt an einem warmen Ort so lange gehen lassen, bis er sich sichtbar vergrößert hat (etwa 30 Minuten).

4. Den Teig und die Arbeitsfläche mit Mehl bestäuben. Den Teig auf der Arbeitsfläche kurz kneten. Aus dem Teig 1 Rolle formen, zu einem Rechteck (25 x 60 cm) ausrollen.

5. Foto 1 Pesto mit einem Teelöffel klecksweise auf das Rechteck verteilen, dabei rundherum einen 1 cm breiten Rand lassen.

6. Teig von der Längsseite her aufrollen und auf das Backblech legen.

7. Foto 2 Rolle zur Schnecke aufwickeln.

8. Foto 3 Teigschnecke mit Wasser bestreichen und mit Salz bestreuen.

9. Teigschnecke mit einem Geschirrtuch zudecken und so lange an einem warmen Ort gehen lassen, bis sie sich sichtbar vergrößert hat (etwa 20 Minuten). Den Backofen auf 200 °C vorheizen (Heißluft nicht vorheizen).

10. Das Backblech in den Backofen schieben.

Ober-/Unterhitze: etwa 200 °C (vorgeheizt)
Heißluft: etwa 180 °C (nicht vorgeheizt)
Backzeit: 35–40 Minuten.

11. Die Pesto-Schnecke vom Backpapier nehmen und auf einem Kuchenrost erkalten lassen.

Rosmarinzöpfe

Teigschnecke mit Salz bestreuen.

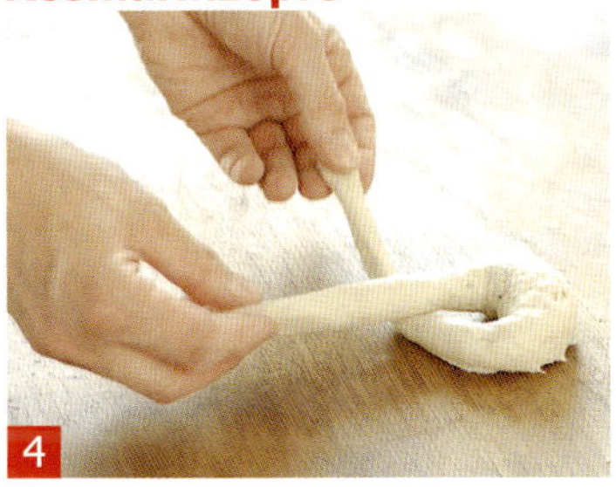

Aus jeder Rolle einen Zopf formen, dafür die beiden Enden jeweils 2-mal umeinander schlagen.

Abwandlung vom Basisrezept:
Rosmarinzöpfe

Für 8 Stück – 1 Backblech (30 x 40 cm), weiche Butter oder Margarine, Backpapier

Zubereitungszeit: etwa 45 Minuten, ohne Teiggehzeit

Zutaten für 1 Basisrezept Hefeteig mit nur 200 ml Wasser
Zusätzlich: 100 g Schafkäse, 1 TL getrockneter Rosmarin

Zum Bestreichen und Bestreuen:
2 EL Wasser
1 EL getrockneter Rosmarin

Zum Bestäuben:
etwas Mehl

1. Für den Teig Schafkäse mit den Händen fein zerkrümeln. Den Hefeteig wie beschrieben herstellen. Dabei Schafkäse und Rosmarin mit unter den Teig kneten.

2. Den Teig mit Mehl bestäuben und zugedeckt an einem warmen Ort so lange gehen lassen, bis er sich sichtbar vergrößert hat (etwa 30 Minuten).

3. Den Teig und die Arbeitsfläche mit Mehl bestäuben. Den Teig auf der Arbeitsfläche kurz kneten, zu einer Rolle formen und mit einer Teigkarte in 8 Scheiben teilen. Jede Scheibe zu einer Rolle (etwa 28 cm Länge) formen, die in der Mitte etwas dicker ist als an den Enden.

4. Foto 4 Aus jeder Rolle einen Zopf formen, dafür die beiden Enden jeweils 2-mal umeinander schlagen. Zöpfe auf das Backblech legen.

5. Teig zugedeckt an einem warmen Ort so lange gehen lassen, bis er sich sichtbar vergrößert hat (etwa 15 Minuten). Den Backofen auf 200 °C (Heißluft 180 °C) vorheizen.

6. Die Zöpfe mit Wasser bestreichen, mit Rosmarin bestreuen. Das Backblech in den Backofen schieben. Die Zöpfe wie beschrieben, bei gleicher Temperatur, aber nur etwa 20 Minuten backen.

7. Die Zöpfe vom Backpapier lösen und auf einem Kuchenrost erkalten lassen.

Ratgeber
Herzhaft Gebackenes

Pikante Leckerbissen

Dass Backen nicht nur etwas für Süßschnäbel ist, wissen die Freunde von Zwiebelkuchen & Co. schon lange. Wer das Herzhafte und Pikante liebt, ist bei unseren Rezepten für Fladenkuchen, Quiche und Kräcker bestens aufgehoben. Gebäck harmoniert geschmacklich hervorragend mit Salz und würzigen Zutaten. Ob als kleine Knabberei zu Wein oder Bier, als kleiner Snack zwischendurch oder als vollständige Mahlzeit – herzhaft Gebackenes ist immer ein Genuss. Am besten schmecken die pikanten Backwaren natürlich ganz frisch. Aber selbst tiefgefroren und aufgebacken sind sie immer noch ein Leckerbissen. Überraschen Sie Ihre Familie oder Gäste doch mal auf pikante Art.

Hier wird's richtig würzig: Die Zutaten

Käse

Ohne Käse wären die Quiches, Teigtaschen und Snacks nur halb so gut. Käse setzt optisch und geschmacklich die wichtigsten Akzente beim pikanten Backen. Durch die unterschiedlichen Reife- und Geschmacksstufen gibt es für jedes Rezept den idealen Käse. Bei der Verwendung von ausgereiftem Hartkäse sollten Sie dessen höheren Salzgehalt berücksichtigen und die Backwaren daher vorsichtig salzen. Besonders gut eignen sich Schafkäse, Mozzarella, Emmentaler, Appenzeller und Parmesan für herzhafte Gebäcke.

Schinken und Speck

Schinken und Speck sind wichtige Geschmacksträger in der herzhaften Bäckerei. Bei der Herstellung von Schinken und Speck spielen Salz und Rauch eine große Rolle. Daher haben diese Zutaten einen natürlichen, würzigen Geschmack. Als Belag beim Backen eignen sich die etwas fetteren Sorten besser, da die mageren Sorten leichter austrocknen können. Vorzüglich kommt magerer Parmaschinken jedoch zur Geltung, wenn Sie ihn nach dem Backen frisch auf den Kuchen oder die Gebäckteile geben. Ganz nach Belieben können Sie fetten Speck, Bacon bzw. Frühstücksspeck oder Parmaschinken verwenden. Sollten Sie kein Fleisch essen oder eine andere Variante ausprobieren wollen, können Sie den Schinken durch Räucherlachs oder Räucherfisch ersetzen.

Kräuter & Gewürze

Kräuter und Gewürze sind das i-Tüpfelchen in und auf jedem herzhaften Gebäck. Durch die vielen unterschiedlichen Aromen können Sie Ihren Backwaren immer neue oder andere Geschmacks-Nuancen verleihen. Besonders die Gewürze der Mittelmeer- und arabischen Küche geben Snacks oft erst den letzten Kick. Bei der Verwendung von Gewürzen ist es wie mit dem Salz: Weniger ist manchmal mehr. Zu viel Schärfe oder Gewürz lässt sich nicht rückgängig machen und mindert den Geschmack. Außerdem vertragen manche Menschen überwürzte Speisen nur schlecht.
Bestens geeignete Kräuter und Gewürze sind:

– Rosmarin
– Basilikum
– Petersilie
– Paprika edelsüß
– Thymian
– Kümmelsamen
– Paprika rosenscharf
– Cayennepfeffer
– Brotgewürz
– TK-Kräuter
– oder Kräutermischungen
– Pesto

Gemüse
Was die Früchte für den Kuchen, ist das Gemüse für das pikante Gebäck. Gemüse macht optisch und geschmacklich einiges her. Durch seine Farben und Formen ist Gemüse einfach der ideale Belag für herzhafte Leckereien. Ein weiterer Vorteil: Der hohe Wassergehalt von Gemüse verhindert, dass das Gebäck beim Backen austrocknet. Zarte Gemüse wie Tomaten, Zucchini, Frühlingszwiebeln oder Spinat können Sie roh verarbeiten. Da diese Gemüsesorten allerdings beim Backen sehr viel Saft abgeben können, sollten Sie diese Zutaten nach dem Abspülen immer gut trockentupfen. Feste Gemüsesorten, wie Auberginen, Bohnen und Möhren sollten Sie möglichst kurz andünsten oder in kochendem Salzwasser blanchieren. Je kleiner Sie das Gemüse vorher schneiden, desto kürzer ist die Garzeit. Wichtig bei der Verwendung mehrerer Gemüsesorten ist, dass alle Zutaten nach dem Backen gleich gar sind. Geeignet ist auch TK-Gemüse oder Gemüse aus dem Glas oder der Dose. Das verkürzt Ihre Vorbereitungszeit.
Verwenden können Sie z. B. folgende Gemüse:

- Möhren
- Zucchini
- Fenchel
- Porree (Lauch)
- Gemüsezwiebeln
- Knoblauch
- Paprika
- Kirschtomaten
- Spargel (Glas)
- Artischockenböden (Glas)
- getrocknete Tomaten
- Oliven
- Rucola
- Zwiebeln

Nüsse und Samen
Ähnlich wie beim Backen von Broten und Brötchen geben Nüsse und Samen dem pikanten Gebäck zusätzlich Geschmack und Struktur. Besonders gut kommen Nüsse und Samen geschmacklich zur Geltung, wenn Sie geröstete oder gewürzte Sorten verwenden. Die Vielfalt ist groß und damit auch die Verwendungsmöglichkeiten. Probieren Sie z.B.:

- Macadamianüsse
- Kürbiskerne
- Erdnusskerne
- Sesam
- Rauchmandeln
- Cashewekerne
- Sesamsamen

Räucherlachs
Wer es gern mit einer anderen Geschmacksnote probieren möchte, liegt mit Räucherlachs genau richtig. Durch Salz und Rauch erhält das edle Fischfilet seinen typischen Geschmack.

Basisrezept Gemüsekuchen mit Kirschtomaten

Für den Belag:
200 g Porree (Lauch)
300 g Zucchini
3 EL Olivenöl
1 TL gerebelter Thymian
Salz, frisch gemahlener Pfeffer
150 g Kirschtomaten
2 Eier (Größe M)
1 Becher Crème fraîche (150 g)
4 EL Milch

Für den Quark-Öl-Teig:
200 g Weizenmehl
3 gestr. TL Dr. Oetker Backin
100 g Magerquark
50 ml kaltes Wasser
3 EL Speiseöl
1 gestr. TL Salz
1 gestr. TL Zucker

Zum Garnieren:
einige Stängel glatte Petersilie

1
Mehl und Backpulver in eine Rührschüssel geben und mit dem Schneebesen verrühren.

2
Quark, Wasser, Öl, Salz und Zucker hinzufügen. Zutaten zuerst mit Handrührgerät mit Knethaken verarbeiten.

Gemüsekuchen mit Kirschtomaten

1 Tarte- oder Quicheform (Ø 26–28 cm), weiche Butter oder Margarine zum Einfetten

Zubereitungszeit: etwa 45 Minuten

1. Tarte- oder Quicheform einfetten.

2. Für den Belag Porree putzen, der Länge nach aufschneiden, gründlich waschen, abtropfen lassen und quer in 2 cm breite Streifen schneiden. Zucchini abspülen, trockentupfen, Enden abschneiden, Zucchini in 1 cm große Würfel schneiden.

3. Olivenöl in einem Topf erhitzen. Porree bei schwacher Hitze 5 Minuten zugedeckt darin dünsten. Thymian und Zucchini dazugeben, zugedeckt 3 Minuten dünsten. Mit Salz und Pfeffer würzen. Etwa 15 Minuten abkühlen lassen.

4. Kirschtomaten abspülen, trockentupfen und halbieren.

5. Foto 1 Für den Quark-Öl-Teig Mehl und Backpulver in eine Rührschüssel geben und mit dem Schneebesen verrühren.

6. Foto 2 Quark, Wasser, Öl, Salz und Zucker hinzufügen. Zutaten zuerst mit Handrührgerät mit Knethaken verarbeiten.

7. Teig und die Arbeitsfläche mit Mehl bestäuben. Den Teig aus der Schüssel nehmen und auf der Arbeitsfläche mit den Händen kurz zu einem glatten Teig verarbeiten.

8. Den Backofen auf 200 °C (Heißluft 180 °C) vorheizen.

9. Den Teig zu einer runden Platte (Ø etwa 32 cm) ausrollen.

10. Foto 3 Teig vorsichtig von 4 Seiten zur Mitte falten.

11. Den Teig in die Form legen.

12. Foto 4 Den Teig in der Form auseinanderfalten. Teigränder andrücken.

13. Foto 5 Teigboden mit einer Gabel mehrfach einstechen.

14. Zucchinigemüse in der Form verteilen. Eier, Crème fraîche und Milch verquirlen, mit Salz und Pfeffer würzen und auf das Gemüse gießen.

15. Foto 6 Tomaten mit der Schnittfläche nach oben auf dem Gemüse verteilen.

16. Die Form auf dem Rost in den Backofen schieben.

Ober-/Unterhitze: etwa 200 °C (vorgeheizt)
Heißluft: etwa 180 °C (vorgeheizt)
Backzeit: etwa 30 Minuten.

17. Die Form auf einen Kuchenrost stellen.

18. Zum Garnieren Petersilie abspülen, trockentupfen, die Blätter abzupfen und klein schneiden. Den Gemüsekuchen heiß oder kalt, mit Petersilie garniert, servieren.

Teig vorsichtig von 4 Seiten zur Mitte falten.

Den Teig in der Form auseinanderfalten. Teigränder andrücken.

Teigboden mit einer Gabel mehrfach einstechen.

Tomaten mit der Schnittfläche nach oben auf dem Gemüse verteilen.

Abwandlung vom Basisrezept:
Spargel-Quiche mit Parmaschinken

1 Tarte- oder Quicheform (Ø 26–28 cm), weiche Butter oder Margarine zum Einfetten

Zubereitungszeit: etwa 45 Minuten

Zutaten für 1 Basisrezept Quark-Öl-Teig, ohne Speiseöl
Zusätzlich: 3 EL Olivenöl

Für den Belag:
2 Gläser Spargel (je 205 g Abtropfgewicht)
1 Dose Artischockenböden (210 g Abtropfgewicht)
150 g Schlagsahne
2 Eier (Größe M)
Salz, Cayennepfeffer
30 g geriebener Parmesan-Käse
1/3 Bund Rucola
8 Scheiben Parmaschinken

1. Tarte- oder Quicheform einfetten.
2. Spargel und Artischockenböden zum Abtropfen getrennt in zwei Siebe geben. Artischockenböden in dünne Scheiben schneiden.
3. Sahne und Eier verquirlen, mit Salz und Cayennepfeffer würzen.
4. Den Backofen auf 200 °C (Heißluft 180 °C) vorheizen.
5. Den Quark-Öl-Teig wie beschrieben zubereiten, dabei Olivenöl anstelle von Speiseöl verwenden. Den Teig in die Form legen, wie beschrieben.
6. Nacheinander Artischockenscheiben und Spargelstangen auf den Teigboden legen, die Sahnemasse darübergießen. Mit Parmesan bestreuen. Die Form auf dem Rost in den Backofen schieben. Backen wie beschrieben.
7. Rucola waschen, trockentupfen und klein zupfen.
8. Die Form auf einen Kuchenrost stellen. Die Quiche vor dem Servieren mit Parmaschinken und Rucola belegen. Die Quiche heiß oder kalt servieren.

Basisrezept Schnecken mit grüner Frischkäsefüllung

Für die Füllung:
50 g grüne Oliven, ohne Stein
1 Bund glatte Petersilie
1 TL gerebelter Thymian
100 g Doppelrahm-Frischkäse
20 g Weizenmehl
20 g geriebener Parmesan-Käse
frisch gemahlener Pfeffer

Für den Knetteig:
200 g Weizenmehl (Type 550)
½ TL Dr. Oetker Backin
½ gestr. TL Salz
1 Ei (Größe M)
80 g weiche Butter oder Margarine
3 EL kaltes Wasser

1
Frischkäsemasse kleckweise auf den Teig verteilen und mit einem Messer glattstreichen

2
Die Rollen nacheinander mit dem Sägemesser in etwa 1 cm breite Scheiben schneiden.

Schnecken mit grüner Frischkäsefüllung

Etwa 50 Stück – 2 Backbleche (je 30 x 40 cm), weiche Butter oder Margarine, Backpapier

Zubereitungszeit: etwa 50 Minuten, ohne Kühlzeit

1. Backbleche in den Ecken und in der Mitte einfetten, mit Backpapier belegen.

2. Für die Füllung Oliven zum Abtropfen in ein Sieb geben. Petersilie abspülen, trockentupfen, die Blätter abzupfen und fein hacken. Oliven mit dem Messer oder im Zerkleinerer fein hacken. Oliven, Petersilie, Thymian, Frischkäse, Mehl und Parmesan in einer Schüssel mit einer Gabel vermengen. Mit Pfeffer würzen.

3. Mehl, Backpulver und Salz in eine Rührschüssel geben und mit einem Schneebesen verrühren. Ei, Butter oder Margarine und Wasser hinzufügen. Die Zutaten mit Handrührgerät mit Rührbesen zunächst kurz auf niedrigster, dann auf höchster Stufe gut durcharbeiten.

4. Anschließend auf einer leicht bemehlten Arbeitsfläche mit den Händen zu einem glatten Teig verkneten. Den Teig zu einem Rechteck (30 x 50 cm) ausrollen.

5. Foto 1 Frischkäsemasse kleckweise darauf verteilen und mit einem Messer glattstreichen, dabei rundherum einen 1 cm breiten Rand lassen.

6. Den Teig von der Längsseite her aufrollen. Die Rolle in der Mitte quer durchschneiden. Rollen auf ein Schneidbrett legen, mit Frischhaltefolie bedecken und mindestens 3 Stunden kalt stellen. Den Backofen auf 180 °C (Heißluft auf 160 °C) vorheizen.

7. Foto 2 Die Rollen nacheinander mit dem Sägemesser in etwa 1 cm breite Scheiben schneiden. Die Scheiben auf die Backbleche legen.

8. Die Backbleche nacheinander (bei Heißluft zusammen) in den Backofen schieben.

Ober-/Unterhitze: etwa 180 °C (vorgeheizt)
Heißluft: etwa 160 °C (vorgeheizt)
Backzeit: etwa 20 Minuten je Backblech.

9. Die Schnecken mit dem Backpapier von den Backblechen auf Kuchenroste ziehen. Gebäck erkalten lassen.

Abwandlung 1 vom Basisrezept:
Schnecken mit roter Frischkäsefüllung

Etwa 50 Stück – 2 Backbleche (je 30 x 40 cm), weiche Butter oder Margarine, Backpapier

Zubereitungszeit: etwa 60 Minuten, ohne Kühlzeit

Zutaten für 1 Basisrezept Knetteig

Für die Füllung:
40 g getrocknete Tomaten in Öl
100 g Doppelrahm-Frischkäse
2 TL Tomatenmark
20 g geriebener Parmesan-Käse
20 g Weizenmehl
frisch gemahlener Pfeffer

1. Backbleche in den Ecken und in der Mitte einfetten, mit Backpapier belegen.

2. Tomaten zum Abtropfen in ein Sieb geben. Tomaten mit einem Messer fein hacken. Mit Frischkäse, Tomatenmark, Parmesan und Mehl in eine Schüssel geben und mit einer Gabel vermengen. Mit Pfeffer würzen.

3. Den Knetteig zubereiten und ausrollen wie beschrieben.

4. Die Füllung klecksweise auf den Teig geben und wie beschrieben verstreichen. Den Teig wie beschrieben aufrollen und kalt stellen.

5. Den Backofen auf 180 °C (Heißluft auf 160 °C) vorheizen. Die Rollen wie beschrieben in Scheiben schneiden.

6. Backen und erkalten lassen wie beschrieben.

Abwandlung 2 vom Basisrezept:
Speckschnecken

Etwa 40 Stück – 2 Backbleche (je 30 x 40 cm), weiche Butter oder Margarine, Backpapier

Zubereitungszeit: etwa 60 Minuten, ohne Kühlzeit

Zutaten für 1 Basisrezept Knetteig, ohne Butter oder Margarine
Zusätzlich: 100 g fetter, geräucherter Speck

Für die Füllung:
2 Bund Schnittlauch
4 gestr. EL Semmelbrösel
200 g Bacon in dünnen Scheiben (Frühstücksspeck)
frisch gemahlener Pfeffer

1. Backbleche in den Ecken und in der Mitte einfetten, mit Backpapier belegen.

2. Fetten Speck in kleine Würfel schneiden und in einer Pfanne bei mittlerer Hitze ausbraten. Speckfett mit den Würfeln abkühlen lassen, bis das Fett cremig weiß ist.

3. Den Knetteig zubereiten wie beschrieben, dabei das Speckfett mit den Speckwürfeln anstelle der Butter oder Margarine verwenden.

4. Den Teig in Frischhaltefolie wickeln und etwa 1 Stunde kalt stellen.

5. Für die Füllung Schnittlauch abspülen, trockentupfen, in Röllchen schneiden und mit den Semmelbröseln mischen.

6. Den Teig ausrollen wie beschrieben. Baconscheiben nebeneinander auf den Teig legen. Mit Pfeffer bestreuen. Schnittlauch-Semmelbrösel-Masse darauf verteilen. Rundherum einen 1 cm breiten Rand lassen.

7. Den Teig wie beschrieben aufrollen, in der Mitte quer durchschneiden und kalt stellen.

8. Den Backofen auf 180 °C (Heißluft auf 160 °C) vorheizen. Die Rollen wie beschrieben in Scheiben schneiden.

9. Backen wie beschrieben.

10. Die Schnecken sofort auf einen mit Küchenpapier belegten Kuchenrost legen und erkalten lassen.

Tipp: Die Speckschnecken lassen sich sehr gut einfrieren und aufgetaut im Backofen 2–3 Minuten bei etwa 200 °C (Ober-/Unterhitze) aufbacken.

Basisrezept Käse-Muffins

Für den All-in-Teig:
250 g Weizenmehl
½ TL Salz
3 gestr. TL Dr. Oetker Backin
3 Eier (Größe M)
125 ml (⅛ l) Buttermilch
75 ml Olivenöl
1 gestr. TL Paprikapulver, edelsüß
200 g geriebener Emmentaler-Käse

1 Mehl, Salz und Backpulver in eine Rührschüssel geben und mit einem Schneebesen verrühren.

2 Eier, Buttermilch und Öl hinzufügen.

Käse-Muffins

1 Muffinform (für 12 Muffins), weiche Butter oder Margarine zum Einfetten, Mehl zum Bestäuben

Zubereitungszeit: etwa 15 Minuten

1. Die Muffinform einfetten und mit Mehl bestäuben.
2. Den Backofen auf 200 °C (Heißluft 180 °C) vorheizen.
3. Foto 1 Für den Teig Mehl, Backpulver und Salz in eine Rührschüssel geben und mit einem Schneebesen verrühren.
4. Foto 2 Eier, Buttermilch und Öl hinzufügen. Zutaten mit Handrührgerät mit Rührbesen etwa 1 Minute zu einem glatten Teig verarbeiten.
5. Foto 3 Paprikapulver und Käse hinzufügen und unterrühren.
6. Foto 4 Den Teig mit einem Löffel in die Muffinform füllen.
7. Die Form auf dem Rost in den Backofen schieben.

Ober-/Unterhitze: etwa 200 °C (vorgeheizt)
Heißluft: etwa 180 °C (vorgeheizt)
Backzeit: etwa 25 Minuten.

8. Die Form 5 Minuten auf einem Kuchenrost abkühlen lassen. Die Muffins aus der Form nehmen und auf einem mit Backpapier belegten Kuchenrost erkalten lassen.

Tipp: Die Muffins schmecken warm besonders gut.

Paprikapulver und Käse hinzufügen und unterrühren.

Den Teig mit einem Löffel in die Muffinform füllen.

Abwandlung vom Basisrezept: **Tomaten-Mozzarella-Muffins**

1 Muffinform (für 12 Muffins), 12 Papierbackförmchen

Zubereitungszeit: etwa 25 Minuten

Zutaten für 1 Basisrezept All-in-Teig ohne Emmentaler-Käse und ohne Paprikapulver

Zusätzlich: 125 g Mozzarella-Käse
75 g getrocknete Tomaten
3 Stängel Basilikum

1. Papierbackförmchen in die Muffinform verteilen.

2. Mozzarella zum Abtropfen in ein Sieb geben. Tomaten in ein Sieb geben, mit warmem Wasser abspülen, abtropfen lassen. Tomaten mit Küchenpapier trockentupfen. Mozzarella und Tomaten in etwa ½ cm große Würfel schneiden.

3. Basilikum abspülen, trockentupfen, die Blätter abzupfen und in Streifen schneiden.

4. Den Backofen auf 200 °C (Heißluft 180 °C) vorheizen.

5. Den All-in-Teig zubereiten wie beschrieben. Mozzarella, Tomaten und Basilikum kurz unterrühren. Den Teig in die Papierbackförmchen füllen und backen wie beschrieben.

6. Die Form 5 Minuten auf einem Kuchenrost abkühlen lassen. Die Muffins mit den Papierbackförmchen herausnehmen und auf dem Kuchenrost erkalten lassen.

Basisrezept Käsestangen

1 Pck. TK-Blätterteig (450 g, 6 rechteckige Scheiben)

Für den Belag:
100 g geriebener Appenzeller-Käse
Paprikapulver, edelsüß
frisch gemahlener Pfeffer

Zum Bestreichen:
1 Eigelb (Größe M)
1 EL Milch

1 — 3 Blätterteigscheiben aufeinanderlegen und auf der bemehlten Arbeitsfläche zu einem Rechteck (etwa 20 x 40 cm) ausrollen.

2 — Eigelb mit Milch verquirlen. Blätterteig damit bestreichen.

3 — Die Hälfte der Käsemasse auf einer Teighälfte (20 x 20 cm) verteilen.

Käsestangen

Etwa 20 Stück – 2 Backbleche (je 30 x 40 cm), weiche Butter oder Margarine, Backpapier

Zubereitungszeit: etwa 25 Minuten, ohne Auftau- und Ruhezeit

1. Backbleche an den Ecken und in der Mitte einfetten und mit Backpapier belegen.

2. Den Blätterteig nach Packungsanleitung auftauen lassen.

3. Für den Belag Käse, Paprikapulver und Pfeffer in einer Schüssel mischen.

4. Foto 1 3 Blätterteigscheiben aufeinanderlegen und auf der bemehlten Arbeitsfläche zu einem Rechteck (etwa 20 x 40 cm) ausrollen.

5. Foto 2 Eigelb mit Milch verquirlen. Blätterteig damit bestreichen.

6. Foto 3 Die Hälfte der Käsemasse auf einer Teighälfte (20 x 20 cm) verteilen. Foto 4 Die zweite Teighälfte daraufklappen und andrücken.

7. Den Backofen auf 200 °C (Heißluft 180 °C) vorheizen. Blätterteigquadrat mit einem scharfen Messer in 2 cm breite Streifen schneiden.

8. Foto 5 Die Streifen spiralförmig drehen und auf ein Backblech legen. Die Enden auf dem Backpapier andrücken. Spiralen 10 Minuten ruhen lassen.

9. Restliche Blätterteigscheiben und restliche Füllung auf die gleiche Weise verarbeiten und auf ein Backblech legen.

10. Die Teigseiten der Spiralen mit restlichem verquirlten Eigelb bestreichen. Die Backbleche nacheinander (bei Heißluft zusammen) in den Backofen schieben.

Ober-/Unterhitze: etwa 200 °C (vorgeheizt)
Heißluft: etwa 180 °C (vorgeheizt)
Backzeit: etwa 15 Minuten.

11. Käsestangen mit dem Backpapier von den Backblechen auf Kuchenroste ziehen. Gebäck erkalten lassen.

Die zweite Teighälfte daraufklappen und andrücken.

Die Streifen spiralförmig drehen und auf ein Backblech legen. Die Enden auf dem Backpapier andrücken.

6. Den Backofen auf 200 °C (Heißluft 180 °C) vorheizen. Das Blätterteigquadrat mit einem scharfen Messer in etwa 1,5 cm breite Streifen schneiden.

7. Die Streifen spiralförmig drehen und auf ein Backblech legen, andrücken und ruhen lassen.

8. Restliche Blätterteigscheiben und restliche Füllung auf die gleiche Weise verarbeiten und auf ein Backblech legen.

9. Die Teigseiten der Spiralen mit restlichem verquirlten Eigelb bestreichen.

10. Die Backbleche nacheinander (bei Heißluft zusammen) in den Backofen schieben.

11. Nussstangen mit dem Backpapier von den Backblechen auf Kuchenroste ziehen. Gebäck erkalten lassen.

Abwandlung vom Basisrezept:
Pikante Nussstangen

Etwa 26 Stück – 2 Backbleche (je 30 x 40 cm), weiche Butter oder Margarine, Backpapier

Zubereitungszeit: etwa 25 Minuten, ohne Auftau- und Ruhezeit

1 Pck. TK-Blätterteig (450 g, 6 rechteckige Scheiben)

Für den Belag:
100 g Rauchmandeln
50 g geröstete, gesalzene Cashewkerne
1 Eiweiß (Größe M)
Cayennepfeffer

Zum Bestreichen:
1 Eigelb (Größe M)
1 EL Milch

1. Backbleche in den Ecken und in der Mitte einfetten, mit Backpapier belegen.

2. Den Blätterteig nach Packungsanleitung auftauen lassen.

3. Für den Belag Rauchmandeln und Cashewkerne mit dem Messer oder im Zerkleinerer hacken, in eine Schüssel geben. Eiweiß hinzufügen und unterarbeiten, mit Cayennepfeffer würzen.

4. 3 Blätterteigscheiben aufeinanderlegen und wie beschrieben ausrollen.

5. Eigelb und Milch verquirlen. Blätterteig damit bestreichen, die Hälfte der Nussmasse kleckweise auf einer Teighälfte (20 x 20 cm) verteilen und mit einem Messer verstreichen. Die zweite Teighälfte daraufklappen und andrücken.

Basisrezept Fladenkuchen mit Lauch

Für den Hefeteig:
250 g Weizenmehl (Type 550)
1 Pck. Dr. Oetker Trockenbackhefe
1 gestr. TL Salz
125 ml (1/8 l) lauwarmes Wasser
1 TL flüssiger Honig
6 EL Olivenöl

Für den Belag:
400 g Lauch (Porree)
2 EL Speiseöl
1/2 TL gerebelter Thymian
Salz, frisch gemahlener Pfeffer
250 g Schmand (24 % Fett)
1 Ei (Größe M)
geriebene Muskatnuss
1 Pck. Bacon in Scheiben (Frühstücksspeck, 150 g)

Zum Garnieren:
einige Stängel Thymian

Lauch quer in etwa 2 cm breite Streifen schneiden.

Lauch und Bacon auf dem Schmand verteilen.

Fladenkuchen mit Lauch

1 Backblech (30 x 40 cm), weiche Butter oder Margarine, Backpapier

Zubereitungszeit: etwa 30 Minuten, ohne Teiggehzeit

1. Backblech in den Ecken und in der Mitte einfetten und mit Backpapier belegen.

2. Mehl, Hefe und Salz in eine Rührschüssel geben und mit dem Schneebesen verrühren. Wasser, Honig und Öl hinzufügen. Zutaten mit Handrührgerät mit Knethaken zunächst auf niedrigster, dann auf höchster Stufe in etwa 5 Minuten zu einem glatten Teig verarbeiten. Den Teig mit Mehl bestäuben und zugedeckt an einem warmen Ort so lange gehen lassen, bis er sich sichtbar vergrößert hat (etwa 30 Minuten).

3. Für den Belag Lauch putzen, die Stangen längs halbieren und gründlich waschen.

4. Foto 1 Lauch quer in etwa 2 cm breite Streifen schneiden.

5. Öl in einem Topf erhitzen, Lauch und Thymian darin etwa 5 Minuten dünsten. Mit Salz und Pfeffer würzen und etwa 15 Minuten abkühlen lassen.

6. Schmand und Ei verquirlen, mit Pfeffer und Muskat würzen. Baconscheiben quer durchschneiden.

7. Teig und Arbeitsfläche mit Mehl bestäuben. Teig auf der Arbeitsfläche kurz kneten, zu einem ovalen Fladen (28 x 35 cm) ausrollen und auf das Backblech legen.

8. Die Schmand-Mischung auf den Teig streichen, dabei rundherum einen 2 cm breiten Rand lassen.

9. Foto 2 Nacheinander Lauch und Bacon auf dem Schmand verteilen.

10. Den Fladen zugedeckt an einem warmen Ort so lange gehen lassen, bis er sich sichtbar vergrößert hat (etwa 15 Minuten). Den Backofen auf 200 °C (Heißluft 180 °C) vorheizen.

11. Das Backblech in den Backofen schieben.

Ober-/Unterhitze: etwa 200 °C (vorgeheizt)
Heißluft: etwa 180 °C (vorgeheizt)
Backzeit: etwa 30 Minuten.

12. Den Fladenkuchen mit dem Backpapier vom Backblech auf einen Kuchenrost ziehen.

13. Thymian abspülen, in kleine Zweige zupfen und auf den Fladenkuchen legen. Den Fladenkuchen heiß oder lauwarm servieren.

Abwandlung vom Basisrezept:
Herzhafter Fladenkuchen mit Gemüse und Räucherlachs

1 Backblech (30 x 40 cm),
weiche Butter oder Margarine, Backpapier

Zubereitungszeit: etwa 30 Minuten, ohne Teiggehzeit

Zutaten für 1 Basisrezept Hefeteig mit nur 150 g Weizenmehl
Zusätzlich: 100 g Dinkelvollkornmehl

Für den Belag:
2 Zwiebeln (80 g)
2 Möhren (150 g)
1 kleine Zucchini (120 g)
1 kleine Fenchelknolle (150 g)
2 EL Speiseöl
Salz, frisch gemahlener Pfeffer
250 g Schmand (24 % Fett)
1 Ei (Größe M)
150 g Räucherlachs, in Scheiben

1. Backblech in den Ecken und in der Mitte einfetten und mit Backpapier belegen.

2. Den Hefeteig zubereiten wie beschrieben, dabei Dinkelmehl mit dem restlichen Weizenmehl (150 g) mischen. Den Teig wie beschrieben zugedeckt gehen lassen.

3. Für den Belag Zwiebeln abziehen, halbieren und in Spalten schneiden. Möhren abspülen, schälen und mit dem Sparschäler in lange, dünne Streifen schneiden.

4. Zucchini abspülen, trockentupfen, die Enden abschneiden. Zucchini der Länge nach halbieren, Hälften quer in Scheiben schneiden. Fenchelknolle putzen, abspülen, trockentupfen, halbieren und in Streifen schneiden. Fenchelgrün zum Garnieren in kaltes Wasser legen.

5. Öl in einer Pfanne erhitzen, Zwiebeln etwa 5 Minuten darin dünsten. Möhren und Fenchel hinzufügen und kurz andünsten, Zucchini unterrühren. Mit Salz und Pfeffer kräftig würzen. Etwa 15 Minuten abkühlen lassen.

6. Schmand und Ei verquirlen und mit Salz und Pfeffer würzen. Den Teig wie beschrieben ausrollen.

7. Wie beschrieben nacheinander Schmand und Gemüsemischung auf dem Teig verteilen. Fladen zugedeckt stehen lassen wie beschrieben. Den Backofen auf 200 °C (Heißluft 180 °C) vorheizen.

8. Backen wie beschrieben.

9. Den Fladenkuchen mit dem Backpapier vom Backblech auf einen Kuchenrost ziehen.

10. Vor dem Servieren den Lachs auf den Fladenkuchen legen. Fenchelgrün trockentupfen. Den Kuchen mit Fenchelgrün garnieren und heiß oder lauwarm servieren.

Basisrezept Blätterteigtaschen mit Hackfleischfüllung

Für die Füllung:
1 Zwiebel (40 g)
1 große Tomate (100 g)
2 EL Olivenöl
300 g gemischtes Hackfleisch (halb Rind-, halb Schweinefleisch)
1 Pck. TK Suppengrün (25 g)
Salz, frisch gemahlener Pfeffer
1 Ei (Größe M)

1 Pck. TK-Blätterteig (450 g, 6 rechteckige Scheiben)

Zum Bestreichen:
1 Eigelb (Größe M)
2 EL Milch

1 Blätterteigplatten mit einem scharfen Messer quer halbieren.

Blätterteigtaschen mit Hackfleischfüllung

Für 12 Stück – 2 Backbleche (je 30 x 40 cm), weiche Butter oder Margarine, Backpapier

Zubereitungszeit: etwa 25 Minuten, ohne Auftau- und Ruhezeit

1. Backbleche in den Ecken und in der Mitte einfetten, mit Backpapier belegen.

2. Für die Füllung die Zwiebel abziehen und in kleine Würfel schneiden. Tomate waschen, trockentupfen, halbieren, Stängelansatz entfernen, Tomatenhälften entkernen und in Würfel schneiden.

3. Öl in einer Pfanne erhitzen, Zwiebelwürfel darin andünsten. Hackfleisch dazugeben, 5 Minuten bei mittlerer Hitze braten, dabei die Hackfleischklümpchen mit dem Pfannenwender zerdrücken. Tiefgekühltes Suppengemüse dazugeben und kurz miterhitzen. Mit Salz und Pfeffer würzen. Die Masse etwa 30 Minuten abkühlen lassen.

4. Den Blätterteig nach Packungsanleitung auftauen lassen.

5. Das Ei unter die Füllung rühren.

6. Foto 1 Blätterteigplatten mit einem scharfen Messer quer halbieren.

7. Foto 2 Teighälften auf der bemehlten Arbeitsfläche zu Quadraten (14 x 14 cm) ausrollen.

8. Foto 3 Eigelb und Milch verquirlen, die Ränder der Quadrate damit bestreichen.

9. Foto 4 Auf jedes Quadrat 1 gehäuften Esslöffel der Füllung zwischen einer Teigspitze und der Mitte des Teigquadrates geben.

10. Den Teig diagonal zusammenklappen, so dass ein Dreieck entsteht.

11. Ränder leicht zusammendrücken, Kanten mit einem Messer gerade schneiden.

2

Teighälften auf der bemehlten Arbeitsfläche zu Quadraten (14 x 14 cm) ausrollen.

3

Eigelb und Milch verquirlen, die Ränder der Quadrate damit bestreichen.

4

Auf jedes Quadrat 1 gehäuften Esslöffel der Füllung zwischen einer Teigspitze und der Mitte des Teigquadrates geben.

5

Dreiecke mit verquirltem Eigelb bestreichen.

12. Aufeinanderliegende Kanten mit einer Gabel zusammendrücken. Gabel zwischendurch in Mehl tauchen.

13. Dreiecke auf die Backbleche legen und 10 Minuten ruhen lassen.

14. Den Backofen auf 200 °C (Heißluft 180 °C) vorheizen.

15. Foto 5 Dreiecke mit restlichem verquirlten Eigelb besteichen.

16. Die Backbleche nacheinander (bei Heißluft zusammen) in den Backofen schieben.

Ober-/Unterhitze: etwa 200 °C (vorgeheizt)
Heißluft: etwa 180 °C (vorgeheizt)
Backzeit: etwa 20 Minuten.

17. Blätterteigtaschen mit dem Backpapier auf Kuchenroste ziehen. Heiß oder kalt servieren.

Abwandlung vom Basisrezept:
Teigtaschen mit Spinat-Schafkäse-Füllung

Für 12 Stück – 2 Backbleche (je 30 x 40 cm), weiche Butter oder Margarine, Backpapier

Zubereitungszeit: etwa 25 Minuten, ohne Auftau- und Ruhezeit

Für die Füllung:
1 Zwiebel (40 g)
1 EL Speiseöl
½ Pck. TK-Blattspinat (225 g)
Salz, frisch gemahlener Pfeffer
geriebene Muskatnuss
6 getrocknete Tomaten in Öl (etwa 50 g)
100 g Schafkäse

1 Pck. TK-Blätterteig (450 g, 6 rechteckige Scheiben)

Zum Bestreichen:
1 Eigelb (Größe M)
2 EL Milch

1. Backbleche in den Ecken und in der Mitte einfetten, mit Backpapier belegen.

2. Zwiebel abziehen und in kleine Würfel schneiden.

3. Öl in einem Topf erhitzen. Zwiebelwürfel darin andünsten. Tiefgefrorenen Spinat dazugeben und im geschlossenen Topf bei schwacher Hitze etwa 10 Minuten auftauen lassen, dabei ab und zu umrühren. Mit Salz, Pfeffer und Muskat würzen. Die Masse etwa 30 Minuten abkühlen lassen.

4. Den Blätterteig nach Packungsanleitung auftauen lassen.

5. Tomaten zum Abtropfen in ein Sieb geben. Tomaten und Schafkäse in kleine Würfel schneiden und unter den Spinat mischen.

6. Eigelb und Milch verquirlen.

7. Blätterteigscheiben wie beschrieben halbieren, ausrollen und Ränder mit verquirltem Eigelb bestreichen. Blätterteigquadrate wie beschrieben füllen und zusammenklappen. Kanten der aufeinanderliegenden Seiten mit einem Messer gerade schneiden und wie beschrieben mit einer Gabel zusammendrücken. Dreiecke auf die Backbleche legen und mit restlichem verquirlten Eigelb bestreichen. Backen wie beschrieben.

8. Blätterteigtaschen mit dem Backpapier auf Kuchenroste ziehen. Heiß oder kalt servieren.

Basisrezept Zwiebelkuchen

Für den Belag:
1,5 kg Gemüsezwiebeln
3 EL Speiseöl
Salz, frisch gemahlener Pfeffer
1 TL Kümmelsamen
150 g durchwachsener Speck oder Bacon (Frühstücksspeck, in Würfeln)
200 g geriebener Emmentaler-Käse
3 Eier (Größe M)
1 Becher Crème fraîche (150 g)

Für den Hefeteig:
250 ml (1/4 l) Milch
400 g Weizenmehl (Type 550)
1 Pck. Dr. Oetker Trockenbackhefe
1 TL Zucker
2 gestr. TL Salz
4 EL Speiseöl

1 Gemüsezwiebeln abziehen, halbieren und in Scheiben schneiden.

2 Öl in einer großen Pfanne oder einem Topf erhitzen. Zwiebeln darin 10 Minuten dünsten.

Zwiebelkuchen

1 Backblech (30 x 40 cm),
weiche Butter oder Margarine zum Einfetten

Zubereitungszeit: etwa 45 Minuten, ohne Teiggehzeit

1. Backblech einfetten.

2. Foto 1 Für den Belag Gemüsezwiebeln abziehen, halbieren und in Scheiben schneiden.

3. Foto 2 Öl in einer großen Pfanne oder einem Topf erhitzen. Zwiebeln darin 10 Minuten dünsten und mit Salz und Pfeffer würzen. Kümmel unterrühren. Die Masse etwa 20 Minuten abkühlen lassen.

4. Für den Hefeteig die Milch erwärmen. Mehl, Hefe, Zucker und Salz in eine Rührschüssel geben, mit dem Schneebesen verrühren.

5. Milch und Öl hinzufügen. Zutaten mit Handrührgerät mit Knethaken zunächst auf niedrigster, dann auf höchster Stufe in etwa 5 Minuten zu einem glatten Teig verarbeiten. Den Teig mit Mehl bestäuben und zugedeckt an einem warmen Ort so lange gehen lassen, bis er sich sichtbar vergrößert hat (etwa 20 Minuten).

6. Für den Belag Speck, Käse, Eier und Crème fraîche unter die Zwiebelmasse rühren und mit Salz und Pfeffer abschmecken.

7. Den Teig und die Arbeitsfläche mit Mehl bestäuben. Den Teig auf der Arbeitsfläche kurz kneten und zu einem Rechteck (etwa 30 x 40 cm) ausrollen. Den Teig von allen vier Seiten zur Mitte einschlagen, auf das Backblech legen und wieder auseinanderklappen.

8. Foto 3 Den Teig an den Seiten hochdrücken.

9. Foto 4 Den Belag auf den Teig geben und glattstreichen.

10. Den Teig nochmals so lange an einem warmen Ort gehen lassen, bis er sich sichtbar vergrößert hat (etwa 15 Minuten). Den Backofen auf 200 °C vorheizen (Heißluft nicht vorheizen).

11. Das Backblech in den Backofen schieben.

Ober-/Unterhitze: etwa 200 °C (vorgeheizt)
Heißluft: etwa 180 °C (nicht vorgeheizt)
Backzeit: etwa 40 Minuten.

12. Den Zwiebelkuchen heiß oder kalt servieren.

Den Teig an den Seiten hochdrücken.

Den Belag auf den Teig geben und glattstreichen.

6. Den Teig wie beschrieben kurz kneten und ausrollen. Den Teig wie beschrieben auf das Backblech legen und an den Seiten hochdrücken. Den Belag auf dem Teig verteilen.

7. Den Teig wie beschrieben nochmals gehen lassen.

8. Die Kürbiskerne auf den Belag streuen. Das Backblech in den Backofen schieben. Backen wie beschrieben.

9. Den Paprikakuchen heiß oder kalt servieren.

Abwandlung vom Basisrezept:
Bunter Paprikakuchen

1 Backblech (30 x 40 cm),
weiche Butter oder Margarine zum Einfetten

Zubereitungszeit: etwa 45 Minuten, ohne Teiggehzeit

Zutaten für 1 Basisrezept Hefeteig

Für den Belag:
200 g Zwiebeln
2 Knoblauchzehen
1,5 kg Paprikaschoten (rot, grün, gelb)
3 EL Olivenöl
2 TL gerebelter Thymian
Salz, frisch gemahlener Pfeffer
Paprikapulver, rosenscharf
250 g Schlagsahne
4 Eier (Größe M)
50 g Kürbiskerne

1. Backblech einfetten.

2. Für den Belag Zwiebeln abziehen, halbieren und in Scheiben schneiden. Knoblauch abziehen und fein hacken. Paprika putzen, vierteln, entkernen, die weißen Scheidewände entfernen. Viertel abspülen, abtropfen lassen und quer in 1 cm breite Streifen schneiden.

3. Öl in einem breiten Topf erhitzen. Zwiebeln und Knoblauch darin 5 Minuten dünsten. Paprika und Thymian dazugeben. Im geschlossenen Topf etwa 5 Minuten dünsten, mit Salz, Pfeffer und Paprika würzen. Die Masse etwa 20 Minuten abkühlen lassen.

4. Den Hefeteig zubereiten und zugedeckt gehen lassen wie beschrieben.

5. Sahne und Eier verquirlen und unter die Gemüsemasse rühren, nochmals abschmecken.

Basisrezept Schmandcracker

Für den Knetteig:
275 g Weizenmehl
1 gestr. TL Salz
200 g Schmand (24 % Fett)
70 g weiche Butter
oder Margarine

Für den Belag:
etwa 70 g geröstete,
gesalzene Cashewkerne
grobes Meersalz

Zum Bestreichen:
1 Eigelb
2 EL Milch

1 Die Zutaten mit Handrührgerät mit Rührbesen zunächst kurz auf niedrigster, dann auf höchster Stufe gut durcharbeiten.

2 Teig mit einer runden Ausstechform (Ø etwa 6 cm) Taler ausstechen und auf die Backbleche legen.

Schmandcracker

Etwa 90 Stück – 4–5 Backbleche (je 30 x 40 cm), weiche Butter oder Margarine, Backpapier

Zubereitungszeit: etwa 60 Minuten, ohne Kühlzeit

1. Backbleche in den Ecken und in der Mitte einfetten, mit Backpapier belegen.

2. Mehl und Salz in eine Rührschüssel geben, mit einem Schneebesen verrühren. Schmand und Butter oder Margarine hinzufügen.

3. Foto 1 Die Zutaten mit Handrührgerät mit Rührbesen zunächst kurz auf niedrigster, dann auf höchster Stufe gut durcharbeiten.

4. Anschließend auf einer leicht bemehlten Arbeitsfläche mit den Händen zu einem glatten Teig verkneten. Den Teig zu einer Rolle formen, in Frischhaltefolie wickeln und mindestens 1 Stunde kalt stellen.

5. Für den Belag Cashewkerne mit einem Messer waagerecht halbieren.

6. ⅓ des Teiges abnehmen, Restteig eingewickelt weiter kühl lagern.

7. Foto 2 Teig auf der bemehlten Arbeitsfläche etwa 2 mm dünn ausrollen, mit einer runden Ausstechform (Ø etwa 6 cm) Taler ausstechen und auf die Backbleche legen. Taler mit einer Gabel mehrmals einstechen. Backofen auf 200 °C (Heißluft auf 180 °C) vorheizen.

8. Übrigen Teig auf die gleiche Weise verarbeiten. Restteig immer wieder zusammenkneten und ausrollen, bis der Teig aufgebraucht ist.

9. Zum Bestreichen Eigelb und Milch verquirlen. Die Taler damit bestreichen. Auf jeden Taler 2 halbe Cashewkerne legen und etwas Meersalz streuen.

Sesam-Curry-Cracker

3 Den Teig in Quadrate (6 x 6 cm) schneiden.

4 Quadrate auf die Backbleche legen und mit einer Gabel mehrfach einstechen.

---

10. Die Backbleche nacheinander (bei Heißluft jeweils 2–3 Backbleche zusammen) in den Backofen schieben.

Ober-/Unterhitze: etwa 200 °C (vorgeheizt)
Heißluft: etwa 180 °C (vorgeheizt)
Backzeit: etwa 15 Minuten je Backblech.

11. Die Cracker mit dem Backpapier von den Backblechen auf Kuchenroste ziehen. Gebäck erkalten lassen.

Tipp: Cracker halten sich in einer gut schließenden Dose etwa 14 Tage frisch. Sie schmecken noch besser, wenn sie im Backofen bei etwa 180 °C 3–5 Minuten aufgebacken werden.

Abwandlung vom Basisrezept:
Sesam-Curry-Cracker

Etwa 70 Stück – 4 Backbleche (je 30 x 40 cm), weiche Butter oder Margarine, Backpapier

Zubereitungszeit: etwa 60 Minuten, ohne Kühlzeit

Zutaten für 1 Basisrezept Schmandcracker
Zusätzlich: 1 gestr. EL Currypulver

Zum Bestreichen und Bestreuen:
1 Eigelb
2 EL Milch
30 g geschälte Sesamsamen

1. Backbleche in den Ecken und in der Mitte einfetten, mit Backpapier belegen.

2. Den Knetteig zubereiten wie beschrieben, dabei Curry mit Mehl und Salz verrühren. Den Teig wie beschrieben kalt stellen.

3. 1/4 des Teiges abnehmen, Restteig eingewickelt weiter kühl lagern. Teig auf der bemehlten Arbeitsfläche etwa 2 mm dünn zu einem Rechteck (etwa 18 x 36 cm) ausrollen.

4. Foto 3 Den Teig in Quadrate (6 x 6 cm) schneiden.

5. Foto 4 Quadrate auf die Backbleche legen und mit einer Gabel mehrfach einstechen.

6. Restteig auf die gleiche Weise verarbeiten.

7. Backofen auf 200 °C (Heißluft auf 180 °C) vorheizen.

8. Eigelb und Milch verquirlen, auf die Quadrate streichen und mit Sesam bestreuen.

9. Quadrate backen und erkalten lassen wie beschrieben.

Tipp: Die Cracker mit einem Dip aus leicht gesalzenem Sahnejoghurt servieren.

Kapitelregister

Kuchen vom Blech

Kuchen aus der Form

Torten

Kleingebäck

Plätzchen

Brot & Brötchen

Herzhaft Gebackenes

Umwelthinweis Dieses Buch und der Einband wurden auf chlorfrei gebleichtem Papier gedruckt. Die Einschrumpffolie – zum Schutz vor Verschmutzung – ist aus umweltfreundlichem und recyclingfähigem PE-Material.

Wenn Sie Anregungen, Vorschläge oder Fragen zu unseren Büchern haben, rufen Sie uns unter folgender Nummer an 0521 155–2580 oder 520650 oder schreiben Sie uns:
Dr. Oetker Verlag KG, Am Bach 11, 33602 Bielefeld oder besuchen Sie uns im Internet unter www.oetker.de.

Redaktion Carola Reich, Ines Rascher

Titelfoto Antje Plewinski, Berlin
Rezeptfotos und Stepfotos Antje Plewinski, Berlin
außer Walter Cimbal, Hamburg (S. 40)
Thomas Diercks, Kai Boxhammer, Hamburg (S. 23, 24, 25, 29, 37, 47, 52, 58, 67, 79, 82, 96, 98, 112, 125, 126, 143, 144, 145, 146, 148, 154)
Bernd Lippert (S. 30, 56, 78, 128)
Christiane Pries, Borgholzhausen (S. 120)
Axel Struwe, Bielefeld (S. 75)
Norbert Toelle (S. 42, 72, 84, 116)
Brigitte Wegner (S. 19, 26, 36, 46, 64, 65, 68, 70, 74, 86, 88, 102, 104, 106, 114, 118, 132, 139, 152)
Bernd Wohlgemuth, Hamburg (S. 80)

Foodstyling Anke Rabeler, Berlin

Rezeptentwicklung Anke Rabeler, Berlin
Eike Upmeier-Lorenz, Hamburg
Rezeptberatung Mechthild Plogmaker, Dr. Oetker Versuchsküche, Bielefeld

Grafisches Konzept kontur:design, Bielefeld
Titelgestaltung kontur:design, Bielefeld

Reproduktionen Mohn media Mohndruck GmbH, Gütersloh
Satz JUNFERMANN Druck & Service, Paderborn
Druck und Bindung Mohn media Mohndruck GmbH, Gütersloh

ISBN: 978-3-7670-0257-9